Paulus PP II

Papst Johannes Paul II.

Seine Botschaft an die Welt

Guiseppe Romano

Papst Johannes Paul II.

Seine Botschaft an die Welt

LUDWIG

DANKSAGUNG
Der Autor dieses Buches ist Cesare Cavalleri und Alberto Michelini zu großem Dank verpflichtet. Ohne die verlegerische Weitsicht des Ersteren und die Professionalität des Letzteren wäre es nicht möglich gewesen, über die Reisen von Johannes Paul II. das zu erfahren, was - nach der Veröffentlichung in einem Dutzend hervorragender, von den Edizioni Ares veröffentlichten Büchern und in einer Zusammenfassung des Mondadori-Verlags, dem direkten Vorläufer dieses Buches - als Informationsbasis für die Zusammenstellung von *Papst Johannes Paul II. – seine Botschaft an die Welt* diente; noch wäre es möglich gewesen, aus einem derart reichen Material zu schöpfen. Meine Danksagung gilt auch all denjenigen, die damals bei der Redaktion dieser Bücher mitgearbeitet haben.
Besonderer Dank gilt Michele Pignatelli, der sich bei der Beschaffung und Organisation der Quellen als wertvoll erwies, und Maria Antonietta Salamone, deren Sensibilität und Zielstrebigkeit in der Qualität des Bildmaterials brillieren.
Was die Fotografien des Heiligen Vaters und die zahlreichen ihn betreffenden Daten betrifft, so möchte ich meinen besonderen Dank dem Fotografendienst und dem Archiv des Osservatore Romano sowie Radio Vatikan aussprechen: Die Liebenswürdigkeit und der Einsatz dieser Stellen gingen weit über dienstliche Gefälligkeit hinaus. Ebenso danke ich dem Pressesaal des Heiligen Stuhls (mit der unentbehrlichen Homepage http://www.vatican.va), der Statistikstelle der Katholischen Kirche und dem Annuario cattolico d'Italia.

HINWEISE FÜR DEN LESER
Falls nicht anderweitig angegeben, betreffen die Daten über Bevölkerung und Staatsgebiet der vom Papst besuchten Nationen das Jahr seines Besuches, bei mehrmaligen Aufenthalten das Jahr des jeweils letzten Besuches.
Die bibliografischen Quellen der „Großen Themen“ sind am Seitenrand aufgeführt, chronologisch nach Anordnung der Zitate. Unten sind die Quellen der in Anführungszeichen und größerer Schrift gesetzten Zitate genannt.

Impressum

Deutsche Ausgabe:

Aus dem Italienischen übersetzt von Bettina Chegini und Inge Kutsch

Redaktionsleitung: Dr. Reinhard Pietsch

Umschlaggestaltung: Manuela Hutschenreiter

Satz und Produktion: GAIA Text, München

Titel der Originalausgabe "Il mondo di Giovanni Paoli II"

Redaktionelle Koordination: Paola Lovato

Artdirector: Giorgio Seppi

Redaktionelle Mitarbeit: Michele Pignatelli

Redaktion: Studio Bolduri, Mailand

Gedruckt in Spanien

ISBN 3-7787-3795-3
D.L. TO: 189-2000

Inhaltsverzeichnis

Zum Geleit

In den bisher gut zwanzig Jahren seines Pontifikats ist Papst Paul II. zu einer säkularen Gestalt geworden, die aus dem Geschehen dieses Jahrhunderts nicht mehr wegzudenken ist. Auch wer mit ihm nicht einverstanden ist, muss anerkennen, dass er den Weg der Geschichte in unserer Zeit wesentlich mitgeprägt hat. Und auch wer vieles an ihm kritisiert, kann seine absolute Redlichkeit, seine menschliche Offenheit und seine Sorge um die Menschen nicht bestreiten.

Mehr als ein halbes Jahrhundert lang, von 1870-1929, waren die Päpste aufgrund der strittigen Verhältnisse zwischen dem neuen italienischen Nationalstaat und den alten Ansprüchen des Heiligen Stuhls „Gefangene des Vatikans" gewesen, wie man sich auszudrücken pflegte. Pius XI. und Pius XII. haben von der durch die Lateranverträge wiedererrungenen Bewegungsfreiheit der Päpste nur einen sparsamen Gebrauch gemacht, wohl auch, weil der neue Friede in eine Zeit der Diktaturen fiel und von diesem Kontext belastet war. Johannes XIII. hat mit der ihm eigenen Unbekümmertheit diesen Bann gebrochen und erstmal wieder Rom verlassen. Aber sein Alter ließ keine großen Reisen mehr zu. Erst Paul VI. ist zu einem Pilgerpapst geworden, der die Grenzen Europas überschritt und alle Kontinente besuchte, um so den weltweiten Auftrag des Petrus-Amtes sichtbar zu machen.

Für Johannes Paul II. bildeten und bilden die Reisen quer durch die Welt einen ganz wesentlichen Teil seiner Amtsausübung. Dieses Buch läßt die Reisen des Papstes in ihrem inhaltlichen Zusammenhang als innere Ganzheit, als Ausdruck eines seelsorgerischen Programms erkennen. Was wir aus den verschiedenen Nachrichten im allgemeinen eher diffus im Gedächtnis haben, wird hier als eine sinnvolle Ganzheit anschaubar. Es sind vor allem Wege der Begegnung zwischen Kirche und Welt, zwischen den vielen Kulturen und der in ihnen je neu und anders aufleuchtenden Botschaft des Evangeliums. Den dialogischen Charakter der Besuche kann man hier im Miteinander von Texten und Bildern geradezu ansehen. Es wird sichtbar, wie der jeweilige kulturelle Kontext die Botschaft zwar gewiss nicht verändert, aber doch von verschiedenen Perspektiven her neue Dimensionen hervortreten.

Der Papst kommt nicht einfach mit einem fertigen Rezept, das er allen gleichermaßen überstülpen würde. Wochen des Studiums und der Begegnungen gehen den

Besuchen voraus, in denen er sich mit der Sprache des Landes, mit seinen Hoffnungen und Nöten vertraut macht. In dem Land selber sind vielfältige Begegnungen wesentlicher Teil des Reiseprogramms. Der Papst ist ein aufmerksamer Zuhörer, wie jeder weiß, der an solchen Begegnungen teilgenommen hat. Wenn er mit Antworten zunächst sehr zurückhaltend ist, so heißt das nicht, dass ihn das Gehörte nicht angerührt hätte. Ganz im Gegenteil - er trägt es mit sich, geht innerlich damit um, lernt davon und lässt es in seine weitere Arbeit einfließen. Der Papst ist in seinen Reisen wie in seiner ganzen Amtsführung ein Gebender und ein Empfangender. Wer in seinen vielfältigen Äußerungen liest, der findet einen Wachstums- und Reifungsprozess, in dem es natürlich die großen Konstanten des Glaubens gibt, in dem auch immer die Verwurzelung in seiner polnischen Heimat und in den frühen Wegen seines Denkens wirksam bleibt, aber sich doch ganz klar ein Weiterschreiten vollzieht, in dem neu Empfangenes das Bisherige entfaltet und zur Reife bringt.

Einen Akzent möchte ich noch hinzufügen. Es ist mir persönlich immer wieder eine neue Überraschung, wie der Papst, der zunächst müde und abgespannt wirken kann, auflebt, wenn junge Menschen um ihn sind. Nicht weniger überrascht mich, wie die jungen Menschen plötzlich aufmerksam werden, wenn dieser sichtlich mit Schmerzen ringende, vom Alter gebeugte Mann aus seinem leidenschaftlichen Glauben heraus, aus seiner Liebe zu den Menschen, aus seiner Sorge um die Welt heraus zu ihnen spricht und dabei auch Themen nicht scheut, die man heute der Jugend gewöhnlich nicht vorzusetzen wagt: das Leid, das Kreuz, der Tod.

Ich freue mich, dass das vorliegende Buch in Bildern und Texten einen Durchblick durch das Wirken unseres Heiligen Vaters schenkt und so die Botschaft selber vernehmbar werden lässt, um die es ihm auf allen seinen Wegen geht. So wünsche ich dem Werk eine freundliche Aufnahme und weite Verbreitung.

Rom, 14. Januar 2000

Joseph Kardinal Ratzinger

Vorwort

Karol Wojtyla, Pole, ist unter dem Namen Johannes Paul II. seit 1978 Papst. Dieses Buch mit seinen informativen Texten und Bildern erhebt nicht den Anspuch einer Biografie, sondern will ein lebendiges Porträt zeichnen, ein Spiegelbild der Beziehungen, die er mit der Welt, in der er lebt, geknüpft hat.

Die Welt Johannes Pauls II. ist unser aller Welt; sie hat sich während seines zwanzigjährigen Pontifikats jedoch in vielem verändert. Ein Blick auf unsere neuere Geschichte aus der Perspektive des „polnischen Papstes" bedeutet daher einen Ausblick von einer privilegierten Stellung: Der eines allgemein geachteten und respektierten Mannes – für wen sonst gilt dies gleichermaßen? – sowie eines Zeitzeugen und Akteurs, der überall war, der mit allen gesprochen hat, der große Veränderungen begleitet, beobachtet und in manchem Falle bewirkt hat.

Johannes Paul II. ist der 263. Nachfolger des Fischers Petrus. Die folgenden Seiten geben einen kurzen Einblick in seine Kindheit und Jugend, seine Persönlichkeit und seine Bestrebungen, um dann seine vielfältigen Aktivitäten in Rom zu beschreiben, wo sich der winzige Staat befindet, dessen absoluter Souverän er ist: der universelle Mittelpunkt des Katholizismus. Sodann wird der Blickwinkel erweitert auf seine Beziehungen zu den 118 von 191 eigenständigen Staaten auf dieser Welt, die er besuchte.

Die Chronik hält kaum Schritt mit der unermüdlichen Aktivität dieses Mannes, der – was die Missionstätigkeit betrifft – selbst dem heiligen Paulus in nichts nachsteht: Im Hinblick auf das Heilige Jahr hat er angekündigt, zu Beginn des Jahres 2000 im Heiligen Land auf den Spuren der Bibel zu wandeln.

Die Annahme, es gäbe eine eigene päpstliche Strategie für jede Nation mag übertrieben sein; dies darzustellen ist auch nicht Sinn und Zweck dieses Buches. Doch das überreiche Archivmaterial half, die sichtbare – sicherlich auch strategische – Kontinuität in Stil, Ablauf und Inhalt der Beziehungen aufzuzeigen, die der polnische Papst mit den einzelnen Staaten und einzelnen Erdteilen knüpfte. Am augenfälligsten wird dies wohl bei den Nationen, die in den vergangenen zwanzig Jahren den schwierigen Weg der politischen und sozialen Befreiung gegangen sind, von seiner Heimat Polen über den gesamten ehemaligen Ostblock und amerikanische Staaten wie Chile, Nicaragua und Kuba bis hin zur Republik Südafrika. Natürlich gestatten es Anzahl und Umfang seiner Reisen, ein besonders scharfes Bild jener Länder zu zeichnen, die wir gewöhnlich „westlich" nennen.

Schließlich ist es lohnend und häufig faszinierend, zu entdecken und zu verfolgen, wie vielen Zielen die Aufmerksamkeit Johannes Pauls II. gilt: Ethnischen Minderheiten – wie etwa den kanadischen Indianern, die der Papst eigens besuchte, um eine zuvor abgesagte Reise nachzuholen –, besonderen sozialen Gruppen – insbesondere Jugendlichen und Kranken, aber auch Künstlern, Arbeitern oder Unternehmern –, sämtlichen religiösen Konfessionen: Denkwürdig bleibt die Friedensversammlung in Assisi und der Besuch der Synagoge in Rom. Bedeutsame ökumenische Begegnungen fanden aber auch auf jeder anderen Reise statt.

Johannes Paul II. verdanken wir ein reiches Vermächtnis: Geschriebenes, Gesprochenes, unzählige Begegnungen auf vielen tausend Reisekilometern, Selig- und Heiligsprechungen. Hier soll nur an den Rekord erinnert werden, den er am 7. März 1999 aufstellte: Er allein ernannte über die Hälfte der Seligen und Heiligen des modernen Kirchenkalenders vom 16. Jahrhundert bis heute. Zudem hat er auch das längste Pontifikat dieses Jahrhunderts inne.

All die Reisen, Taten und Worte wären nicht möglich gewesen ohne eine „feste“ Vorstellung von Mensch und Welt: Hinter Taten und Fakten stehen natürlich stets Beweggründe. Da es sich um einen Christen und das Oberhaupt der Katholiken handelt, sind diese Beweggründe in erster Linie spiritueller Natur. Der Schwerpunkt Johannes Pauls II. lässt sich letzten Endes in einem Wort zusammenfassen: der „Evangelisation“ im Sinne Christi und seiner Jünger, die den Menschen die frohe Botschaft von einem lebendigen, gütigen Gott überbrachten. Daher wiederholt er bei jeder Gelegenheit jenes „habt keine Furcht“, mit dem er sein Pontifikat begann und das zu seiner Leitlinie wurde. Viele halten Karol Wojtyla für „traditionalistisch“, doch nicht weniger zahlreich sind diejenigen, die ihn „fortschrittlich“ nennen, und von den letzten Päpsten sorgte zweifellos kein anderer für so viele Reformen, Änderungen und Überraschungen. Eine genaue Vorstellung von den typischen Leitmotiven der Gedanken und Katechese Johannes Pauls II. vermitteln zehn „große Themen“ – Gebet, Religionen, Wahrheit, Freiheit, Schmerz, Krieg, Evangelium, Familie, Jugend und Arbeit – die zwischen die übrigen Abschnitte eingefügt wurden, quasi als Quelle aus erster Hand – ein weiterer Erzählstrang aus den eigenen Worten des Pontifex.

All dies – aber nicht nur dies – ist Johannes Paul II. – seine Botschaft an die Welt *Eine Welt, die alle umfasst, denn es wäre sicherlich eine Einschränkung zu glauben, dass seine Bedeutung sich innerhalb der Grenzen der katholischen Kirche oder der Gemeinde der Gläubigen erschöpfte. Eine interessante, fesselnde, faszinierende Welt, insbesondere, weil sie zutiefst menschlich ist. Ob dies wohl die wichtigste Botschaft des Gottes von Karol Wojtyla ist?*

Giuseppe Romano

Das Leben Karol Wojtylas

Die Eltern des Papstes am Tage ihrer Hochzeit (10. Februar 1906).

Der kleine Karol Wojtyla.

Es ist der 18. Mai 1920, und Polen liegt mit Lenins Sowjetrepublik im Krieg. Das Kind, das an diesem Tag in Wadowice, einem südwestlich von Krakau gelegenen Städtchen, das Licht der Welt erblickt, heißt Karol Jòzef Wojtyla und ist dazu bestimmt, unter dem Namen Johannes Paul II. Papst zu werden. Auch sein Vater heißt Karol. Seine Mutter Emilia Kaczorowska, eine Frau von 36 Jahren, hat fünf Jahre zuvor eine Tochter bei der Geburt verloren. Seitdem ist ihre Gesundheit angeschlagen. Zur Familie gehört noch Edmund, der 13-jährige Sohn.

Das Familienleben ist stark vom katholischen Glauben geprägt. Karol wird in der Liebfrauenkirche getauft, und von Anfang an gelingt es der Mutter, ihre eigene tiefe Frömmigkeit durch gemeinsame Gebete und christliche Verhaltensweisen auf das Kind zu übertragen. „Lolek", wie Karol gewöhnlich genannt wird, besucht die Grundschule für Knaben und erzielt sehr gute Noten.

Doch bald schon muss er schwere Schicksalsschläge hinnehmen: 1929 stirbt die Mutter an einer Entzündung des Herzmuskels und der Nieren, und 1932 verliert er seinen Bruder „Mundek", zu dem der junge Karol nach dem Tod der Mutter ein enges Verhältnis entwickelt hatte. In seinem Beruf als Arzt hatte sich Edmund Wojtyla bei der Behandlung einer Patientin mit Scharlach angesteckt.

Als er 11 Jahre alt ist, wird Karol ins Knabengymnasium von Wadowice aufgenommen. Er beginnt auch schon zu ministrieren, und sehr bald ernennt ihn der Pfarrer zum Oberministranten. Nach all den Todesfällen in der Familie gelingt es ihm so ganz allmählich, die verlorene Selbstsicherheit und sein geselliges Wesen wiederzufinden.

Zu seinen Lieblingsbeschäftigungen gehört das Lesen, doch er treibt auch begeistert Sport: Er geht gern zum Schwimmen oder in die Berge zum Wandern. Aber am liebsten spielt er Fußball, wo er sich als Torwart bewährt.

Viele seiner Spielkameraden stammen aus der großen jüdischen Gemeinde in Wadowice. Das unproblematische Verhältnis der Familie Wojtyla zu den Juden ist im damaligen Polen alles andere als üblich.

Edmund, der ältere Bruder Karols, mit den Eltern.

Die Trauringe blieben nicht im Schaufenster.
Der Goldschmied blickte uns lange in die Augen.
Während er das edle Metall ein letztes Mal in den Händen prüfte, äußerte er tiefsinnige Gedanken,
die sich in ungeahnter Weise
in meinem Gedächtnis einprägten.

Das Gewicht dieser goldenen Trauringe
– so sprach er – ist nicht das Gewicht des Metalls.
Es ist das spezifische Gewicht des menschlichen
Wesens, eines jeden von euch
und von euch beiden zusammen.
Ach, das Gewicht des Menschen,
das spezifische Gewicht eines menschlichen Wesens! Könnte es noch schwerer sein,
und zugleich – noch ungreifbarer?
Dieses Gewicht der konstanten Schwere,
die mit unserem kurzen Flug verbunden ist.
Der Flug nimmt die Form einer Spirale an, einer
Ellipse – die Form des Herzens!
Ach, das spezifische Gewicht des Menschen!

Dieser Riss, diese Verwirrung, dieser Abgrund,
dieses Klammern, wenn es so schwierig wird,
das Herz und die Gedanken abzulenken.
Und mitten in all dem – die Freiheit,
eine Freiheit, manchmal Wahnsinn,
der Wahnsinn der Freiheit, der sich in der Verwirrung verstrickt. Und mitten in all dem – die Liebe,
die der Freiheit entspringt
wie eine Quelle aus dem Boden.
Ecce homo! Er ist weder rein
noch feierlich, noch einfach,
höchstens – jämmerlich.
Dies ein Mensch allein – und zwei?
Und vier, und hundert, und eine Million?
Wenn du das alles multiplizierst
(die Größe mit der Schwäche multiplizierst)
– wirst du als Ergebnis die Menschheit haben,
das Ergebnis des menschlichen Lebens.
So sprach jener seltsame Goldschmied,
unsere Trauringe in der Hand wiegend.
(aus: *Der Laden des Goldschmieds*, I, 4) Andrzej Jawien

Im Alter von 14 Jahren entdeckt Karol Wojtyla seine Leidenschaft für das Theater. Den Zugang zur Zauberwelt der Bühne eröffnen ihm bereits die Aufführungen in der Schule, für die er sich mit Begeisterung engagiert. Mit seinem blendenden Aussehen (er war ein groß gewachsener, blonder Junge), seiner schönen Stimme, der perfekten Ausdrucksweise und seinem hervorragenden Gedächtnis bringt er das nötige Rüstzeug mit. Er avanciert zum Leiter der Theatergruppe, und in den Jahren der Mittel- und Oberschule macht er sich an der Seite seiner Schauspielerkollegin Halina Kròlikiewicz sehr bald einen Namen. Zu seinen Vorlieben gehört auch das Tanzen. Zweimal im Monat besucht er die Tanzstunden des Gymnasiums.

In diesen äußerlich eher weltlich ausgerichteten Jahren ist Karols Leben dennoch von einer tiefen Religiosität geprägt: Das tägliche Gebet gehört wie selbstverständlich zu seinem Leben. Regelmäßig geht er zur Beichte und zur Kommunion, und er entscheidet sich für die voreheliche Keuschheit. Nach dem Abitur und der Firmung (im Mai 1938) zieht er mit dem Vater nach Krakau, wo er sich an der Jagellonen-Universität für die Philosophische Fakultät einschreibt.

Mit dem Ausbruch des Zweiten Weltkriegs und der Besetzung Krakaus durch die Deutschen beginnen schlimme Zeiten für Polen, das unaufhaltsam seiner Vernichtung entgegentreibt. Deportationen und Massaker sind an der Tagesordnung, Schulen, Universitäten und Theater werden geschlossen. Die Kirche wird in ihrem Aktionsradius stark eingeengt. Karol schließt sich Untergrundorganisationen wie dem von Tyranowsky geleiteten Gebetszirkel „Lebendiger Rosenkranz" und der Theatergruppe „Studio 39" an.

Im Jahre 1940 wird er als Hilfsarbeiter bei Solvay angestellt, einer von den Deutschen übernommenen chemischen Fabrik. Es ist die einzige Möglichkeit, eine Arbeitserlaubnis zu bekommen und von der Zwangsarbeit befreit zu werden. Nachdem er einige Monate im Steinbruch tätig ist, werden ihm einfachere Arbeiten als Hilfsfeuerwerker zugeteilt.

Im Februar 1941 stirbt der Vater. Im darauf folgenden Jahr beschäftigt sich Karol intensiv mit dem Theater, bis er im Herbst des Jahres 1942 dem Krakauer Erzbischof Sapieha seinen Entschluss eröffnet, Priester zu werden.

Als Seminarist besucht er die im Untergrund abgehaltenen Vorlesungen für Theologie der Jagellonen-Universität. Mit

Karol Wojtyla als Abiturient (1938).

Der junge Karol Wojtyla als Arbeiter bei Solvay während der Kriegsjahre.

Links: Karol, links oben in der zweiten Reihe, mit Freunden aus der Grundschule (Wadowice, 1929).

Rechts: Ein Bild aus der Gymnasialzeit, auf dem Karol Wojtyla als Schauspieler zu sehen ist. Sein Bühnendebüt war eine stumme Rolle in Sobotka („Johannisfeuer") von Kochanowski.

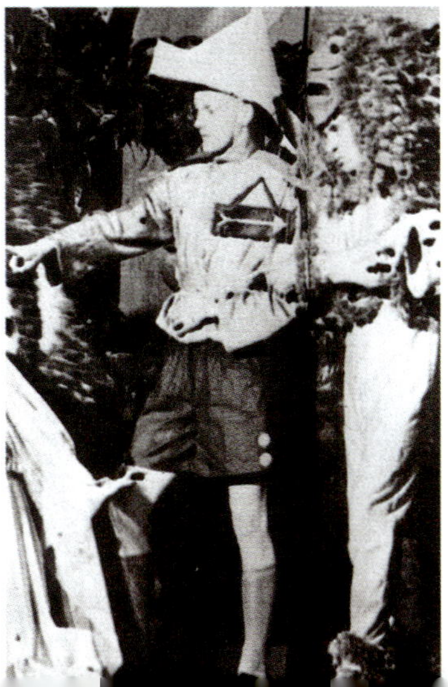

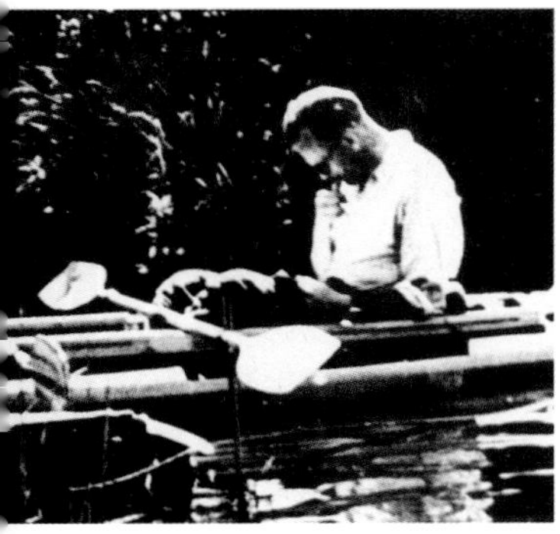

Ein Augenblick der Entspannung im Boot auf dem Fluss Drawa. Ausflüge in die Natur liebt Karol Wojtyla sehr. Sogar als Priester und Bischof genießt er das Skilaufen in der Tatra und Kajakfahrten im Seengebiet des Drawsko.

Hilfe des Erzbischofs entkommt er den späteren Massenverhaftungen durch die Deutschen, sodass er nach Kriegsende weiter das Seminar besuchen kann. Sein Studium schließt er 1948 mit einer Dissertation über Johannes vom Kreuz mit Auszeichnung ab. Bereits am 1. November 1946 wird er in der Kapelle des erzbischöflichen Palastes zum Priester geweiht.

Von diesem Zeitpunkt an führt der Lebensweg von Pater Wojtyla steil bergauf, und damit wächst die Verantwortung. Nach wenigen Monaten als Seelsorger in der ländlichen Pfarrgemeinde Niegowici ruft ihn Erzbischof Sapieha 1949 nach Krakau zurück und ernennt ihn zum Pfarrvikar in der zur Universität gehörenden Florianskirche. Eine ideale Aufgabe für Wojtyla, denn hier kann er sowohl seelsorgerisch den Umgang mit jungen Leuten pflegen als auch den Kontakt zur literarischen und philosophischen Welt aufrechterhalten. Zu Jugendlichen hat Pfarrer Wojtyla ein glänzendes Verhältnis. Er versteht es, ihnen zuzuhören, macht mit ihnen Ausflüge in die Berge oder an die Seen – Orte, die sich zur Meditation eignen. Besondere Aufmerksamkeit schenkt er den Themen Sexualität, Liebe und Ehe, die er in einer für die damalige Zeit ungewöhnlichen Offenheit angeht und in ein solides und positives Menschenbild einbindet.

1953 habilitiert er in Philosophie und 1956 erhält er den Lehrstuhl für Ethik an der katholischen Universität von Lublin, den er bis zu seiner Wahl zum Papst innehat.

Die erste entscheidende Investitur Wojtylas erfolgt im September 1958: Papst Pius XII. ernennt ihn zum Titularbischof von Ombia und zum Weihbischof von Krakau. Mit seinen 38 Jahren ist Karol Wojtyla somit der jüngste Bischof von Polen.

Als der Krakauer Erzbischof Baziak 1962 stirbt, wird Wojtyla zum neuen Kapitelvikar gewählt. In dieser Rolle begibt er sich im Oktober desselben Jahres nach Rom, um dem Zweiten Vatikanischen Konzil beizuwohnen. Dieses Ereignis ist nicht nur für die Kirchengeschichte von prägender Bedeutung, sondern auch für die persönliche Entwicklung des zukünftigen Papstes, der hier beobachten kann, welche Spannungen und Denkströmungen, Gegensätze und Angst vor Erneuerungen sich in der katholischen Kirche jener Zeit sammeln. So hindert ihn seine weitgehende Unbekanntheit nicht daran, sich aktiv an der Ausarbeitung der als *Gaudium et Spes* (*Freude und Hoffnung*) bekannten Deklaration über die Kirche in der modernen Welt zu beteiligen, die zu den wichtigsten Beschlüssen des Konzils gehört.

Im Januar 1964 wird er zum Erzbischof von Krakau ernannt. Dadurch wächst auch sein Ansehen auf dem Konzil, und im November desselben Jahres empfängt ihn Papst Paul VI. erstmals in Privataudienz.

Am 28. Juni 1967 wird Wojtyla in der Sixtinischen Kapelle zum Kardinal erhoben. Ein Jahr später, bei der Ausarbeitung der Enzyklika *Humanae vitae*, in der die Empfängnisverhütung von der Kirche entschieden abgelehnt wird, spielt Wojtyla eine wichtige Rolle. Dies ist der Beginn einer immer enger werdenden Beziehung zum Papst, der Monsignore Wojtyla 1976 mit der Aufgabe betraut, im Vatikan die Exerzitien während der Fastenzeit abzuhalten.

Als Paul VI. im August 1978 stirbt, geht Karol Wojtyla mit den anderen Kardinälen ins Konklave, um dessen Nachfolger zu wählen. Die Wahl fällt auf Albino Luciani, Johannes

Links: Karol wird am 1. November 1946 vom Erzbischof Adam Sapieha zum Priester geweiht. Hier ist er mit einer Erstkommunikantin zu sehen.

Rechts: Der künftige Johannes Paul II. (in der Mitte) als Seminarist in Krakau (1946).

Paul II., dessen Pontifikat nur von kurzer Dauer sein wird. Am 16. Oktober 1978, um 17.15 Uhr, wird dann der Krakauer Kardinal zum Pontifex maximus erwählt.
Soweit die Biographie als reiner Tatsachenbericht. Der Vielschichtigkeit des Menschen Karol Wojtyla wird man damit aber nur teilweise gerecht. Die Liebe zum Theater, die Leidenschaft für den Sport und seine außergewöhnlichen kommunikativen Fähigkeiten sind wichtige Aspekte seiner Persönlichkeit, die nicht übergangen werden können.

Die Kunst

Um einen anderen Papst zu finden, der sich mit dem Theater beschäftigt oder sich an Schöngeistigem erfreut, muss man in der Geschichte schon bis zu Pius II. zurückgehen, dem gelehrten Humanisten Enea Silvio Piccolomini, der im Jahre 1444 ein Theaterstück verfasste. Johannes Paul II. bedeuten das Theater und sein dichterisches Schaffen sehr viel, in gewissem Sinne kann man sagen, dass sie seine zweite Berufung darstellen. Allein schon die Gedichte begleiten ihn vierzig Jahre seines Lebens hindurch, angefangen bei den noch etwas naiven Versuchen in seiner Jugend bis hin zu den späteren, bedeutungsschweren Werken. Da er seine Gedichte als etwas Privates empfindet, stimmt er ihrer Veröffentlichung nur widerwillig und unter verschiedenen Pseudonymen zu. So werden zwischen 1946 und 1966 nur zehn lange Gedichte veröffentlicht, ein weiteres im Jahre 1975 und die restlichen Werke erst 1979, als Wojtyla bereits Papst ist. Zwar hat er seit 1978 keine Lyrik mehr geschrieben, doch seine poetische Seele findet ihren Ausdruck in den Gebeten. 1999 ist in Polen ein kleiner Band mit seinen bisher unveröffentlichten, frühesten Gedichten erschienen, die er unter dem Pseudonym „David" verfasst hatte. Bereits damals war Wojtylas Dichtkunst ernsthaft und reflektiert und alles andere als schlichte Andachtslyrik.
Es finden sich natürlich auch Texte, die sich durch einfache und anschauliche Bilder mitteilen, selbst wenn es dabei um schwierige Themen geht. Diese reichen dabei von der Heiligen Schrift über die Sakramente bis hin zu historischen und persönlichen Begebenheiten, die stets in Metaphern von allgemeingültiger Bedeutung über die letztliche Bestimmung des Menschen sprechen.
Und dann ist da noch das Theater, die große Leidenschaft des künftigen Papstes, der aller Voraussicht nach Schauspieler geworden wäre, wenn nicht eine noch stärkere innere Berufung ihn dazu bewogen hätte, Priester zu werden. In der Biographie Johannes Pauls II. heißt Theater nicht nur, Schauspieler zu sein, sondern auch selbst Stücke und theoretische Abhandlungen zu verfassen. Diese Beschäftigung zieht sich über ein Vierteljahrhundert hin und endet erst mit dem Pontifikat. Neben seinen Rollen als Hauptdarsteller während der Schulzeit und den anschließenden Erfahrungen mit der halbprofessionellen Theatergruppe „Studio 39" in Krakau ist für Wojtyla ab 1941 die Erfahrung mit Kotlarczyks „Rhapsodischem Theater" entscheidend. Auch nach seiner Priesterweihe hält Wojtyla den engen Kontakt aufrecht, ist doch die hier vertretene Auffassung vom Theater für seine späteren Werke maßgebend.

André Frossard, Schriftsteller:
An jenem Oktobertag, als er zum ersten Mal auf den Stufen des Petersdoms erschien, mit diesem großen Kreuz vor sich, das er wie ein Schwert mit beiden Händen festhielt, als seine ersten Worte „Habt keine Angst" über dem Platz erschallten, da wussten alle, dass sich im Himmel etwas bewegt hatte.

7. August 1949: Zurück in Krakau wird Wojtyla in der Florianskirche zum Pfarrvikar ernannt.

Am 28. September 1958 empfängt Karol Wojtyla in der Wawel-Kathedrale die Bischofsweihe, die von Monsignore Baziak, dem Krakauer Erzbischof, vollzogen wird.

Wojtyla mit Mieczyslaw Kotlarczyk, dem Begründer des Rhapsodischen Theaters, während der deutschen Besatzung in Krakau (1940).

Bei einer Klettertour in den Bieszezady-Bergen in Polen (1953).

Monsignore Wojtyla mit Papst Paul VI. (1967).

Seit 1958 zunächst Weihbischof, wird Karol Wojtyla am 15. Juli 1962 nach dem Tod von Erzbischof Baziak zum Kapitelvikar gewählt. Mit 38 Jahren war er damit der jüngste Bischof, mit 47 Jahren der jüngste Kardinal Polens.

Es ist ein „Theater des Wortes", das nur äußerst geringe Zugeständnisse an Bühnenbild und Ausstattung macht. Diese programmatischen Ziele fügen sich ideal in die praktischen Gegebenheiten, zumal die „Rhapsoden" während der deutschen Besatzung in den Untergrund gezwungen werden. Aus der Feder Karol Wojtylas sind sechs Theaterstücke bekannt, von denen eines verloren gegangen ist. Drei entstanden zwischen 1939 und 1940 (*David, Hiob und Jeremia*), die anderen nach der Priesterweihe (*Bruder unseres Gottes, Der Laden des Goldschmieds* – die auch als gelungene Kinofassungen vorliegen – und *Strahlen der Vaterschaft*). Das einzige vor dem Pontifikat, allerdings unter Pseudonym, veröffentlichte Stück ist *Der Laden des Goldschmieds* (1960). Entsprechend den Vorgaben des Rhapsodischen Theaters stehen in diesen Stücken das Wort und der Dialog im Vordergrund, wobei es um universelle Fragen des Menschseins geht (Schmerz, Heimat, Ehe, Mutterschaft), wohl inspiriert von Wojtylas Erfahrungen in der Seelsorge.

Die Identiäten

Ich komme in jene verwinkelten Gässchen; irgendwo sitzen vielleicht die Verkäufer mit ihren Feigentüten und die vor den Passanten herlaufenden Kinder bieten in Zellophanpapier verpackte Fotografien und Briefmarken feil; von den Türschwellen der teuren Geschäfte erschallen laute Rufe, in die sich hin und wieder ein englisches, italienisches oder polnisches Wort hineinschmuggelt. Ich komme in diese verwinkelten Gässchen. Der Ort, der Ort ist das Wesentliche. Der Ort ist heilig. Viele Male schon wurden die Steine verrückt und der Boden planiert, unzählige Male ist der Sand umhergewirbelt worden seit jenen Zeiten, kein Körnchen ist gleich geblieben. Doch dies ist nicht die Identität, die ich suche: Der Ort bleibt, wie er ist, denn er wird von etwas erfüllt. Ich komme zu diesen Stätten, die Du ein für alle Mal durch Dich erfülltest. Ich komme nicht, um sie durch mich zu erfüllen, sondern um von ihnen erfüllt zu werden. Oh, du heilige Stätte! Du musst in viele Orte getragen werden!

(aus: *Wallfahrt zu den heiligen Stätten*, 1965)

Der Sport

Wer hätte je gedacht, dass es im Vatikan für den Papst ein eigenes Schwimmbecken gibt? Und wer hätte sich vorstellen können, in der Maiella oder auf dem Campo Imperatore in den Abruzzen den Papst anzutreffen, der sich einige Stunden Zeit für einen Spaziergang oder eine Skitour nimmt? In all den Jahren tut er dies sehr häufig. Natürlich verändern zwanzig Jahre Pontifikat so manches, denn neben dem fortschreitenden Alter zehren das Attentat, Unfälle und Krankheiten an seiner ansonsten so robusten körperlichen Verfassung. Aber zumindest im Sommer zieht es ihn noch immer hinaus in die Wiesen und Wälder, und nach einem wohltuenden Spaziergang genießt er Gesang und Gläserklingen an einem prasselnden Feuer. Der Sport ist jedoch nicht nur eine jugendliche Leidenschaft, sondern auch eine viel benutzte Metapher. Für Johannes Paul II. ist Sport eine Art Schule des Friedens, die alle ideologischen und politischen Schranken überwindet. Außerdem schätzt er das erzieherische Moment des Sports und das Bestreben, über sich selbst hinauszuwach-

sen. In seiner Sicht der Gesellschaft spielt der Sport somit eine wesentliche Rolle, denn eine Welt, in der die Menschen stets nach der Überwindung ihrer eigenen Grenzen suchen, wird sich der Wahrheit niemals endgültig verschließen.

Kommunikation

Von Karol Wojtyla lässt sich mit Fug und Recht sagen, dass er der große Kommunikator unserer Zeit ist. Zeigten Pius XII. am Rundfunk und Johannes XXIII. am Fernsehen bereits großes Interesse, so hat Johannes Paul II. die Massenmedien in seinen Dienst genommen. Niemand hat mehr geschrieben und gesprochen als er, und keiner hat durch Funk und Fernsehen eine derartige Verbreitung erfahren. Doch über die dreitausend Reden, die er gehalten hat, hinaus hat Wojtyla dreizehn Enzykliken verfasst und zwei Bücher geschrieben (*Die Schwelle der Hoffnung überschreiten*, 1994, und *Gabe und Geheimnis*, 1996). Er nutzt die innovativsten Kommunikationsmittel und ist seit März 1997 sogar im Internet unter www.vatican.va zu erreichen. Daneben hat er eine CD-ROM veröffentlicht und bei Sony eine Liedersammlung eingespielt, die 1999 die Hitparaden eroberte.

Triebfeder der ausgeprägten Kommunikationsfreude von Johannes Paul II. ist natürlich die Botschaft, die er übermitteln will, und so hat er sich öffentlich mit den folgenden Fragen an die Medienprofis gewandt: „Bieten die traditionellen Massenmedien noch Platz für Jesus Christus? Lässt sich in den neuen Medien ein Platz für Ihn einrichten?" Ein großer Kommunikator war Wojtyla schon immer, ob er nun als Dichter, Schauspieler oder Autor tätig war. Niemals hat er dabei jedoch den Bezug zum einfachen Volk verloren. Und dass er selbst eigentlich auch nur ein Mensch unter Menschen ist, zeigen stets seine kleinen, spontanen Gesten. So war es für ihn auch ganz selbstverständlich, dass er sich während eines Krankenhausaufenthaltes im Gemelli-Klinikum wie ein gewöhnlicher Großvater mit kranken Kindern unterhielt. Es ist ein ganz besonderes Gefühl, das ihn mit den Gläubigen seit jenem Jahr 1978 verbindet, als sich dieser „aus einem fernen Land" kommende Papst so bescheiden und ungezwungen vorstellte: „Wenn ich einen Fehler mache, korrigiert mich bitte."

Mit seiner vorurteilslosen und manchmal geradezu unkonventionellen Art, von den modernen Kommunikationsformen Gebrauch zu machen, ist Wojtyla stets für Überraschungen gut. Dem Inhalt seiner Botschaften mag man zustimmen oder nicht, doch seine Konsequenz genießt weltweit ungeteilte Bewunderung. „Er ist der beste Apostel der laizistischen Welt", beschrieb ihn einst der bekannte, nicht katholische Journalist Arrigo Levi.

Kardinal Wojtyla mit Papst Johannes Paul I.

Oben: Am 16. Oktober 1978 um 17.15 Uhr wird Kardinal Karol Wojtyla zum Papst gewählt.

Kardinal Karol Wojtyla mit dem polnischen Primas Stefan Wyszynski bei ihrer Ankunft in Rom anläßlich des Konklaves.

Eine große Statue des Erlösers überragt die Fassade des Petersdoms vor der Kuppel Michelangelos.

Unten: Das erste offizielle Foto des neu gewählten Papstes Johannes Paul II. Es ist der 16. Oktober 1978, gegen 18.45 Uhr.

Der Papst in Rom

Karol Wojtyla, ein Pole in Rom, der es binnen kürzester Zeit geschafft hat, dieser Stadt sein eigenes, rasantes Tempo vorzugeben – einer Stadt, die einerseits dank ihrer jahrtausendealten Geschichte, andererseits wegen ihrer sprichwörtlich langsam mahlenden Mühlen „ewig“ genannt wird. Dieser Papst, der wie kein anderer vor ihm die Welt bereist hat, ist paradoxerweise – oder logischerweise – zugleich auch derjenige, der zu der Stadt, deren Bischof er ist, die engste und intensivste Beziehung aufgebaut hat. Er rief zahlreiche Neuerungen ins Leben: die Besuche in den römischen Pfarreien, den alljährlich stattfindenden Gottesdienst für die Studenten in der Peterskirche, die Krippe auf dem Petersplatz sowie die persönlich abgenommenen Beichten in der Basilika des heiligen Petrus. Gern läßt er die Mauern des Vatikans hinter sich; unvergesslich auch die Fernsehsendung mit dem zu Tränen gerührten Moderator, als sich der Papst telefonisch zuschaltete. Was zunächst ein Novum darstellte, ist mittlerweile Tradition.

Es vergehen gerade mal achtundvierzig Stunden nach seiner Wahl, bis der Papst zum ersten Mal den Vatikan verlässt: In Windeseile lässt sich Johannes Paul II. in die Gemelli-Klinik bringen, an das Bett eines brüderlichen Freundes, des polnischen Bischofs Andrzej M. Deskur. Der private Besuch bleibt nicht unbemerkt. Ein paar Tage später erregt eine weitere Unternehmung des Papstes Aufsehen: Am 29. Oktober pilgert Karol Wojtyla zur Wallfahrtskirche Mentorella auf dem Monte Guadagnolo im Latium. Dieses von polnischen Mönchen betreute Marienheiligtum hat er bereits in früheren Jahren häufig besucht, auch am Tage, als er in das Konklave eintrat. Sein Kommen gilt diesmal der Bitte um Gnade, die für die ihm anvertraute Aufgabe notwendig sein wird; die anwesende kleine Pilgerschar bereitet ihm einen freudigen Empfang. Es ist die erste Reise des Papstes, der zahllose weitere folgen werden. Mit dem Hubschrauber, diesem schnellen und praktischen Fortbewegungsmittel, begibt sich Johannes Paul II. in der ersten Woche bereits nach Assisi und Siena zu den Gräbern des heiligen Franziskus und der heiligen Katharina, um den beiden Schutzpatronen Italiens die Ehre zu erweisen.

Wie bereits erwähnt, gestaltet sich sein Verhältnis zur Stadt Rom von Anfang an sehr gut. Die erste offizielle Kontaktaufnahme ist die Audienz vom 9. November, bei der Karol Wojtyla die Geistlichen der römischen Diözese empfängt. Drei Tage

Rechts: Einer der häufigen Auftritte des Papstes am Fenster seiner Gemächer; eine Tradition sind bereits die Angelus-Gebete am Sonntagmittag.

später zieht er als Bischof von Rom in die Lateransbasilika ein, und bereits am 3. Dezember beginnt er mit den sonntäglichen Besuchen der zu seiner Diözese gehörenden Pfarreien. Als erstes begibt er sich in die Kirche San Francesco Saverio in Garbatella. Bis Ende 1998 wird er zwischen Rom und Castelgandolfo nicht weniger als siebenhundert Gemeinden besuchen. Dazu zählen auch unspektakuläre Begegnungen im „pastoralen“ Sinn, wie beispielsweise der Besuch bei der Familie Menegò am 1. Februar 1998. Allein die Tatsache, dass die Familie zu seiner Diözese gehörte, war für Wojtyla Anlass genug, sie im Rahmen der von ihm initiierten „Städtischen Mission“ zu besuchen und ihr eine Kopie der Apostolischen Schriften zu überreichen.

Weder Mauern noch Grenzen

Zu den Besuchen in Rom die am meisten Aufsehen erregten, zählt wohl der in der jüdischen Synagoge am 13. April 1986. Es ist das erste Mal, dass ein Papst die Synagoge Roms betritt. Diese Geste der Versöhnung und des Friedens gipfelt in der Bekundung brüderlicher Liebe: Es ist nicht allein die spontane, herzliche Umarmung des Rabbiners Elio Toaff, sondern vor allem sind es die eindringlichen Worte, die der Papst an die Juden, die „älteren Brüder“ der Christen, richtet.

Dem ökumenischen Anliegen Johannes Pauls II. ist mit diesem Besuch noch lange nicht Genüge getan. Überall dort, wo Mauern das gegenseitige Zuhören und Verstehen behindern, zeigt er seine Bereitschaft, diese niederzureißen. Stellt sich ihm ein seit Jahrhunderten bestehendes Hindernis in den Weg, so überwindet er es. Gilt es, den ersten Schritt zu tun, so zögert er keine Sekunde.

Ein weiteres Zeichen setzt der Papst am 11. Dezember 1983 mit dem Besuch der lutherisch-evangelischen Gemeinde Roms. Pastor Schlitter liest ein Gebet Martin Luthers über die Einheit der Christen, während der Papst die Liturgie zelebriert – das hat es in einer protestantischen Kirche noch nie gegeben.

Oben: Ein Moment der Andacht in Karol Wojtylas Privatkapelle. Zur Morgenmesse und dem anschließenden Frühstück lädt der Papst oft Gäste ein.

Oben links: Die Marienkirche in Trastevere, eine prachtvolle romanische Basilika, ist eine der 280 Pfarreien, die Johannes Paul II. in seiner Funktion als Bischof von Rom bisher besucht hat.

Yassir Arafat zählt zu den großen Persönlichkeiten, die Karol Wojtyla empfangen hat. Das Treffen fand am 15. September 1982 statt.

Das Papsttum

Zur Verkündung des Glaubens und Errichtung seines Reiches setzte Jesus Christus die zwölf Apostel ein, die unter der Leitung Petri als geschlossenes Kollegium handeln sollten. Aus diesem Grunde bilden der Papst als Nachfolger Petri und die Bischöfe als Nachfolger der Apostel eine Einheit.

Christus vertraute die Führung seiner Kirche dem apostolischen Kollegium mit Petrus als sichtbarem Oberhaupt an: „Ich aber sage dir: Du bist Petrus, und auf diesen Felsen werde ich meine Kirche bauen, und die Mächte der Unterwelt werden sie nicht überwältigen. Ich werde dir die Schlüssel des Himmelsreiches geben; was du auf Erden binden wirst, das wird auch im Himmel gebunden sein, und was du auf Erden lösen wirst, das wird auch im Himmel gelöst sein." (Mt 16, 18-19)

Von Anfang an verbreitete sich die Kirche weltweit in verschiedenen christlichen Gemeinschaften, jeweils unter der Führung eines Apostels oder eines Bischofs als seinem Nachfolger. Das Zentrum dieser Gemeinschaften war zunächst Jerusalem, anschließend Rom als Sitz der Nachfolger Petri. Die katholische Kirche ist die Summe aller Einzelkirchen, die mit der Kirche in Rom in Verbindung stehen. Auf dem Zweiten Vatikanischen Konzil wurde diese Kirchenstruktur ausdrücklich bestätigt (Dogmatische Konstitution Lumen gentium, Nr. 23).

Mit der gesamtkirchlichen Führung sind also zwei Seiten betraut: der römische Papst und das Bischofskollegium. Letzteres kann allerdings nur gemeinsam mit dem Papst als dem alleinigen Oberhaupt der Kirche und Inhaber der Primatialgewalt für die Kirche bindende Beschlüsse fassen. Wenn es also gemeinsam und unter der Leitung des Papstes handelt, besitzt das Kollegium ebenfalls die höchste Vollmacht über die gesamte Kirche. Der Bischof von Rom steht somit in der Nachfolge des Amtes, das der Herr dem heiligen Petrus übertragen hat, und ist zugleich Träger der gesamtkirchlichen Vollmacht. Er hat den Vorsitz im Bischofskollegium, er ist der

Bei Heilig- und Seligsprechungen strömen viele Menschen auf den Petersplatz.
Oben: Die Kanonisation des mutigen Priesters Maximilian Kolbe, der während der Nazizeit zum Märtyrer wurde.

Am 29. Juni 1995 feiert er in der vatikanischen Basilika die Messe zu Ehren der Heiligen Petrus und Paulus gemeinsam mit dem Ökumenischen Patriarchen von Konstantinopel, Bartholomaios I. „Wir können nicht getrennt bleiben! Wir müssen einen gemeinsamen Weg beschreiten, denn dies ist der Wille des Herrn", eröffnet der Papst dem Patriarchen. Bewegend und von historischer Tragweite ist das anschließend von Papst und Patriarch gemeinsam auf Altgriechisch vorgetragene Nicänische Glaubensbekenntnis.

Ähnlich verlaufen die Besuche, die man ihm abstattet. Die erste weltliche Persönlichkeit, der der Papst am 24. Oktober 1978 eine Privataudienz gewährt, ist der italienische Staatspräsident Sandro Pertini. Aus dieser Begegnung erwächst eine Freundschaft, die durch regelmäßige Telefongespräche und außerprotokollarische Treffen gepflegt wird. Als Nächsten empfängt der Papst einige Tage darauf den Präsidenten Frankreichs, Giscard d'Estaing. Im Laufe der Jahre folgen sämtliche Regierenden der Welt, darunter die vier amerikanischen Präsidenten, von Carter bis Clinton, und der Präsident der Sowjetunion, Michail Gorbatschow (unvergesslich der erste Besuch am 18. November 1990, als Raissa Gorbatschowa in einem leuchtend roten Kleid erschien). In vielen

25. März 1984: Johannes Paul II. im Gebet vor der Jungfrau von Fatima, deren Bildnis während des Heiligen Jahres der Familie auf Pilgerschaft nach Rom gebracht wurde.

Das über 1000 Jahre lang verborgene Grab des Heiligen Petrus wurde in den sechziger Jahren wiederentdeckt; es befindet sich unmittelbar unter dem Hauptaltar des Petersdoms und stellt den ideellen und konkreten Mittelpunkt der römischen Kirche dar.

Stellvertreter Christi, von dem allein er seinen Auftrag erhält, und er ist der Oberhirte über die gesamte katholische Kirche, das heißt über alle Gläubigen einschließlich der Priester. Er besitzt die

- gewöhnliche Macht, die er kraft seines Amtes ausübt, weder im Auftrag noch auf Anweisung anderer. Auch wenn er von den Kardinälen gewählt ist, vertritt der Papst nicht das Konklave (das heißt die Gemeinschaft der zur Wahl angetretenen Kardinäle), und seine Wahl kann auch nicht an Bedingungen geknüpft sein;
- höchste Macht, denn sie unterliegt keiner anderen Institution. Seine Entscheidungen sind unanfechtbar, gegen die Beschlüsse und Urteile des Pontifex maximus kann man weder Berufung noch Revision einlegen;
- volle Macht, die sich nicht auf bestimmte Gebiete, Orte oder Personen beschränkt. Zur Ausübung seiner Macht bedarf es weder des Einvernehmens noch der Anleitung einer anderen Person;
- unmittelbare Macht, insofern, als er diese direkt von Gott erhalten hat und sie auch direkt, ohne Mittelsperson, über jeden einzelnen Gläubigen und jede einzelne Gemeinschaft ausübt;
- allgemeine Macht, insofern, als er einerseits für alle Gebiete zuständig ist, die das Leben und den Auftrag der Kirche betreffen (Dogmatik, Liturgie, Pastorale, Leitung usw.), und andererseits kraft seines Amtes nicht nur die Macht über die Gesamtkirche besitzt, sondern auch die Primatialgewalt über alle Einzelkirchen und ihre Gruppierungen. Bei der Ausübung seiner Gewalt ist der Heilige Vater vollkommen frei, er unterliegt keinerlei zeitlichen Beschränkungen, Unterbrechungen oder Bedingungen.

Fällen weicht der formelle einem herzlichen Umgang, der eine Annäherung erleichtert. Das Pontifikat Wojtylas wird unter anderem auch als dasjenige in die Geschichte eingehen, in dem diplomatische Beziehungen zwischen dem Heiligen Stuhl und Israel, der Sowjetunion, Libyen und den USA aufgenommen wurden (zu den USA gab es seit 117 Jahren keine Verbindung mehr, da es ein amerikanisches Gesetz aus dem Jahre 1867 jeder US-Regierung verbot, Haushaltsmittel für den Unterhalt einer diplomatischen Vertretung im Vatikan bereitzustellen).

Tradition und Erneuerung

Zu den religiösen Traditionen, die der Papst ins Leben gerufen oder wieder belebt hat, zählt die seit 1979 stattfindende Fronleichnamsprozession, die durch die Straßen Roms von der Lateransbasilika bis zur Basilika Santa Maria Maggiore zieht. Die Prozession selbst geht auf das Ende des 15. Jahrhunderts zurück, während ihr genauer Verlauf im Jahre 1575 festgelegt wurde, als Gregor XIII. eine Verbindungsstraße zwischen den beiden Basiliken bauen ließ. Diesen Weg nahm die Fronleichnamsprozession über dreihundert Jahre lang, bis es während der Einigung Italiens zu Konflikten kam, die die Prozession beendeten.

Von seinen Vorgängern übernahm Johannes Paul II. hingegen den Kreuzweg zum Kolosseum in der Karwoche, auf dem der Papst selbst bei strömendem Regen oder durch Krankheit geschwächt das Kruzifix umarmt, sowie das sonntägliche Angelus-Gebet, das

Der Papst liebt Spaziergänge und Gebete in den vatikanischen Gärten.

Der päpstliche Alltag besteht zu einem großen Teil aus Schreibtischarbeit: Es sind nicht nur Ansprachen und Dokumente aufzusetzen, sondern auch zahllose Angelegenheiten zu prüfen, für die er als Oberhaupt der katholischen Kirche zuständig ist.

Johannes Paul II. auf der Schwelle der Heiligen Pforte im Petersdom, die nach einem jahrhundertealten Ritual zu Beginn eines jeden Jubeljahres geöffnet wird. Das letzte Jubeljahr vor dem Jahr 2000 war das Heilige Jahr der Erlösung 1983/84, an dem auch dieses Bild entstand.

stets eine andächtige Schar Gläubiger auf dem Petersplatz versammelt.

Die Bedeutung der Zeugnisse

Die Selig- und Heiligsprechungen stellen ein eigenes Kapitel dar. Vom 29. April 1979 an, als der Papst Pater Laval und Pater Coll selig spricht, wird es an die 1000 weitere Selig- und Heiligsprechungen geben. Am 7. März 1999 stellt Johannes Paul II. sogar einen einzigartigen Rekord auf: Bis dahin hat er mehr als die Hälfte aller Seligen und Heiligen ernannt, die es in der gesamten Geschichte der katholischen Kirche gibt. Diese Tatsache lässt sich daraus erklären, dass der Papst den konkreten Zeugnissen eine noch höhere Bedeutung als den theoretischen Ermahnungen beimisst. Unvergesslich sind die Seligsprechungen von Padre Pio aus Pietrelcina am 2. Mai 1999 sowie von Josemaria Escrivá und Giuseppina Bakhita, zu der sich Hunderttausende von Gläubigen auf dem Petersplatz einfanden.

Rehabilitierungen und Reformen

Die Arbeit, die Johannes Paul II. als Oberhaupt der katholischen Kirche in den letzten zwanzig Jahren in Rom und von Rom aus geleistet hat, ist zweifelsohne bedeutsam. Dass sich in der Verwaltung des Vatikans einiges ändern würde, war ziemlich bald offensichtlich – spätestens seit jenem 6. November 1979, als der Papst die Kardinäle zu einem außergewöhnlichen Konsistorium einberuft, um folgende Themen zu besprechen: die Reform der vatikanischen Kurie, die Organisation der päpstlichen Hochschulen, insbesondere die der Naturwissenschaften, sowie die wirtschaftlichen Verhältnisse des Heiligen Stuhls.

Neben der Neuordnung der Verwaltung sollten jedoch auch kulturelle und geistige Aspekte nicht zu kurz kommen. So reagieren wohl viele überrascht, als der Papst am 10. November 1979 die internationale wissenschaftliche Gemeinschaft auffordert, sich mit dem „Fall Galileo Galilei" auseinander zu setzen, denn der große Gelehrte „hatte, das lässt sich nicht verheimlichen, von Männern und Einrichtungen der Kirche viel Leid erdulden müssen". Einige Jahre später beauftragt er eine Kommission, den Fall „unter allen seinen Aspekten und ohne Vorbehalt" zu prüfen. Der Astronom Galilei wird schließlich rehabilitiert. Mit der apostolischen Verfassung *Sacrae Disciplinae Leges* vom 26. Januar 1983 erlässt Papst Wojtyla einen neuen Kodex des kanonischen Rechts, der denjenigen aus dem Jahre 1917 ersetzt. Das Verfassungswerk wird am 1. Oktober 1991 durch den Kodex des östlichen kanonischen Rechts ergänzt. Am 25. Juni 1992 billigt Johannes Paul II. schließlich den neuen gesamtkirchlichen katholischen Katechismus, das Ergebnis einer tief greifenden Reform der Gesetzes- und Pas-

Der Oberrabbiner von Rom, Elio Toaff, ist Zeuge eines außergewöhnlichen Ereignisses: dem Besuch eines katholischen Papstes in einer Synagoge. (13. April 1986).

toralinstrumente der katholischen Kirche. Einen nicht unwesentlichen Beitrag dazu leisten die dreizehn aus seiner Feder stammenden Enzykliken zu grundsätzlichen Fragen des Glaubens und der Moral sowie unzählige weitere pastorale und geistliche Schriften. Wie an anderer Stelle dieses Buches bereits erwähnt, gilt Wojtyla als der große Kommunikator, und daher weiß er jedes – die populärsten wie die allerneuesten – Kommunikationsmittel zu nutzen. So wird im März 1997 die offizielle Internet-Adresse des Heiligen Stuhles vorgestellt, und 1999 erobert eine CD mit seinen Liedern und Worten (zu verschiedenen Anlässen und Zeremonien) die Hitparaden in aller Welt.

Gesundheit und Leiden

Dieser kurze Abstecher in das Rom Johannes Pauls II. sollte eine zwar weniger offizielle, doch die menschliche Dimension dieses Papstes prägende Seite nicht unerwähnt lassen: den Sport. Der geübte Skifahrer, der aus der Hohen Tatra kommend nun die schneebedeckten Hänge des Gran Sasso und der Maiella hinabfährt, ist zugleich ein guter Schwimmer, der sich im Vatikan eigens ein Schwimmbecken bauen lässt. Wann immer sich die Möglichkeit bietet, zieht er Windjacke und Wanderschuhe an, nimmt seinen Stock zur Hand und begibt sich betend und meditierend auf eine Wanderung. Findet er keine Gelegenheit zu längeren Spaziergängen, zieht er sich in die vatikanischen Gärten zurück. Castelgandolfo, der päpstliche Sommer- und Ruhesitz, reicht ihm nicht aus, und so verbringt zum ersten Mal seit undenkbaren Zeiten ein Papst seinen Urlaub an wechselnden Orten – als wäre er ein ganz gewöhnlicher Bürger. Jedes Jahr im Sommer wetteifern das Aostatal und das Trentino um die Ehre, den Papst beherbergen zu dürfen.

Es ist wirklich eine Ironie des Schicksals, dass der sportlichste Papst aller Zeiten zugleich regelmäßig Krankenhäuser aufsuchen muss – und dies nicht nur, um seine Anteilnahme am Leiden anderer Menschen in aller Welt zu bekunden. Auch er selbst bleibt von Leiden und Krankheit nicht verschont. Es beginnt mit dem 13. Mai 1981, einem Mittwoch, als er nach Beendigung der wöchentlichen Generalaudienz auf dem Petersplatz von dem 23-jährigen türkischen Terroristen Mehmet Alì Agcà angeschossen wird. Das in den Bauchraum eingedrungene Geschoss fügt ihm schwere innere Verletzungen zu, der rechte Arm sowie die linke Hand werden ebenfalls getroffen.

Der Papst wird in die Gemelli-Klinik eingeliefert, die er erst am 20. Juni wieder verlassen darf. In den Vatikan kehrt er allerdings erst am 14. August endgültig zurück. Es ist von einer internationalen Verschwörung die Rede.

Agcà wird zu lebenslanger Haft verurteilt. Bereits wenige Ta-

Oben: Der Papst auf dem Kreuzweg zum Kolosseum während der Karfreitagsprozession.

Links: Ein Besuch, der großes Aufsehen erregte, war der des sowjetischen Staatschefs Michail Gorbatschow am 1. Dezember 1989. Gemahlin Raissa trug entgegen des Protokolls ein leuchtend rotes Kleid.

Vor der Pietà Michelangelos in der Peterskirche.

Unter diesem Bildnis Padre Pios aus Pietrelcina findet am 2. Mai 1999 die beeindruckende Seligsprechung des Kapuzinermönches statt. Auf dem Petersplatz drängen sich über 300 000 Pilger.

ge nach dem Attentat lässt der Papst während des Regina coeli von seinem Krankenbett aus die folgenden Worte über Radio Vatikan verbreiten: „Ich bete für den Bruder, der mich verwundet hat und dem ich aufrichtig vergebe." Mit dem Besuch des Attentäters in der Haftanstalt Rebibbia Ende Dezember 1983 bekräftigt er seine Haltung. Zu dem persönlichen Gespräch mit Agcà äußert sich der Papst allerdings nicht. „Was wir uns zu sagen hatten, bleibt ein Geheimnis zwischen ihm und mir. Ich habe mit ihm gesprochen wie mit einem Bruder, dem ich vergeben habe und der mein Vertrauen genießt", erwiderte der Papst auf die von den Journalisten gestellten Fragen.

Dem dritten Jahrtausend entgegen

Doch damit nicht genug. Kurz vor dem sonntäglichen Angelus am 12. Juli 1992 verkündet er den Gläubigen, dass er sich in der Gemelli-Klinik ärztlichen Untersuchungen unterziehen wird. Am späten Nachmittag wird er bereits in der römischen Poliklinik erwartet. Die Untersuchungen ergeben, dass er einen Tumor am Dickdarm hat. Bei dem über vier Stunden dauernden chirurgischen Eingriff am 15. Juli entfernen die Ärzte ein relativ großes Geschwür. Der Gesundheitszustand des Papstes ist nach der Operation stabil, die Analysen ergeben, dass der entfernte Tumor gutartig war. Am 29. April 1994 zieht er sich einen Oberschenkelbruch zu und wird erneut zur Behandlung in die Gemelli-Klinik eingeliefert. Am 22. Mai grüßt er vom Fenster der Klinik aus die Gläubigen und fünf Tage später kehrt er in den Vatikan zurück.

Am 6. Oktober 1996 dann ist es der Blinddarm, der den Papst erneut ins Gemelli führt. Am 8. Oktober, einem Dienstag, wird er operiert und nach einer Woche Genesung bereits wieder entlassen.

In den letzten Jahren ist Johannes Paul II. nicht mehr der Fels in der Brandung wie in den ersten Jahren seines Pontifikats. Das fortschreitende Alter, die Folgen des Attentats, die verschiedenen chirurgischen Eingriffe, die vielen Mühen in all den Jahren und nicht zuletzt die Parkinsonsche Krankheit, die zu einer allmählichen Verlangsamung seiner Bewegungen führt, haben einen alten, angeschlagenen Pontifex aus ihm gemacht. Dass er an Energie nichts eingebüßt hat, verrät jedoch ein Blick auf seinen Terminka-

Nächtliche Aufnahme des Petersplatzes während einer Feierlichkeit.

Links: Der Petersdom ist die Bühne für die feierlichsten öffentlichen Zeremonien in der katholischen Kirche. Hier fanden auch die Sitzungen des Zweiten Vatikanischen Konzils statt.

Unten: Eine innige Freundin Wojtylas – Mutter Theresa aus Kalkutta. Der Papst entschied, dass die sonst erforderliche Mindestzeit von fünf Jahren nach dem Tod für die Einleitung der Seligsprechung in diesem Fall nicht einzuhalten ist.

lender, der immer noch genauso voll ist wie zu Beginn seiner Amtszeit. Nach Aussage seiner Mitarbeiter macht es ihm nichts aus, bis zur Erschöpfung zu arbeiten: Bei der Arbeit zu sterben, das wäre vielleicht der schönste Tod für ihn. Diese Aufopferungsfähigkeit setzt natürlich eine gewisse Härte sich selbst gegenüber voraus und – wichtiger noch – inneres Feuer. Der Papst, der zu den Menschen sagte: „Fürchtet euch nicht", steht nun als alter, doch hellwacher Mann an der Schwelle zum dritten Jahrtausend. Wie Moses setzt er seine Rolle als „Hirte" mit der des Anführers gleich, der seinem Volk den Weg weist und sich nicht vom eingeschlagenen Kurs abbringen lässt. In diesen Zusammenhang gehört auch das von Johannes Paul II. ausgerufene Heilige Jahr der Erlösung zum Gedenken an den vor 1950 Jahren verstorbenen Jesus Christus: Zwischen dem 25. März 1983, dem Tag der weltweit ausgestrahlten feierlichen Eröffnungszeremonie – sozusagen als Generalprobe für das Jubeljahr 2000 – bis zum Abschluss des Heiligen Jahres pilgerten Menschen aus aller Welt nach Rom. In einer von tiefer Bewegtheit und Spiritualität getragenen Atmosphäre versiegelte Wojtyla am 22. April 1984 die Heilige Pforte, um sie im Heiligen Jahr 2000 wieder zu öffnen.

In der Sixtinischen Kapelle, einem Kunstwerk ersten Ranges, werden bedeutende sakrale Handlungen vollzogen; u.a. versammelt sich hier das Konklave, das den Papst wählt.

Europa, Vereinigte Staaten und Kanada

Die Beziehung zu Europa liegt dem Papst ganz besonders am Herzen. Die zwölf langen Reisen nach Afrika mögen wohl ihren Eindruck hinterlassen haben – ebenso wie die schier endlosen Strecken, die er auf dem asiatischen Kontinent bewältigt hat. Doch im Vergleich zu seinen Reisen innerhalb Europas nehmen sich diese Reisen letztendlich eher spärlich aus: Europa, die Wiege der christlichen Kultur, das auf internationaler Ebene eine führende Position einnimmt, hat der Papst mit seinen Besuchen wie mit einem engmaschigen Netz überzogen. Europa, von dem die Vereinigten Staaten und Kanada in direkter Linie abstammen, die den europäischen Geist atmen und heute nicht nur in Wirtschaft und Industrie, sondern auch in kultureller Hinsicht eine Vorreiterrolle spielen. Europa, das seit 1989 seine „zweite Lunge" reaktiviert hat und nun auch im Osten wieder durchatmen kann, sei es auch noch recht mühselig. Und nicht zuletzt das Europa der Traditionen, das Europa der Zukunft, das Europa ohne Grenzen, das Europa des Geistes.

Finde wieder zu dir selbst! Sei wieder du selbst!", rief Johannes Paul II. 1982 in einer feierlichen Rede dem Alten Kontinent von jenem „Finisterrae" aus zu, wo vor einem Jahrtausend die Wallfahrtsstätte des heiligen Jakob von Compostela sozusagen als geistiger Grenzstein des Abendlandes errichtet wurde. Dies ist das Europa von Johannes Paul II.: ein Europa des Geistes, von dem alles abhängt, denn überall auf der Welt ahmt man es nach, man verfolgt und beobachtet, was hier geschieht, und sei es auch nur, um sich dagegen aufzulehnen. Denjenigen, die die historisch-kulturelle Einheit von Altem Kontinent und Christentum in Frage stellen, hält Johannes Paul II. entgegen, es sei schließlich eine unbestreitbare Tatsache, dass die europäischen Wege von Heiligen vorgezeichnet wurden und dass es sehr oft Heilige waren, die – wie beispielsweise Patricius, Augustinus, Bonifatius, Kyrillos und Methodios – zur Herausbildung nationaler Identitäten beitrugen. „Die großen Bekehrer Europas waren die Heiligen", sagte der Papst im Jahre 1985, und er fügte hinzu, dass „die Verkünder des Evangeliums heutzutage Experten des Menschlichen sein müssen, die das Herz des heutigen Menschen von Grund auf kennen, Freude und Hoffnung sowie Ängste und Trauer mit ihm teilen können und zugleich Gott fern vom Lärm der Welt lieben". Wenn es um die Verbreitung seines Menschenbilds geht, sind die Heiligen in Europa wie auf der ganzen Welt für den Papst programmatische Verbündete, die Grundlage einer wahrhaft spirituellen Anthropologie, die bei jeder Reise und bei jeder Seligsprechung konkrete Formen annimmt und verbreitet wird: Menschen, die Zugang zu Gott haben, aber auch zu anderen Menschen, die weltweit bekannt und in

Europa des Geistes

ihrer Heimat verwurzelt sind, kontemplativ bis zum Mystizismus, aber häufig auch heldenhaft im bürgerlichen Sinn (So ist es kein Zufall, dass neben Mönchen, Priestern und Nonnen nun auch immer mehr Laien heilig gesprochen werden: Brautleute, Arbeiter, Menschen, die sich der Politik und sozialen Diensten verpflichtet haben). Von Maximilian Kolbe bis Jan Sarkander, von Marcel Callo bis Anna Beretta Molla, von den spanischen Märtyrern bis hin zu Edith Stein: Das ist das „europäische" Ideal, das Karol Wojtyla unermüdlich verbreitet, denn seiner Ansicht nach kann nur das gute Beispiel Zustimmung zu den unverzichtbaren Werten hervorrufen.

Welche Rolle Johannes Paul II. Europa bei der Reevangelisierung im dritten Jahrtausend zuschreibt, lässt sich an den Zahlen ablesen: Von seinen über achtzig Reisen rund um den Globus galten mindestens fünfzig dem Abendland, das heißt Europa und Nordamerika. Mehr als 250 Tage hat er damit verbracht, diesen Kulturkreis, dessen Mitwirkung im Kampf um die Rückeroberung des Glaubens in der Welt für Johannes Paul II. unverzichtbar ist, für sich einzunehmen.

In den Vereinigten Staaten von Amerika verbrachte Johannes Paul II. insgesamt einen ganzen Monat, aufgeteilt auf sieben Reisen von 1979 bis 1999. Die Beziehungen zwischen dem Papst und den Vereinigten Staaten sind jedoch viel weitgehender, tiefer und komplexer, zumal auch die Besuche der amerikanischen Präsidenten im Vatikan (von Jimmy Carter über Ronald Reagan und George Bush bis hin zu Bill Clinton), bei denen Gespräche mit Karol Wojtyla stattfanden, mit in Betracht gezogen werden müssen – und auch die regelmäßigen Telefonate zwischen dem Weißen Haus und den Vatikanischen Palästen.

Die Vereinigten Staaten sind in vielerlei Hinsicht ein bevorzugter Gesprächspartner des Papstes. Zunächst, weil sie die Nation repräsentieren, die aufgrund ihrer Geschichte und ihrer wirtschaftlichen und technologischen Mittel stets die Rolle des „Weltpolizisten" übernahm, erst in Rivalität zur Sowjetunion und dann allein. Zweitens, weil Johannes Paul II. das kulturelle und religiöse Profil dieser Nation mit Europa gleichsetzt. Sieht er in den Vereinigten Staaten doch die ideale Fortsetzung des Alten Kontinents – jünger zwar und vielleicht noch etwas blauäugig, doch sicherlich auch eher bereit, zuzuhören und etwas zu wagen. Drittens haben die Christen der Vereinigten Staaten zahlenmäßig ein großes Gewicht in der Welt, und so sieht sich der Nachfolger des Apostels Petrus veranlasst, sich ihrer in angemessener Weise anzunehmen. Viertens schließlich ist die zunächst so pragmatisch wirkende nordamerikanische Nation aus historischen und ethnischen Gründen ein Schmelztiegel geistiger und religiöser Strömungen: Paradoxerweise sind die religiösen Instanzen nirgendwo sonst auf so fruchtbaren Boden gefallen (wie die unzähligen, friedlich nebeneinander lebenden Konfessionen, Glaubensrichtungen und Sekten bezeugen) und haben einen „Areopag unserer Zeit" begründet, den Johannes Paul II. als Tribüne und als Sprachrohr nutzt.

Einem Jahrhundert der Überzeugung entgegen

1.-7. Oktober 1979

22.-23. und 26. Februar 1981

2. Mai 1984

10.-19. September 1987

12.-16. August 1993

5.-9. Oktober 1995

26.-28. Januar 1999

Für den aus einem fernen Land kommenden Papst, einen Bürger der dunklen Seite des alten Europa, war die pastorale Politik zwischen seinem Herkunftsland und den westlichen Nationen sofort ein wichtiges Anliegen: Man musste so schnell wie möglich die jenseits der Mauer lebenden Völker neu beleben, damit Europa und die Welt erneut „mit zwei Lungen atmen".

UNO, die hohe Tribüne

Ich bitte, mich zu entschuldigen, wenn ich von Dingen spreche, die Ihnen, sehr verehrte Damen und Herren, sicher ganz offensichtlich sind. Es scheint mir jedoch sinnvoll zu sein, darüber zu sprechen; denn was menschliche Aktivität oft in Gefahr bringt, ist doch die Möglichkeit, dass man bei ihrem Vollzug die deutlichsten Wahrheiten und die grundlegendsten Prinzipien aus dem Blick verliert. Es sei mir daher der Wunsch erlaubt, dass die Organisation der Vereinten Nationen wegen ihres universellen Charakters niemals aufhören möge, jenes Forum, jene hohe Tribüne zu sein, von der aus alle Probleme des Menschen im Geist der Wahrheit und der Gerechtigkeit bewertet werden.

New York, 2. Oktober 1979

Rechts: Am 2. Oktober 1979 spricht Johannes Paul II. zum ersten Mal vor der Generalversammlung der Vereinten Nationen.

Der andere Lehrstuhl

In der Weltanschauung Karol Wojtylas ist aber auch der Kapitalismus nicht frei von Schuld und Gefahren, auch hier gibt es Übergriffe und Willkür, und an den Zuständen im Osten der Siebzigerjahre ist auch der Westen nicht unbeteiligt. So mag es nicht überraschen, dass dem unaufhaltsamen Untergang des Ostblocks nicht weniger heftige Einbrüche in den von liberalen Traditionen geprägten Kulturen gegenüberstehen. Der andere unentbehrliche „Lehrstuhl" des Papstes befindet sich ausgerechnet in den Vereinigten Staaten, an dem Ort, der wohl weltweit politisch und kulturell von größter Bedeutung ist: Höhepunkt einer weiteren seiner ersten großen Reisen – noch im Jahr 1979 – ist die Rede des Papstes vor der UN-Vollversammlung am 2. Oktober. Die UNO, die größte internationale Organisation, hat ihren Sitz in New York und ist richtungweisend für die politischen und kulturellen Geschicke der Welt. Vor den Mächtigen dieser Welt spricht der polnische Papst von den Gütern, die die spirituelle Dimension unserer Existenz ausmachen, und davon, dass „ihre Verletzung, auch in Zeiten des Friedens, eine Form des Krieges gegen den Menschen ist".

Aber auch auf der „lokalen", d.h. amerikanischen Ebene dieser Reise kommt es zu Momenten großer Intensität. Im New Yorker Yankee-Stadion werden die Menschen der Ersten Welt mit dem prassenden Reichen aus der Bibel verglichen, der dem an der Tür wartenden Armen nicht einmal die Krümel von seiner Tafel gönnt.

Und in der Capitol Mall in Washington, mit dem Kapitol im Hintergrund, werden die Amerikaner daran erinnert, dass „es nichts Wertvolleres gibt als die Größe und Würde des Menschen. Das menschliche Leben ist nicht nur eine Vorstellung oder eine Abstraktion; das menschliche Leben ist die konkrete Wirk-

Oben: Die Eucharistiefeiern im Zentrum von Chicago (1979).

Links oben: Die berühmte Fifth Avenue in New York (1979).

Links unten: Indianer in traditioneller Tracht nehmen am 15. August 1993 im Cherry Creek State Park gemeinsam mit 700 000 Jugendlichen an der Messe teil.

VEREINIGTE STAATEN VON AMERIKA

Präsidiale Bundesrepublik

Fläche:	9 372 614 km²
Bevölkerung:	267 636 000 Einwohner
Hauptstadt:	Washington
Amtssprache:	Englisch

Religion: Es liegt keine offizielle Statistik über die Religionen vor; es gibt lediglich von den einzelnen Kirchen aufgestellte Statistiken, in denen jedoch nur die offiziell praktizierenden Gläubigen aufgeführt sind. 1991 sind es danach 86 684 000 Protestanten, 58 568 000 Katholiken, 5 981 000 Juden, 3 976 000 Orthodoxe und 19 000 Buddhisten. Die Angaben für 1999 lauten: 58 % Protestanten, 21 % Katholiken, 2,1 % Juden und 1,9 % Moslems.

lichkeit eines Wesens, das fähig ist zur Liebe und zum Dienst an der Menschheit".
„Heute gebe ich euch den Rat, euch für die Liebe zu entscheiden, denn sie ist das Gegenteil der Flucht", sagt Wojtyla den Bostoner Jugendlichen. Vierzehn Jahre nach dem Besuch Pauls VI. bei der UNO wendet sich Johannes Paul II. an das amerikanische Volk, er spricht ohne Umschweife, doch mit Herz; die Argumente, die er anführt, gefallen und überzeugen. Er kommt in den Staaten sehr gut an, die Massen feiern und bejubeln ihn, die Emotionen kochen über. Beim Empfang im Weißen Haus finden sich zehntausend geladene Gäste ein, und beim Anblick der Heerscharen allerorts lässt sich selbst die sehr zurückhaltende *Washington Post* dazu hinreißen, von den „größten Menschenmassen in der amerikanischen Geschichte" zu sprechen. New York wird vom Glaspalast in Harlem bis zur South Bronx eineinhalb Tage lang regelrecht „erstürmt", und auch auf den anderen Etappen der Reise – Boston, Philadelphia, Des Moines, Chicago und Washington – wird der Dialog in einer von großer Intensität und Mitgefühl getragenen Atmosphäre weitergeführt.

Oben: Ein privates Treffen mit Präsident Clinton (1995).

Rechts: Die aufrüttelnde Predigt in Washington; im Hintergrund ist das Kapitol zu sehen (1979).

Jedermanns Freund

Bei der zweiten und dritten Reise in die Vereinigten Staaten (1981 und 1984) handelt es sich eigentlich nur um technisch bedingte Zwischenlandungen in Alaska auf dem Weg nach Fernost. Bei der dritten Reise jedoch kommt es zum Zusammentreffen mit dem amerikanischen Präsidenten Ronald Reagan, der Johannes Paul II. in Fairbanks empfängt.
Die vierte Reise führt durch weite Teile Amerikas: Ausgehend von Miami und New Orleans geht es hinüber in den Westen (Los Angeles und San Francisco) und schließlich in den Nordosten (Detroit). Bei dieser Tour zeigt Amerika seine zahlreichen Facetten: das Amerika der Rassen und der Einwanderer, das Amerika der Finanzen, der Industrie, der Landwirtschaft und des Tourismus, das Amerika der ökumenischen Bewegung sowie das der Armut und Ausgrenzung. Und immer wieder das der Familien, der Jugendlichen und der Kranken. Beeindruckend die ungeheure Menge junger Leute im Louisiana Superdome, dem größten gedeckten Stadion der Welt, das bis auf den letzten seiner hunderttausend Plätze besetzt ist. Ergreifend die Umarmung und der Kuss des vierjährigen Brendan O'Rourke, der

Der notwendige Zusammenhalt
Wie können wir als Glaubende übersehen, dass Abtreibung, Euthanasie und Beihilfe zum Selbstmord eine furchtbare Zurückweisung des von Gott geschenkten Lebens und der von Gott geschenkten Liebe sind? Und wie können wir als Glaubende nicht die Pflicht empfinden, Kranken und Leidenden die Wärme unserer Liebe und Unterstützung zuzuwenden, die ihnen zur steten Annahme des Lebens hilft?
St. Louis, 27. Januar 1999

Gott liebt euch

Die Liebe Gottes ist so groß, dass sie über die Grenzen der menschlichen Sprache hinausgeht, über die Fassungskraft künstlerischen Ausdrucks, über menschliches Verstehen. Und doch ist sie konkret in Jesus Christus, Gottes Sohn, verkörpert und in seinem Leib, der Kirche. Noch einmal wiederhole ich heute abend, hier in dieser Mission-Dolores-Basilika, für euch alle die zeitlose Verkündigung des Evangeliums: Gott liebt euch! Gott liebt euch alle ohne Unterschied, ohne Grenze. Er liebt die unter euch, die älter sind, die die Last der Jahre spüren. Er liebt die unter euch, die an Aids leiden und an einem Aids-Syndrom. Er liebt die Verwandten und Freunde der Kranken und die, die für sie sorgen. Er liebt uns alle mit einer bedingungslosen und immer währenden Liebe. (...) Ich dränge euch nun alle, (...) mit euren Gebeten und den Taten eures Lebens zu antworten. Werft eure Zweifel und Ängste von euch und lasst die Barmherzigkeit Gottes euch an sein Herz ziehen. Öffnet die Türen eurer Herzen für Gott, der reich ist an Erbarmen.

San Francisco, 18. September 1987

Links: Am frühen Nachmittag des 12. August 1993 kommt Johannes Paul II. in Denver an. Er wird von Präsident Clinton und seiner Familie empfangen.

Unten: Bei einer Nachtwache, die gemeinsam mit Jugendlichen aus der ganzen Welt im Cherry Creek State Park gehalten wird (15. August 1993).

Unten links: Der Papst betet vor der Madonna in Philadelphia (1979).

sich durch eine Bluttransfusion mit AIDS infiziert hat, in der Mission Dolores in San Francisco. Deutlich ist der Papst bei seinen Begegnungen und in seinen Reden stets darum bemüht, alle Schichten des amerikanischen melting pot anzusprechen und miteinzubeziehen. „Ich komme als Freund", sagt Wojtyla in Miami und fasst damit die ganze Reise in einem einzigen beispielhaften Satz zusammen: „Als Freund Amerikas und der Amerikaner, als Freund von Katholiken, Orthodoxen, Protestanten und Juden, von Menschen jeder Religionszugehörigkeit, aller Männer und Frauen guten Willens. Ich komme als Freund der Armen und Kranken und Sterbenden, als Freund derjenigen, die mit den Problemen eines jeden Tages zu kämpfen haben; als Freund derer, die aufsteigen und fallen und stolpern auf dem Weg des Lebens; als Freund derer, die suchen und entdecken, und derer, die die tiefe Bedeutung von Leben, Freiheit und Suche nach Glück noch nicht kennen".

Lebenskultur

12. bis 16. August 1993: Aus der ganzen Welt strömen junge Leute nach Denver, um den Achten Weltjugendtag zu feiern. Das Thema, „Amerika, schütze das Leben", ist hoch aktuell, denn in den Vereinigten Staaten, wie überall im Westen, keimen Gewalt und Intoleranz.

Diese gesellschaftlichen Erscheinungen finden auch in politischen Debatten ihren Niederschlag, während in Europa, im ehemaligen Jugoslawien, gerade Völkermord begangen wird. Wichtig in diesem Kontext ist das ausführliche private Gespräch zwischen dem Papst und Präsident Clinton, das den Problemen auf den Grund geht.

In deutlichen Worten wiederholt Johannes Paul II. vor einer halben Million Jugendlicher in der McNichols-Arena von Denver seine Sorgen und fasst die brennenden Themen der Zeit zusammen: „Die Worte des Papstes richten sich nicht gegen die Freiheit, vor allem nicht gegen die amerikanische Freiheit. Der Papst hat im Gegenteil für die Freiheit gesprochen, für den richtigen Umgang mit Freiheit. Nur eine korrekte Ausübung der Freiheit ist wahre Freiheit". Und er bekräftigt dies mit einem Appell für das Recht auf Leben, dem er die „Kultur des Todes" gegenüberstellt: Abtreibung, Euthanasie, Drogen, soziale Unordnung, Gewalt.

Die Reise des Jahres 1995, vom 4. bis 8. Oktober, wird von einer weiteren „historischen" Rede geprägt: Wie bereits 1979 wendet sich Johannes Paul II. an die Generalversammlung der UNO. Anlass ist das fünfzigjährige Bestehen der Institution. Er kommt in die Vereinigten Staaten, um symbolisch alle Nationen der Erde zu umarmen. Sechzehn Jahre zuvor gab es noch Mauern und Grenzen, eiserne Vorhänge und kalten Krieg. Auch wenn das heute nicht mehr so ist, bleiben dennoch viele Probleme ungelöst, die das Wesen des Menschen und seine unverletzbare Würde betreffen. „Wenn wir wollen, dass ein Jahrhundert der Zwänge einem Jahrhundert der Überzeugungen Platz macht, müssen wir den Weg des Dialogs finden, um in einer allgemein verständlichen Sprache über die Zukunft des Menschen zu diskutieren.

Unten: Zwei Momentaufnahmen aus Newark (1995), zum einen die Messe im Giants' Stadium und unten der Abendgottesdienst in der Kathedrale.

Die Macht des Beispiels

Die Macht deines Beispiels bringt eine große Verantwortung mit sich. Nutze sie gut, Amerika! Sei ein Beispiel an Gerechtigkeit und bürgerlicher Tugend, ein Beispiel an Freiheit, die in der Güte ihre Erfüllung findet, sowohl zu Hause als auch anderswo! Seit ihrer Entstehung bis auf den heutigen Tag waren die Vereinigten Staaten ein Zufluchtsort für viele Generationen von Neuankömmlingen. Männer, Frauen und Kinder sind aus allen Winkeln der Welt hierher geströmt, haben sich hier ein neues Leben aufgebaut und so eine Gesellschaft mit einer reichen ethnischen und rassischen Vielfalt geschaffen, die auf der Verpflichtung zu einer gemeinsamen Haltung im Hinblick auf die Menschenwürde und auf den Frieden beruht. Man kann von den Vereinigten Staaten tatsächlich sagen: *E pluribus unum*. Es ist meine Hoffnung im Gebet, dass Amerika an diesen seinen besten Traditionen der Offenheit und der Möglichkeiten festhalten wird. Es wäre wirklich traurig, wenn die Vereinigten Staaten sich von dem Unternehmungsgeist abwenden, der stets nach den praktischsten und verantwortlichsten Wegen gesucht hat, um den reichen Segen, den Gott diesem Land hat zuteil werden lassen, weiter mit anderen zu teilen. Newark, 4. Oktober 1995

Rechts oben: Papst Wojtyla mit dem Generalsekretär der UNO, Boutros-Ghali, am 5. Oktober 1995 in New York anlässlich der Feierlichkeiten zum fünfzigjährigen Bestehen der UNO vor der Generalversammlung.

Darunter: Während des USA-Besuchs im Jahre 1995 küsst der Papst väterlich ein kleines Mädchen aus Baltimore.

Das in die Herzen der Menschen geschriebene universelle Gesetz der Moral ist eine Art Grammatik, die die Welt braucht, um sich der Diskussion über ihre eigene Zukunft zu stellen".

Wie immer sind die Vereinigten Staaten der geeignete Nährboden für eine solche Diskussion. Newark, New York und Baltimore sind die wichtigsten Ziele dieser Reise, in deren Verlauf der Papst über die Macht und die Verantwortung der Vereinigten Staaten spricht. Den Jugendlichen im Central Park erklärt er, dass Demokratie auch „Weisheit benötigt". In der heutigen Zeit so Wojtyla würden die Vereinigten Staaten von vielen als das gelobte Land betrachtet, und wenn es ihnen gelänge, Gerechtigkeit und Freiheit zu schützen, würden sie auch tatsächlich dieses gelobte Land sein.

Oben: Trans World Dome in Saint Louis. Am 27. Januar 1999 drängen sich hier über 100 000 Gläubige in einem der größten gedeckten Stadien Amerikas, um an der Herz-Jesu-Votivmesse teilzunehmen.

Unten: Die große Feier im Oriole Park at Camden Yards in Baltimore (1995).

Der richtige Weg

Freiheit ist nicht die Fähigkeit, alles zu tun, was wir wollen und wann wir es wollen. Freiheit ist vielmehr die Fähigkeit, die Wahrheit unserer Beziehung zu Gott und zueinander verantwortlich zu leben. Denkt an die Worte Jesu: *Ihr werdet die Wahrheit erkennen, und die Wahrheit wird euch befreien* (vgl. Joh. 8,32). Lasst euch von niemandem in die Irre führen oder euch daran hindern, das zu sehen, worauf es wirklich ankommt. Wendet euch Jesus zu, hört auf ihn, und entdeckt die wahre Bedeutung und Richtung eures Lebens.

St. Louis, 26. Januar 1999

Ein ehrgeiziger Rekord

Als Bestätigung dafür, dass sich Hoffnung immer eng mit der Jugend verknüpft ist, sind die Gesprächspartner der siebten Reise vorwiegend unter den jüngeren Generationen zu finden: Die über 20 000 Jugendlichen, die sich am 26. Januar 1999 im Kiel Center von Saint Louis um den Papst drängen, reden („Wir lieben ihn, weil er sehr viel für uns und für die Welt getan hat") und hören gebannt zu, wenn der Papst Christus mit ihren Idolen vergleicht: „Man hat mir erzählt, dass die letzte Baseballsaison in Saint Louis sehr spannend gewesen ist, weil zwei bedeutende Spieler (Mark McGwire und Sammy Sosa) versucht haben, den homerun-Rekord zu brechen. Ihr könnt denselben großen Enthusiasmus empfinden, wenn ihr für ein anderes Ziel trainiert: das Ziel der Nachfolge Christi, das Ziel, der Welt seine Botschaft zu bringen." Wenn sich ein Land wie Amerika zum wahren Beschützer der Freiheit macht, wird die Welt in eine menschengerechtere Zukunft blicken können.

Gebet

Was ist das Gebet? Allgemein meint man, es handelt sich um ein Gespräch. In einem Gespräch gibt es immer ein *Ich* und ein *Du*, wobei in diesem Fall das *Du* groß geschrieben wird. Die Erfahrung des Gebets lehrt, dass, obgleich das *Ich* zunächst das wichtigere Element zu sein scheint, in Wirklichkeit das Verhältnis tatsächlich umgekehrt ist: Wichtiger ist das *Du*, weil unser Gebet von Gott ausgeht.

Es gibt dem Leben einen Sinn

Die Kirche betet und will beten, um die innere Stimme des göttlichen Geistes zu hören, damit dieser selbst in uns und mit uns in den unaussprechlichen Seufzern der ganzen Schöpfung redet. Die Kirche betet und will beten, um den tiefsten Bedürfnissen des Menschen zu entsprechen (...).

Das Gebet gibt dem ganzen Leben einen Sinn, in jedem Augenblick, in jeder Situation.

Der Menschensohn

Jesus erklärt sich uns. Er tut dies, indem er unser Verhältnis zu Gott erklärt und jenes zwischen den Menschen untereinander, zu unseren Brüdern und Schwestern, zur Gesellschaft im allgemeinen und zur Welt.

Er kann dies tun, denn er versteht uns, und er versteht Gott: Er ist der Menschensohn und zugleich der Sohn Gottes, der Mensch gewordene Sohn Gottes. Durch seine Lehre, seine Gnade und die Kraft seiner Worte befähigt uns Jesus Christus, aufrecht zu leben, damit wir das Ewige Leben erreichen.

Die Wege Gottes

Der Mensch kann nicht leben, ohne zu beten, wie er nicht leben kann, ohne zu atmen. Wir müssen unsere demütige Suche nach seinem Willen bezeugen; er ist es, der unser Engagement für eine gerechtere und geeintere Welt inspirieren muss. Die Wege Gottes sind nicht immer unsere Wege. Sie gehen über unsere immer unvollkommenen Handlungen und die unvollkommenen Absichten unseres Herzens hinaus. Gott kann nie für unsere Ziele benutzt werden, denn er ist jenseits von allem.

Die Zukunft der Welt

Wenn die Welt weiterbestehen und Männer und Frauen in ihr überleben sollen, kann ihr das nicht ohne Gebet gelingen. Das ist die ständige Lehre von Assisi: Es ist die Lehre des heiligen Franziskus.

Beten ohne Unterlass

Leider sind die Einzelnen und die Familien oft so sehr von den Sorgen des täglichen Lebens eingenommen, dass sie es versäumen, einzuhalten, ihr Leben in einen geistlichen Rahmen zu

stellen und die Wahrheit ihrer Berufung neu zu entdecken. Das ist sehr bedauernswert, können wir doch ohne den Geist des Gebets und der Betrachtung Gottes Willen für uns nicht erkennen, uns ihm nicht in Gehorsam und Liebe zuwenden und somit auch nicht das Glück und den Frieden erfahren, für den er uns geschaffen hat! Deshalb fordere ich euch auf, ohne Unterlass zu beten, und zwar ganz besonders in euren Familien, um demütig für alles zu danken, was Gott in seiner Güte für euch getan hat. Bittet ihn jeden Tag, er möge euch helfen, der Berufung treu zu bleiben, die er euch in Christus gegeben hat! Tragt ihm ohne Furcht all eure Hoffnungen, Nöte und Sorgen vor! Ihr Eltern, betet für eure Kinder, damit sie in dem neuen Leben wachsen, das sie in der Taufe empfangen haben! Ihr Kinder, betet für eure Eltern, denn auch ihr habt bei ihrer Heiligung eine Rolle zu spielen.

Ein liebevoller Blick

Jesus von Nazareth, und nur er kann diesen Hunger nach dem Absoluten, der in euren Herzen lebt, sättigen. Wenn ihr unbefangen an seiner Seite geht, wird sein Blick voll Liebe auf euch ruhen. Und ihr braucht diesen seinen liebevollen Blick: Er ist das schönste Fenster, das sich auf das Paradies hin öffnet. Ihr werdet dann die Erfahrung machen, dass ihr von Ewigkeit her geliebt seid, und euer Leben beginnt gleichsam neu: Ihr werdet im Kontakt mit Gott wachsen. Der Weg dahin aber ist das Gebet.

Ich bin

Aber wenn es Gott nicht gibt, kannst denn du, Mensch, wirklich da sein? Ihr seid hierher gekommen, liebe Freunde, um diese menschliche Identität *Ich bin* vor dem *Ich-bin-da* Gottes erneut zu finden und euch bis ins Tiefste darin festzumachen. Schaut auf das Kreuz, und vergesst es nicht! Das *Ich-bin-dir-nahe* bleibt das Schlüsselwort eures ganzen Lebens.

Eine mütterliche Hand

Aber nach dem Attentat auf dem Petersplatz vor einem Jahr eilten meine Gedanken, kaum hatte ich das Bewusstsein wiedererlangt, sofort zu diesem Heiligtum, um dem Herzen Mariens, das mich aus der Gefahr errettet hat, meinen Dank zu bringen. Ich werde nicht müde zu wiederholen, dass ich alles, was geschehen ist, als einen besonderen Schutz der Gottesmutter betrachte.

• Die Schwelle der Hoffnung überschreiten, Kap. 2

• Mentorella, Italien
29. Oktober 1978

• Bombay, Indien
10. Februar 1986

• Assisi, Italien
27. Oktober 1986

• Ta' Pinu, Malta
26. Mai 1990

• Ponta Delgada, Azoren
11. Mai 1991

• Jasna Gora, Polen
14. August 1991

• Fatima, Portugal
12. Mai 1982

Die Wege Gottes

• Casablanca, Marokko
19. August 1985

Für nicht wenige Kanadier vereint ihr Land das Beste Nordamerikas ohne dessen Schattenseiten: ein hohes Maß an Wohlstand und Technologie, jedoch ohne die Hektik, den Stress und die Umweltverschmutzung, unter denen die nordamerikanischen Vettern leiden. Dieses riesige, im Kampf zwischen Engländern und Franzosen (wobei die Eingeborenen meistens die Leidtragenden waren) entstandene Territorium hat es unbestreitbar verstanden, jede Form der Einwanderung und Ansiedlung zu integrieren. Auf einem fast zehn Millionen Quadratkilometer großen Gebiet, das von knapp vierundzwanzig Millionen Menschen bewohnt wird, hat sich – trotz der Zweisprachigkeit und einigen separatistischen Bestrebungen – das Trennende nie durchsetzen können.

Trotz der Unterschiede: verstehen und verstanden werden

9.-20. September 1984

19.-20. September 1987

Die Ankunft Johannes Pauls II. in diesem Schmelztiegel am 9. September 1984 wird mit noch größerer Begeisterung aufgenommen als die soeben beendeten Olympischen Spiele: Die Fernsehsender zählen insgesamt vierzehn Millionen Zuschauer, die Hälfte der Bevölkerung. Und überall, wo der illustre Gast auftritt, strömen die Kanadier auf die Straßen und Plätze. Johannes Paul II. dankt ihnen mit seinem Lächeln und seiner Herzlichkeit, doch er lässt es auch nicht an mahnenden Worten und viel sagenden Gesten fehlen. Um zu betonen, wie sehr ihm ein friedliches Zusammenleben in gegenseitiger Achtung am Herzen liegt, widmet er den schwächsten und am meisten bedrohten Ethnien besondere Aufmerksamkeit: Indianern, Inuit, Mestizen, Einwanderern aus West- und Osteuropa sowie den verschiedenen, erst vor kurzem entstandenen Gruppierungen von Menschen aus Asien, dem Nahen Osten und Lateinamerika. Als er sich in dem rekonstruierten und der Muttergottes geweihten Dorf St. Mary zu einer Huronenfamilie ins Zelt setzt, bekräftigt er: „Das Aufleben der indianischen Kultur wird ein Aufleben jener wahren Werte sein, die sie ererbt und bewahrt haben und die gereinigt und veredelt wurden von der Offenbarung Jesu Christi.“ Es sind nicht nur leere Worte, denn gerade hier in Huronia starben zwischen 1648 und 1650 acht Jesuiten

KANADA

Bundesstaat im Commonwealth

Fläche:	9 976 139 km²
Bevölkerung:	24 210 000 Einwohner
Hauptstadt:	Ottawa
Amtssprache:	Englisch und Französisch
Religion:	44,3 % Katholiken, 15 % Methodisten und 10 % Anglikaner. 1981 werden 11 210 385 Katholiken gezählt, 3 758 015 Methodisten, 2 438 375 Anglikaner, 812 110 Presbyterianer, 696 850 Baptisten, 702 905 Lutheraner, 314 870 Orthodoxe.

Willkommensgruß der Jugend im Stadion von Montreal, wo 1976 die XX. Olympischen Spiele stattfanden (1984).

Die Seele der Naturvölker

Was Christus vom Einzelnen sagt, gilt auch für die Völker: Was nützt es dem Menschen, wenn er die ganze Welt gewinnt, aber seine Seele verliert? Was würde aus dem Leben der Indianer, der Inuit und der Metis werden, wenn sie aufhörten, die Werte des menschlichen Geistes zu pflegen, die sie über Generationen hinweg hochgehalten haben? Wenn sie die Erde und ihre Güter nicht länger als ihnen vom Schöpfer anvertraute Gaben sähen? Wenn die Bande des Familienlebens geschwächt werden und die Unbeständigkeit ihre Gesellschaftsgruppen untergräbt? Wenn sie fremde Denkweisen übernehmen, in denen die Menschen bewertet werden nach dem, was sie haben, und nicht nach dem, was sie sind?

Fort Simpson, 20. September 1987

von der Hand der Irokesen den Märtyrertod. Für den Papst waren es diese „kanadischen Märtyrer", denen das Land seine Christianisierung verdankt. Verstehen und verstanden werden – dies ist der Kern der Botschaft, die der Heilige Vater bei seinem Aufenthalt in Kanada überbringt, auf der Suche nach einer alle kulturellen, sprachlichen und ethnischen Unterschiede überwindenden Einheit, die jedoch von der Suche nach einer gemeinsamen menschlichen Identität nicht zu trennen ist: „Nehmt die Trennung von Glaube und Kultur nicht hin!", bittet er in einer Predigt in Québec.

Glaube und Kultur

Und in Winnipeg warnt Wojtyla nochmals, dass „der Bruch zwischen Evangelium und Kultur ohne Zweifel das Dra-

Links: Mit den Huronen im wieder aufgebauten Dorf St. Mary.

Großes Bild unten: Auf dem Militärflughafen von Edmonton a Namao trifft der Papst mit vielen Flüchtlingen aus der Dritten Welt (u.a. Vietnam, El Salvador, Guatemala) und der Zweiten Welt (u.a. Polen, Ungarn) zusammen.

Unten: Die Messe in Québec am 10. September 1984 und, darunter, die Wallfahrtskirche der kanadischen Märtyrer in Huronia.

Rechts: Johannes Paul II. gönnt sich in Edmonton eine kleine Pause, um im Brevier zu lesen.

Unten: Eine Momentaufnahme der Feierlichkeiten auf dem Flughafen Donswiew (15. September 1984).

Mitte: Der Papst wohnt während derselben Reise im Stadion B.C. Place von Vancouver einer multikulturellen Veranstaltung mit traditionellen Tänzen und einem Chor von 800 Kindern bei.

Denke daran, Kanada,
dass es dir der große Reichtum der Vielfalt deiner Kulturen erlaubt, den anderen zu geben und ihnen zu helfen – deinen Brüdern und Schwestern in der Not zu helfen. Das macht der Glaube möglich; das fordert die Liebe. Im Namen der Liebe bitte ich dich inständig, dass auch weiterhin die Offenheit und Bereitschaft, die du gegenüber so vielen Einwanderern und Flüchtlingen bekundet hast, und die hochherzige Aufnahme, die ihnen gewährt wurde, Kanada in Zukunft wie in der Vergangenheit kennzeichnen und seinen Reichtum darstellen.
Winnipeg, 16. September 1984

Die Grenzen der Technologie
Und während die Technik die größten Erfolge zeitigt, möge sie uns dazu anhalten, die unübertreffliche Größe der göttlichen Weisheit zu verkünden, die die Technik ermöglicht, die aber durch das Kreuz Christi ihre Grenzen enthüllt. Und durch das Kreuz Christi lässt die göttliche Weisheit diese Welt, der jede Technik dienen soll, als neue Welt erkennen: als die Welt, die von der Liebe einer Mutter geliebt wird. An diese Mutter richten wir heute unser Gebet: Sei uns Führerin hin zu Christus, o Maria!
Toronto, 15. September 1984

ma unserer Epoche ist". Die tiefere Bedeutung dieser Aussage mag vielen zunächst gar nicht bewusst sein, so mancher hört das auch nicht gern. In Unternehmerkreisen wird dem Papst eine „Dritte-Welt-Mentalität" vorgeworfen, und man beschuldigt ihn, die sozialen und wirtschaftlichen Mechanismen Kanadas nicht zu durchschauen. Johannes Paul II. hütet sich jedoch davor, ideologische Reden zu halten: Ob in Halifax, Ottawa, Montréal oder Toronto – wo immer er auftritt, verkündet er seine Botschaft vom Geheimnis der Zukunft, das im „Stolz auf die eigene Herkunft" liegt. Nicht als erbittertes nationalistisches Gefühl, sondern im Sinne eines Selbstbewusstseins, das sich der Verflachung des Gewissens entgegenstellt. Der Blick auf die eigene Geschichte, die voll von Sanftmut und Gewalt, Märtyrern und Zeugen ist, kann die Kanadier lehren, sich eigennützigen In-

teressen und dem Konsumdenken zu entziehen. Die Worte, die der Papst für die Kanadier findet, sind zum Teil viel stärker und brisanter, als die Texte vermuten lassen. So spricht er zu den Studenten der St. John's Universität in Neufundland: „Beginnt damit, etwas Konkretes in eurer Situation zu tun. Schaut nicht zu weit in die Ferne. Fangt jetzt an, an eurem Arbeits- und Studienplatz, in euren Jugendgruppen, im Kreis der Familie, in eurer Gemeinde". Und die Katholiken in Halifax ermutigt er: „Ihr leistet ein besonderes Werk und übt eine besondere Verantwortung aus, wenn ihr euch im Apostolat *von gleich zu gleich* engagiert: Familien verkündigen Familien, Studenten verkündigen Studenten das Evangelium, junge Menschen führen junge Menschen zu Christus."

Oben: Amerindi und Inuit, die Ureinwohner Kanadas, am ältesten Pilgerziel Nordamerikas, der Wallfahrtskirche St. Anne de Beaupré (1658).

Links: Die zweite Reise Johannes Pauls II. führt ihn zu den Eingeborenen des Dene-Stammes, die in den endlosen Waldgebieten um Fort Simpson im Nordosten Kanadas leben.

Drei Jahre später

Will man viel erreichen, muss man bei den kleinen Dingen anfangen. Wie um dies beispielhaft zu verdeutlichen, besucht Johannes Paul II. Kanada ein zweites Mal. Drei Jahre sind vergangen, und ist der Besuch auch nur sehr kurz, so ist er doch alles andere als unbedeutend. Ziel der Reise ist Fort Simpson, ein kleines Dorf mit 1500 Einwohnern in den unendlichen Waldgebieten im Nordwesten Kanadas. 1984 hatte der Papst wegen des schlechten Wetters zu seinem Bedauern nicht hierher kommen können. Am 20. September 1987 holt er das Versäumnis nach: Nach Beendigung einer apostolischen Reise in die Vereinigten Staaten begibt sich der Papst nach Fort Simpson, um hier mit dem eingeborenen Stamm der Dene zusammenzutreffen – für eine Unterredung mit vier Stammesoberhäuptern und die Feier der heiligen Messe.

Zwanzig Jahre „polnische Wahrheit"

Das Signal, mit dem Johannes Paul II. sich erstmals in Europa und der ganzen Welt bemerkbar macht, trägt den Namen Polens, seiner eigenen Heimat. Es ist der 2. Juni 1979, und nicht einmal ein Jahr ist vergangen, seit ein Sohn des polnischen Volkes als erster nicht italienischer Papst seit dem Niederländer Hadrian VI. im 16. Jahrhundert auf den Thron Petri gewählt worden ist.

Wie sehr Johannes Paul II. mit seiner Heimat verbunden ist – man könnte auch sagen, wie sehr er sich ihr verpflichtet fühlt –, beweisen sieben weitere Reisen, die auf den ersten Besuch folgen: Keinem anderen Land, ausgenommen Italien, wird eine ähnliche Aufmerksamkeit zuteil. Doch bei jener ersten Begegnung dienen die emotionalen Beweggründe, die sich natürlich nicht von der Hand weisen lassen, auch als Universalschlüssel, der es dem katholischen Kirchenoberhaupt ermöglicht, die christliche Botschaft in einem katholischen Land jenseits des Eisernen Vorhangs mutig und mit Nachdruck zu vermitteln. Ein unerhörtes Ereignis, das lediglich durch ein ebenso außergewöhnliches Ereignis wie die Wahl eines Polen zum Papst gerechtfertigt ist und dadurch ein Eingreifen seitens des Regimes oder des eigentlichen Machthabers, der Sowjetunion, verhindert. Es ist der erste Funke im Pulverfass, auch wenn dieses erst zehn Jahre später explodieren wird.

In strategischer Hinsicht – denn von Strategie muss gesprochen werden, wenn man Zeit, Vorgehen und Gesten dieses Pontifikats betrachtet – ist diese erste Reise Karol Wojtylas die unmittelbare Umsetzung jener unvergesslichen programmatischen Rede zu seiner nur wenige Monate zurückliegenden Amtseinführung: „Öffnet, ja reißt die Tore weit auf für Christus", forderte er am 22. Oktober 1978 die Welt auf, und er ermahnte sie, keine Angst zu haben. Dann fuhr er fort: „Seiner rettenden Macht öffnet die Grenzen der Staaten, die wirtschaftlichen und politischen Systeme, die weiten Bereiche der Kultur, der Zivilisation und des Fortschritts". Zwei Tage später schrieb er seinen Landsleuten einen ergreifenden Brief, worin er unter anderem sagt: „Ich möchte so gerne zur Neunhundertjahrfeier des heiligen Sta-

2.-10. Oktober 1979

16.-23. Juni 1983

8.-14. Juni 1987

1.-9. Juni 1991

13.-15. August 1991

22. Mai 1995

31. Mai-10. Juni 1997

5.-17. Juni 1999

Ein weitblickender Papst

Ich lasse hier meine Person beiseite, muss mir aber dennoch zusammen mit euch die Frage nach den Gründen stellen, warum gerade im Jahr 1978 (nach so vielen Jahrhunderten einer in diesem Bereich fest gefügten Tradition) auf den Bischofssitz des heiligen Petrus ein Sohn polnischer Nation, polnischer Erde, berufen wurde.

Warschau, 2. Juni 1979

POLEN	
Republik (der Zusatz „Volks-“ wurde am 31.12.1989 abgeschafft)	
Fläche:	312 685 km²
Bevölkerung:	38 802 000 Einwohner
Hauptstadt:	Warschau
Amtssprache:	Polnisch
Religion:	90,7 % Katholiken, 1,4 % autokephale Orthodoxe und 0,6 % Protestanten

nislaus zu euch kommen“. Bereits kurz nach der Wahl trug er sich also mit diesen Plänen, die er ein paar Monate später in die Tat umsetzte. So gelang es ihm mit einer Pilgerreise, dem System einen Schlag zu versetzen, von dem es sich nicht wieder erholen sollte.

Kehrtwende

Die Begegnungen zwischen Karol Wojtyla und seinen polnischen Landsleuten waren in den Augen zahlreicher Beobachter nicht nur Begegnungen zwischen Landsleuten: Ihr Zweck war es, Europa über seine zweite Lunge sozusagen künstlich zu beatmen und wieder zu einem ungehinderten Leben zu verhelfen. Dies erkannten unter anderem auch zwei weitere Protagonisten jener Zeit; so sagte Michail Gorbatschow, der letzte Präsident der Sowjetunion über den Papst: „Ich schätze sein unermüdliches Reisen von einem Kontinent zum anderen, um den

Gegenüberliegende Seite, von oben gegen den Uhrzeigersinn: Drei Aufnahmen von der ersten Reise des Papstes in 'sein' Polen – das Gebet in der Zelle des Paters Maximilian Kolbe in Auschwitz, der beeindruckende Empfang auf dem Siegesplatz in Warschau, bei dem eine Million Polen zugegen war, und, zur Linken des Papstes Kardinal Stefan Wyszynski, über den Wojtyla sagte: „Er ist der Schlüssel für die Wende in der gesamten polnischen Kirche“.

Oben links: Bei einem historischen Zusammentreffen am 17. Juni 1983 im Belvedere bittet der Papst General Jaruzelski im Namen des gesamten polnischen Volkes, die Vereinbarungen von Danzig wieder in Kraft zu setzen.

Rechts: Ein Teil der Menschenmenge in Tschenstochau.

Links: Eineinhalb Millionen Polen - anstatt der erwarteten 300 000 – bei der Messe am 17. Juni 1983 im Stadion „Zehntes Jahr“ in Warschau.

Bilder von der dritten Reise des Papstes in seine Heimat (1987). Rechts: Gebet am Grab des Priesters Jerzy Popieluszko, dem Märtyrer des neuen Polens; unten links: Treffen mit dem Gründer der Solidarnosc, Lech Walesa; unten rechts: Feierlicher musikalischer Empfang.

Menschen dort beizustehen, wo seine Stimme am notwendigsten gebraucht wird. Ich bin davon überzeugt, dass der Papst in der politischen Entwicklung Europas eine wichtige Rolle spielt. Das ist die Wahrheit, und es wäre zwecklos, es zu leugnen." Und George Bush, Präsident der Vereinigten Staaten von Amerika: „Dieser Heilige Vater hat einen nachhaltigen Beitrag zum Zerfall und letztendlichen Zusammenbruch des internationalen Kommunismus geleistet. Ein Mensch des Friedens und der Liebe, eine Persönlichkeit, die weltweit geachtet wird." All dies war bereits von seiner ersten Reise an offenkundig, sowohl durch die Aufopferungsbereitschaft des Papstes, als auch durch die Reaktion des polnischen Volkes. Die Lunte war gezündet, und im Verlauf der Jahre und der weiteren Besuche sollte sie immer besser brennen. Einen dramatischen Höhepunkt stellte die Reise des Jahres 1983 dar, als es zu einem Zusammentreffen mit der Regierung kam, um die Wogen zu glätten – war doch die Lage in Polen nach der Verhängung des Kriegsrechts und der Aufkündigung der Danziger Vereinbarungen äußerst angespannt. Was als endgültiger Bruch erschien, enthüllte sich als Beginn einer Kehrtwende. Die nächste Reise, 1987, verlief in einer von Ruhe und Geist durchdrungenen Atmosphäre, trotz des schmerzlichen Besuchs am Grab des Priesters Jerzy

Popieluszko, an dem Johannes Paul II. für diesen Märtyrer der Freiheit und Wahrheit betete.

An die Schwarze Madonna

Unsere Liebe Frau von Jasna Góra! (...) Dir weihe ich mich nochmals als Knecht deiner mütterlichen Liebe: *Totus Tuus* – ganz Dein! Dir weihe ich die ganze Kirche – bis an die Grenzen der Erde! Dir weihe ich die Menschheit und alle Menschen – meine Brüder –, alle Völker und Nationen. Dir weihe ich Europa und alle anderen Erdteile. Dir weihe ich Rom und Polen, durch deinen Diener mit einem neuen Band der Liebe vereint. Mutter, nimm uns an! Mutter, verlasse uns nicht! Mutter, führe uns!

Jasna Góra, 6. Juni 1979

Die Freiheit erlernen

Der Papst-Besuch im Juni 1991 ist der Erste nach der Erlangung der Demokratie; General Jaruzelski ist nicht mehr an der Macht. Es ist jedoch nicht damit getan, die Freiheit gewonnen zu haben, denn für die Erneuerung des nationalen Lebens muss man sie auch richtig einzusetzen wissen: Dies ist die Botschaft, die der Papst in elf verschiedenen Diözesen verkündet. Mitte August kehrt er nochmals für ein paar Tage nach Polen zurück. Die Reise führt ihn an drei Stätten, die ihm

Nationale Reichtümer

Man kann aber nicht wirklich frei sein, ohne eine ehrliche und tiefe Einstellung zu den Werten zu haben. Lasst uns kein solches Polen haben wollen, das nichts kosten würde. Wachen wir dagegen bei allem, was das authentische Erbe von Generationen darstellt, und bemühen wir uns, dieses Erbe zu bereichern. Die Nation ist vor allem reich durch die Menschen. Reich durch den Einzelnen. Reich durch die Jugend! Reich durch jeden, der im Namen der Wahrheit wacht, denn sie gibt der Liebe Gestalt.

Jasna Góra, 18. Juni 1983

sehr am Herzen liegen: Wadowice (wo er geboren ist), Krakau (seine zweite Heimat und sein Bischofssitz) sowie Tschenstochau, das zentrale Marienheiligtum der Nation.

Im Mai 1995 nutzt Johannes Paul II. den Besuch in der Tschechischen Republik zu einem Abstecher in seine Heimat; er begibt sich unter anderem nach Bielsko, dem Geburtsort seines Vaters, wo sein Bruder Edmund mit 26 Jahren verstarb.

Die beiden jüngsten Reisen verdienen noch ausführlichere Erwähnung – zeigen sie doch, mit welcher Aufmerksamkeit und Weitsicht der Papst die Entwicklungen in seiner Heimat verfolgt.

1997 reist der Papst wiederum nach Polen, um den Menschen nachdrücklich nahe zu bringen, dass der Kapitalismus vom moralischen Standpunkt aus auch nicht besser ist als der Kommunismus und dass man die gewonnene Freiheit nicht eintauschen sollte gegen ein unkritisches Konsumdenken nach westlichem Vorbild. Es ist wohl die Reise, die Karol Wojtyla von seiner strengsten Seite zeigt und in deren

Aufnahmen von den beiden Reisen des Jahres 1991. Auf den beiden Bildern links ist eine Gruppe von Mädchen in Olsztyn zu sehen sowie die Nachtwache am 14. August in Tschenstochau mit einer Million Jugendlicher. Auf den beiden rechten Bildern kniet der Papst am Grab seiner Eltern (oben); unten: Am 2. Juni trifft der Papst in Przemysl mit Monsignore Ivan Martyniak zusammen, dem neu ernannten Bischof der ukrainischen Byzantiner, nachdem der Bischofssitz wegen der religiösen Verfolgungen 45 Jahre lang unbesetzt war.

Unten und in der Mitte: Die Messe vom 6. Juni 1997 in Zakopane, bei der Maria Bernardina Jablonska und Maria Karlowska selig gesprochen werden.

Verlauf er nicht mit Worten und Gesten spart, die von seiner Sorge um die bürgerlichen und geistigen Werte getragen sind. Höhepunkt ist in Krakau die Heiligsprechung Hedwigs – der gegen Ende des 14. Jahrhunderts lebenden polnischen Königin – vor über zwei Millionen Menschen: Am Beispiel dieser Heiligen, in der sich alle Polen wiedererkennen, spiegeln sich Geschichte, Identität und Seele der Nation. „Dienen und lieben" heißt die herausragende Botschaft, der unmissverständliche Worte folgen: „Denken wir nach über die *polnische Wahrheit*. Fragen wir uns, ob sie bei uns zu Hause, in den gesellschaftlichen Kommunikationsmitteln, in den öffentlichen Ämtern und in den Pfarreien beachtet wird. Verlieren wir sie nicht häufig unter dem Druck der Umstände? Wird sie nicht verdreht und vereinfacht? Steht sie noch immer im Dienst der Liebe?" Und die abschließende Bitte: „Hedwig, führe uns alle zum Gekreuzigten im Wawel, damit wir wie du erkennen, was es heißt, in Tat und Wahrheit zu lieben und wahrhaftig frei zu sein."

Ich grüße dich, Polen!

Auch wenn es mir beschieden ist, in der Ferne zu leben, so höre ich dennoch nicht auf, mich als Sohn dieser Erde zu fühlen, und nichts, was sie betrifft, ist mir fremd. Ich freue mich gemeinsam mit euch über die Erfolge, die ihr erzielt, und ich nehme an euren Sorgen Anteil, Bürger Polens! Zweifelsohne verbreitet der im Grunde genommen nicht einfache Prozess des Erlernens der Demokratie Optimismus.

Breslau, 31. Mai 1997

Gegenüberliegende Seite oben: Menschenmenge beim Rosenkranzgebet vor dem Marienheiligtum in Ludzmierz (Juni 1997).

Links: Der Papst huldigt den Reliquien des heiligen Adalbert anlässlich der Tausendjahrfeier seines Martyriums (1997).

Stimmführer für die Werte

Es ist nicht ungewöhnlich, dass gerade jetzt, wo einschneidende politische Veränderungen in diesem Teil des Kontinents die Errichtung eines *Europas des Geistes* hoffen lassen, auch mit Beteiligung und Hilfe jener Nationen, die bis vor kurzem unterjocht waren, die Kirche sich ihrer Rolle bei der geistigen und menschlichen Erneuerung des *Alten Kontinents* in besonderem Maße bewusst ist. Sie möchte Hoffnungsträger, aber auch mutiger Stimmführer für jene Werte und Traditionen sein, die einst zur Herausbildung Europas beigetragen haben und es heute vereinen können. Gerade hier, in der Hauptstadt eines Landes, das vor 52 Jahren einem schrecklichen Krieg zum Opfer fiel und den Anfang einer sich über lange Jahrzehnte hinziehenden Spaltung Europas darstellte, kann man nicht umhin, an die Wahrheit, vor allem in der ethischen Dimension, eines lang währenden Friedens zu erinnern.

Warschau, 9. Juni 1991

1999 unternimmt der Papst eine weitere lange Reise durch seine Heimat. Er besucht innerhalb von dreizehn Tagen neunzehn Städte, liest zwölf Messen, nimmt an vierundzwanzig verschiedenen Treffen teil und legt 5484 Kilometer in Flugzeugen und Hubschraubern zurück. Erstmals spricht er im polnischen Parlament, vor den versammelten Kammern und den Spitzen des Staates. „Wir sind uns alle der Tatsache bewusst, dass diese heutige Begegnung im Parlament ohne Solidarnosc nicht möglich gewesen wäre", versichert er im Hinblick auf die Arbeitergewerkschaft, die im Befreiungsprozess Polens eine bedeutende Rolle spielte. Nachdem die darauf einsetzenden Beifallsstürme verebbt sind, kommt ihm ein nicht im Protokoll vorgesehener Satz über die Lippen: „Welch großartige Dinge uns geschehen sind!" Bewegend ist der Anblick der beiden fast Seite an Seite in der Loge der Ehrengäste applaudierenden ehemaligen Präsidenten, des Generals Jaruzelski und des Arbeiters Walesa: Persönlichkeiten, die einen wichtigen Anteil am Polen Johannes Pauls II. hatten. Zwei Tage später kehrt der Papst auf jenen Platz in Warschau zurück (den ehemaligen Platz des Sieges und heutigen Pilsudski-Platz), von wo aus er vor zwanzig Jahren als dynamischer 59–Jähriger zum ersten Mal den Samen der Freiheit ausgestreut hatte. Zum Zeichen dafür, dass der Preis der Freiheit manchmal sehr hoch ist, aber dass es auch Verbündete gibt, auf die man wahrhaftig zählen kann, spricht er bei dieser Gelegenheit 108 polnische Märtyrer selig, als „heldenhafte Zeugen der Gottestreue während der gottlosen Zeit des Nationalsozialismus".

Oben: Am 11. Juni 1999 spricht Johannes Paul II. zum ersten Mal im polnischen Parlament vor den Mitgliedern der beiden Kammern. Unter den Anwesenden befinden sich auch die ehemaligen Präsidenten Jaruzelski und Walesa.

Unerwartete Zwischenfälle

Der Zustrom der Massen ist oft nicht abzuschätzen – wie in Blonie, wo über zwei Millionen Menschen dem Papst zujubeln. In den letzten Tagen der Reise halten Polen und die Welt den Atem an: Am Samstag, dem 10. Juni, stürzt der Papst und verletzt sich am Kopf. Doch dies ist für ihn noch lange kein Grund, sein Programm zu ändern, und so bleibt ein kleines Pflaster, das die drei Stiche an der Schläfe verdeckt, die einzig sichtbare Folge des Unfalls. Dann trifft die Nachricht ein, dass die vom 2. bis 4. Juli geplante Reise nach Armenien abgesagt wird: Der im Sterben liegende Patriarch Karekin wird den Besucher nicht mehr empfangen können. Am 15. Juni jedoch beschließt Johannes Paul II. überraschend, von Polen aus direkt ins armenische Eriwan zu fliegen, um ans Krankenbett des Patriarchen zu eilen. Doch wieder kommt es anders: Wohl als Folge der anstrengenden Reise, während der er häufig unbeständigem und regnerischem Wetter ausgesetzt war, muss sich der 79-jährige Pontifex einem Grippeanfall beugen. Doch eineinhalb Tage später setzt er sein Programm wie geplant fort.

Religionen

Christus ist absolut einzigartig, er ist einzig und unwiederholbar. Wenn er nur ein Weiser wäre wie Sokrates, ein Prophet wie Mohammed oder ein Erleuchteter wie Buddha, dann wäre er mit Sicherheit nicht das, was er ist. Er ist der einzige Mittler zwischen Gott und den Menschen.

Er ist Mittler, weil er Gottmensch ist. (...). Das gibt es in keiner anderen Religion und noch weniger in irgendeiner Philosophie.

Engagement für die Einheit

Doch außer den Divergenzen in den Lehrmeinungen, die gelöst werden müssen, können die Christen die Last uralter, aus der Vergangenheit ererbter Verständnislosigkeit, gegenseitiger Missverständnisse und Vorurteile nicht verringern.

Erschwert wird diese Situation nicht selten durch Unbeweglichkeit, Gleichgültigkeit und eine unzureichende Kenntnis voneinander. Das Engagement für die Ökumene muss sich daher auf die Umkehr der Herzen und auf das Gebet stützen, was auch zur notwendigen Läuterung der geschichtlichen Erinnerung führen wird.

Welcher Fortschritt

Indien versteht die Geistnatur der menschlichen Person. Eure Kultur macht euch aufgeschlossen für die transzendentalen Werte (...).

Ihr besitzt eine alte Weisheit, die betont, dass nicht der materielle Fortschritt einem Volk und einer Nation gut tut, sondern eher der daraus folgende soziale Frieden und die Freiheit, eingeschlossen die Gewissens- und Religionsfreiheit.

Die Fragen aller Menschen

Die Menschen erwarten von den verschiedenen Religionen Antwort auf die ungelösten Rätsel des menschlichen Daseins, die (...) die Herzen der Menschen im Tiefsten bewegen: Was ist der Mensch? Was ist Sinn und Ziel unseres Lebens? Was ist das Gute, was die Sünde? Woher kommt das Leid, und welchen Sinn hat es? Was ist der Weg zum wahren Glück? Was ist der Tod, das Gericht und die Vergeltung nach dem Tode? (...) Was ist jenes letzte und unsagbare Geheimnis unserer Existenz, aus dem wir kommen und wohin wir gehen?

Der große Bruder

Die jüdischen Religion ist für uns nicht etwas *Äußerliches*, sondern gehört in gewisser Weise zum *Inneren* unserer Religion.

Zu ihr haben wir somit Beziehungen wie zu keiner anderen Religion.

Neue Probleme

Heute ist die Evangelisierung zu erneuern, weil die rasche Entwicklung der Gesellschaft neue Herausforderungen mit sich bringt (...). Die wichtigsten Phänomene in diesem Zusammenhang sind Entwurzelung der Familien, Verstädterung und Arbeitslosigkeit, verbunden mit materiellen Versuchungen aller Art, sowie eine gewisse Säkularisierung und eine intellektuelle Orientierungslosigkeit (...). Ihr werdet also oft mit recht armseligen Mitteln entschieden ein Hirtenamt in Angriff nehmen müssen, das diesen neuen Problemen gewachsen ist.

Die Kreise, welche auf diesem Gebiet in verstärktem Maß besondere Hilfe brauchen, sind zweifellos die Intellektuellen, die Beamten, Akademiker und Studenten sowie die Schüler von höheren Lehranstalten und technischen Schulen. Es handelt sich dabei um ein schwieriges (...) Arbeitsfeld, wo Beweglichkeit und Initiative nötig sind. Die Zukunft steht auf dem Spiel.

Die Dimension des Friedens

Die Tatsache, dass wir hierher gekommen sind, beinhaltet nicht die Absicht, unter uns selbst einen religiösen Konsens zu suchen oder über unsere religiösen Überzeugungen zu verhandeln. Es bedeutet weder, dass die Religionen auf der Ebene einer gemeinsamen Verpflichtung gegenüber einem irdischen Projekt, das sie alle übersteigen würde, miteinander versöhnt werden könnten. Noch ist es eine Konzession an einen Relativismus in religiösen Glaubensfragen, weil jedes menschliche Wesen ehrlich seinem rechtschaffenen Gewissen folgen muss mit der Absicht, die Wahrheit zu suchen und ihr zu gehorchen.

Unsere Begegnung bezeugt nur (...), dass die Menschheit in dem großen Kampf für den Frieden, gerade in ihrer Verschiedenheit, aus ihren tiefsten und lebendigsten Quellen schöpfen muss, von wo ihr Gewissen geformt wird und auf dem das sittliche Handeln der Menschen gründet.

Eine gemeinsame Anstrengung

Um der Ehrlichkeit willen muss ich zugeben, dass Christen und Muslime sich einander gegenüber nicht immer auf eine Weise verhalten haben, die die unermessliche Güte Gottes widerspiegelt. In bestimmten Gebieten der Welt gibt es immer noch Spannungen zwischen unseren beiden Gemeinschaften, und die Christen sind in verschiedenen Ländern Opfer von Diskriminierung. Der christlich-islamische Dialog muss weitergeführt werden, damit wir zu einem wahrhaftigen Zusammenleben gelangen und die gegenseitige Achtung vor der Gewissensfreiheit und der Freiheit des Kults sichergestellt wird (...).

- Die Schwelle der Hoffnung überschreiten, Kap. 7
- *Enzyklika Ut Unum Sint,* Nr. 2
- Trivandrum, Indien
8. Februar 1986
- Besuch der römischen Synagoge
13. April 1986
- Yaoundé, Kamerun
13. August 1985
- Assisi, Italien
27. Oktober 1986
- Dakar, Senegal
22. Februar 1992

Die Fragen aller Menschen
- Die Schwelle der Hoffnung überschreiten, Kap. 13

ITALIEN
SAN MARINO
MALTA

„Meine zweite Heimat“

1978-1999

Blieb auch die polnische Heimat für den Polen Karol Wojtyla stets ein wichtiger Bezugspunkt, so wurde Italien nach seiner Wahl zum Papst, wie er sagte, „meine zweite Heimat“. Dies war wohl unausweichlich, da die italienische Nation in der Geographie des Christentums einen ganz besonderen Platz einnimmt, wurde doch ihre geschichtliche und politische Entwicklung von der zweitausendjährigen Präsenz des Papsttums in Rom geprägt und in gewissem Sinne auch mitbestimmt. Zum Zeichen dafür bereiste Johannes Paul II. kein anderes Land dieser Welt häufiger als Italien: über 75 000 Kilometer insgesamt (das entspricht der vierzigfachen Länge des Stiefels), über 260 besuchte Orte und 900 Ansprachen (ohne die in Rom gehaltenen) während eines Gesamtaufenthalts von ungefähr 350 Tagen, die sich auf mehr als 130 verschiedene Anlässe verteilen. Man könnte sagen, dass Karol Wojtyla in den zwanzig Jahren seines bisherigen Pontifikats ein ganzes Jahr allein Italien widmete. Dazu gehören auch die unabhängigen, aber dennoch sehr nahen Länder wie San Marino, die winzige Republik mitten in der Emilia Romagna, und Malta, die Insel im Mittelmeer, die der italienischen Halbinsel kulturell ebenso verbunden ist wie Großbritannien und dem Commonwealth.

Entscheidend ist natürlich nicht nur die geographische Nähe, sondern das Bewusstsein, dass Italien – mag es auch gegen sein Wissen oder seinen Willen sein – in der katholischen Welt ein Vorbild ist. Alles, was südlich der Alpen geschieht, im Guten wie im Schlechten, steht in gewissem Sinne im Rampenlicht. Es ist daher unmöglich, die Bedeutung der päpstlichen Besuche auf italienischem Boden während der letzten zwanzig Jahre in wenigen Zeilen zusammenzufassen. Zu unterschiedlich waren schon allein die Anlässe und Beweggründe der jeweiligen Reisen: Zum einen waren es internationale Treffen wie an jenem unvergesslichen 27. Oktober 1986, als sich die religiösen Oberhäupter der ganzen Welt in Assisi versammelten, um in der Stadt des heiligen Franziskus gemeinsam für den Frieden zu beten; zum anderen waren es kulturelle und zivile Reisen wie der lange Aufenthalt in Sizilien (8.-10. Mai 1993) der in Agrigent in der couragierten Rede gegen die Mafia gipfelte; und schließlich waren es klerikale Anlässe, die den Papst beispielsweise im Oktober 1997 zum

SAN MARINO

Republik

Fläche:	61,19 km²
Bevölkerung:	25 600 E. (Schätzung 1997)
Hauptstadt:	San Marino
Amtssprache:	Italienisch
Religion:	95 % Katholiken

Die allererste päpstliche Pilgerreise am 29. Oktober 1978 führt zum Marienheiligtum in Mentorella bei Rom.

ITALIEN

Republik

Fläche:	301 308 km² (ohne die Republik San Marino und den Vatikanstaat)
Bevölkerung:	57 533 516 Einwohner (Schätzung 1997)
Hauptstadt:	Rom
Amtssprache:	Italienisch
Religion:	mehrheitlich katholisch sowie protestantische (ca. 500 000) und orthodoxe Minderheiten

Eucharistischen Kongress nach Bologna führten (wo sogar Bob Dylan ein Konzert gab). Nicht zu vergessen auch die unzähligen, an lokale Ereignisse gebundenen Reisen: teils aus traurigem Anlass, wie die Erdbeben in Umbrien und Kampanien, teils aus erfreulichen Anlässen, wie die Sommerurlaube in den Alpen.

Links und unten: Drei Momentaufnahmen vom ersten Besuch in Mailand (1983) – in der „Scala", mit dem Kardinal Carlo Maria Martini und am Grabe des heiligen Ambrosius.

Auf der Suche nach symbolhaften Orten

Besonders lebhaft in Erinnerung bleibt das „Große Gebet für Italien und mit Italien" im Jahre 1994, als Johannes Paul II. am Grabe des heiligen Petrus zum neunmonatigen Gebet aufrief („Wir beten insbesondere für die heutigen Söhne und Töchter Italiens, auf dass sie die Erben eines so bedeutungsvollen Gutes werden und dies in ihrem persönlichen, familiären und sozialen Leben, in der Wirtschaft wie in der Politik, wiederzugeben vermögen"). Mit diesem Gebet wandte sich der Papst daraufhin an die Madonna von Loreto, einem anderen symbolträchtigen Ort italienischer Spiritualität. Die Wallfahrtskirche von Loreto nannte er selbst die „erste der Jungfrau Maria gewidmete Wallfahrtskirche von internationaler Bedeutung". Hier wird das Haus verehrt, in dem die Muttergottes wohnte und ihr der Engel der Verkündigung erschien (Das Haus wurde vor siebenhundert Jahren von Palästina nach Mittelitalien gebracht).

Links: Johannes Paul II. am 29. August 1982 im Palazzo Pubblico von San Marino. Der souveräne Staat ist die älteste Republik der Welt (die ersten Statuten gehen auf das Jahr 1263 zurück) und erstreckt sich auf einer Fläche von 60 Quadratkilometern, die, nahe der Stadt Rimini, von der Region Emilia Romagna umgeben sind.

Drei Bilder, die während des gemeinsamen, interkonfessionellen Friedensgebets am 27. Oktober in Assisi entstanden sind: Oben das eindrucksvolle Abschlussgebet auf dem unteren Platz vor der Kirche S. Francesco. Auf der gegenüberliegenden Seite: Religiöse Führer aus aller Welt sind in der Basilika S. Maria degli Angeli versammelt. Zur Linken von Johannes Paul II. steht der Dalai Lama. Unten: Elio Toaff, der Oberrabbiner der jüdischen Gemeinde Roms.

Die besondere Vertrautheit Karol Wojtylas mit der Mutter des Herrn findet eine weitere Bestätigung in der Tatsache, dass der Papst seine erste italienische Pilgerfahrt – zugleich seine erste als Papst – am 29. Oktober nach Mentorella bei Rom unternimmt. Gerade dreizehn Tage sind seit der Wahl vergangen, und niemand hätte es sich vorstellen können, dass dieser aus der Ferne gekommene Papst sich gleich so wohl fühlen würde, dass er einen Hubschrauber besteigt und – zur Überraschung der Gläubigen wie der Journalisten – so unverzüglich seine Karriere als Pilgerpapst beginnt. Von damals bis heute besuchte er unermüdlich die italienischen Wallfahrtsorte: Von Pompeji über Loreto, Oropa, Rosalba, Tindari bis nach Caravaggio hat der Papst seine persönliche Landkarte der Frömmigkeit erstellt, auf der die Orte der Marienverehrung ebenso eingezeichnet sind wie die von tausendjährigen Traditionen geprägten und mit den Namen großer Heiliger verbundenen Stätten wie Assisi, Norcia, Montecassino, Siena, Padua, Subiaco, Otranto, Collevalenza, Serra San Bruno, La Verna, Camaldoli und zahlreiche andere.

Ökologie des Geistes

Kultur und Kunst haben Bereicherung, nicht Verarmung zur Folge; sie sind leidenschaftliche, mitunter tragische Suche, aber am Ende auch eine großartige Synthese, in der die höchsten Werte des Daseins selbst in ihrem Kontext von Licht und Dunkel, Gut und Böse (...) zur tiefen Erkenntnis des Menschen, zu seiner Besserung, nicht zu seiner Entwürdigung bestimmt sind. Eine Ökologie des Geistes im Dienste des Menschen ist notwendig: jenes Menschen, von dem der große Ambrosius von Mailand sagt, er sei *das vortrefflichste Werk dieser Welt.*
Mailand, 21. Mai 1983

Die Notwendigkeit des Gebets

Wenn die Welt weiter bestehen und Männer und Frauen in ihr überleben sollen, kann ihr das nicht ohne Gebet gelingen.

Assisi, 27. Oktober 1986

Das Evangelium der Arbeit

Unermüdlich besucht Johannes Paul II. auch Menschen an ihren Arbeitsplätzen. Diese Besuche stützen sich häufig auf christliche, der Arbeit gewidmete Feiertage wie den Tag des heiligen Josef, der ja bekanntlich Handwerker war. Der 19. März und der 1. Mai boten sich besonders für Treffen mit Arbeitern an. Eindrucksvoll bleibt die Landung mit dem Patrouillenboot in der Schiffswerft von Castellamare in Kampanien am 19. März 1992: Hier wiederholt Wojtyla vor den Arbeitern, die in großer Sorge sind vor Entlassungen und Frühpensionierungen, Jugendarbeitslosigkeit und der Ausbreitung des organisierten Verbrechens, den Satz, der ihm sehr am Herzen liegt und Ausdruck dafür ist, wie gut er sich in diesen Problembereich einfühlen kann: „Ich war ein Arbeiter wie ihr; ich kenne euer Leben sozusagen aus erster Hand." Im März 1990, anlässlich seines Pastoralbesuchs bei Olivetti in Ivrea (weiteres Ziel dieser Reise waren die Fiatwerke in Chivasso) erwartet ihn ein surreal anmutendes und fast beunruhigendes Szenario, denn im Hintergrund der zuhörenden Arbeiter rattert stumm und unverdrossen das Fließband weiter. „Ich konnte mit keinem dieser Geräte und Maschinen ins Gespräch kommen", bemerkt der Papst, und er fügt hinzu: „Ich konnte nicht mit Liebe empfangen werden, so wie ich von den Menschen mit Liebe empfangen wurde."

Der Vorrang des Menschen (jedes einzelnen Mannes und jeder einzelnen Frau) im Verhältnis zu den Produktionsmitteln und ihren Rhythmen ist eines der Themen, die dem Papst besonders am Herzen liegen. Und er kommt immer wieder darauf zu sprechen. Am 21. Mai 1983 bildet die Mailänder Scala den feierlichen Rahmen, und das Publikum ist der gelungenen 'Premiere' würdig. Auch hier zögert Johannes Paul II. nicht, über die missionarische Funktion von Kunst und Kultur zu sprechen und sie als „Ökologie des Geistes im Dienste des Menschen" zu bezeichnen. Er erinnert daran, dass „Kunst und Kultur Einheit bedeuten, nicht Zerstreuung; sie haben Bereicherung, nicht Verarmung zur Folge; sie sind leidenschaftliche, mitunter tragische Suche, aber am Ende auch eine großartige Synthese". Daneben existiert ein Italien des Kummers und des Leids; ein Italien, gezeichnet von jenen Tragödien, die die Erde und das Leben ihrer Bewohner erschüttern. In diesen Jahren hat man sich daran gewöhnt, daß Johannes Paul II. stets an den Orten zur Stelle ist, die vom Unglück schwer getroffen sind. Die erste dieser Reisen führt ihn am 23. Mai 1980 nach Valnerina. „Du hast uns die Kraft gegeben weiterzumachen", rufen ihm die Menschen zu, die in Baracken leben und Kälte und Schnee ausgesetzt sind. Seit dem Erdstoß vom 19. September 1979 erleben sie einen wahren Alptraum. Am 25. November 1980 eilt er nach Potenza, Balvano und Avellino.

MALTA

Republik

Fläche:	315,6 km²
Bevölkerung:	352 430 E. (Schätzung 1990)
Hauptstadt:	Valletta
Amtssprache:	Englisch und Maltesisch
Religion:	98,6 % Katholiken

Unten: Während seines Besuchs in der unabhängigen Republik Malta am 25./26. Mai 1990 begibt sich der Papst zu einem Treffen außerhalb der Victoria-Kathedrale. Im Jahr 60 n. Chr. besuchte der heilige Paulus die Insel, die auf halbem Wege von Sizilien nach Afrika liegt; sie wird auch in den apostolischen Schreiben erwähnt. Johannes Paul II. macht am 1. September 1990 nochmals Station in Malta und besucht Luqa, bevor er weiter nach Tansania fliegt.

Zwei Tage zuvor hat ein Erdbeben große Zerstörungen angerichtet und viele Opfer gefordert. Mehrere tausend Menschen sind gestorben, die Schäden unüberschaubar, und die Hilfsleistungen verzögern sich. Johannes Paul II. ist hier nicht als Würdenträger „aufgetreten", sondern als Vater; als solcher nimmt er die nicht enden wollenden Umarmungen der Menschen entgegen, die soeben alles verloren haben, woran ihr Herz hing. Ohne das Protokoll im geringsten zu beachten, fühlt er sich in die ihn umringenden Leute ein und tröstet sie. „Jemand hat mir gesagt: Aber diese Leute können nicht beten. Darauf gebe ich euch die Antwort: Ihr, meine Lieben, betet mit eurem Leid." Diesen Gedanken weiter vertiefend, spricht er von der Nähe im biblischen Sinne: „Ich komme, meine lieben Brüder und Schwestern, um euch die Bedeutung dieser Nähe zu zeigen; um euch zu sagen, dass wir euch nahe sind, um euch ein Zeichen jener Hoffnung zu geben, die für den Menschen der andere Mensch sein soll." Zur Bestätigung seiner Worte kehrt er im Jahre 1991 nach Potenza zurück.

Zwei Szenen auf Sizilien (1993): Oben der Empfang der Jugendlichen im Stadion von Agrigent, unten in der Mitte die Messe im Stadion von Caltanissetta.

Das Urteil Gottes

Im November 1982 begibt sich Karol Wojtyla nach Sizilien, wo ihm vor Augen geführt wird, wie sich eine Naturkatastrophe im Laufe der Zeit zur sozialen Tragödie entwickeln kann: Seit 1968 leben die Erdbebenopfer des Belice-Tals unter menschenunwürdigen Bedingungen. Zu dem furchtbaren Tribut, den die Natur gefordert hat, und der Langsamkeit und Ineffizienz der für die Hilfen zuständigen Stellen kommt die traurige Tatsache, dass es sich um ein Gebiet handelt, das die Mafia fest im Griff hat. Nur drei Monate sind vergangen, seitdem der General Dalla Chiesa und seine Frau in Palermo von der Mafia erschossen wurden. Ein trauriges Thema, das im Jahre 1993 während der bereits erwähnten zweiten Reise des Papstes nach Sizilien ein berühmtes Nachspiel haben wird: In diesem Land, in dem die Mafia in der Zwischenzeit nicht aufgehört hat, Angst und Schrecken zu verbreiten, sondern ihre Übermacht mit schrecklichen Blutbädern, bei denen unter anderem die Richter Falcone und Borsellino ums Leben kamen, sogar noch gefestigt hat, hält der tief betrübte Papst vor der antiken Kulisse im Tal der Tempel in

Unternehmergeist

Unter den gegensätzlichen Philosophien – der des alleinigen wirtschaftlichen Wettbewerbs und der Mitbeteiligung – verlangt das *Gemeinschafts*-Unternehmen, dass man sich (...) für die Anwendung der zweiten, also der Mitbeteiligung entscheidet, indem zwischen allen Mitgliedern des Unternehmens eine echte und wirksame Interdependenz geschaffen wird. Eine solche personale Wechselbeziehung zwischen den direkt und indirekt Verantwortlichen des Unternehmens und der Arbeit, (...) ist notwendige Vorbedingung dafür, dass alle Komponenten der Welt mit der Arbeit im Unternehmen in Einklang kommen.

Mailand, 22. Mai 1983

Gegen die Mafia

Gott hat gesagt: *Du sollst nicht töten!* Kein Mensch, keine menschliche Vereinigung, keine Mafia darf dieses heiligste Gebot Gottes ändern und mit Füssen treten. Das sizilianische Volk (...) kann nicht immer unter dem Druck einer entgegengesetzten Gesellschaft (...) im Zeichen des Todes leben. Hier bedarf es einer Gesellschaft im Zeichen des Lebens. Im Namen des gekreuzigten und auferstandenen Christus (...) wende ich mich an die Verantwortlichen: Kehrt um, eines Tages kommt das Gericht Gottes!

Agrigent, 9. Mai 1993

Agrigent eine Schmährede voller Empörung: „Im Namen des gekreuzigten und auferstandenen Christus, des Christus, der der Weg, die Wahrheit und das Leben ist, wende ich mich an die Verantwortlichen: Kehrt um! Eines Tages kommt das Gericht Gottes!"

Die Zeit vergeht, und leider häufen sich die schmerzlichen Umstände: 1988 gedenkt der Papst bei einem Besuch im Stava-Tal der Opfer des Erdrutsches, der am 19. Juli 1985 einen Teil des trentinischen Dorfes Tesero unter sich begraben und 269 Menschenleben gekostet hat. Ein weiteres Erdbeben führt den Papst am 3. Januar 1998 zu den verängstigten und unter der Kälte leidenden Bewohnern Umbriens und der Marken. Neben Obdachlosen sind Verletzte und Tote zu beklagen, teilweise sind ganze Dörfer eingestürzt. Schäden haben auch Kunst und Kultur davongetragen, denn viele jahrhundertealte Denkmäler konnten den Erdstößen nicht standhalten. Auch die geliebte Basilika von Assisi wurde schwer beschädigt.

Manchmal jedoch erweitern diese betrüblichen Reisen auch den Blick – wie beispielsweise in Loreto in den Marken, als sich der viel besuchte Wallfahrtsort für einen Tag in die Hauptstadt der europäischen Jugend verwandelte. Eine halbe Million junger Europäer umringte vom 9. auf den 10. September 1995 den Papst auf der Wiese von Montorso, verbunden mit zahlreichen anderen bedeutenden Städten Europas, wie die vom Krieg schwer in Mitleidenschaft gezogene Stadt Sarajewo, die den Papst bereits am 8. September des Vorjahres begrüßt hatte und noch immer kein Ende ihrer Tragödie absehen konnte. Ergreifende Bilder kamen von der Fernsehzentrale der Stadt, wo sich ein Hilfsbischof und eine große Anzahl Jugendlicher zusammengefunden hatten, die weder Bombenalarm noch die Tschetniks schrecken konnten. Der Papst war tief gerührt von der Nahaufnahme einer jungen Frau, deren in Tränen aufgelöstes Gesicht sich zu einem Lächeln erhellte, als sie den Gesang des Salve Regina aus Loreto hörte. Und, wie so häufig, wurde auch diesmal das nächtliche Gebet von Loreto in der Sprache der Jugendlichen gehalten, in der Musik. Dies sind die tausend Gesichter des Italien von Johannes Paul II.: religiös und weltlich, großstädtisch und ländlich, ein Italien der Berge und des Meeres, ein heiliges und manchmal auch verzweifeltes Land, ein Land, das er liebt und in all seinen Regionen bereist.

Links: Das Tal der Tempel war der natürliche majestätische Rahmen für den Appell Johannes Pauls II. an die Mafia am 9. Mai 1993.
Unten: Die Ankunft in Mazara del Vallo, einem wichtigen Fischereihafen auf Sizilien.

„Frankreich, erstgeborene Tochter der Kirche, bist du deinem Taufversprechen treu?" In diesen mahnenden Worten seiner ersten Pilgerreise jenseits der Alpen ist die paradigmatische Bedeutung der insgesamt sechs Reisen Johannes Pauls II. nach Frankreich zusammengefasst. Diese symbolisch für die frühe Christianisierung des Abendlandes stehende Nation läuft nun Gefahr, sich in den Irrungen des Rationalismus und des Materialismus der heutigen Zeit zu verlieren. Sorge bereiten dem Papst jedoch auch die Unruhen innerhalb der französischen Kirche, die hin- und hergerissen ist zwischen einer nicht genauer definierten, an gesellschaftlichen Maßstäben orientierten Fortschrittlichkeit einerseits und nicht minder gefährlichen fundamentalistischen Strömungen andererseits. Das Heilmittel für beides sieht Wojtyla im Bewusstsein für die zentrale Rolle des Menschen „als Subjekt und Gestalter, und nicht als Objekt der Kultur", wie Johannes Paul II. vor der Versammlung der Unesco im Jahre 1980 betont.

„Wisst ihr, was ihr durch die Taufe werdet?"

30. Mai-2. Juni 1980

14.-15. August 1983

4.-7. Oktober 1986

8.-11. Oktober 1988

19.-22. September 1996

21.-24. August 1997

Frankreich ist indes auch der heilige Boden der Erscheinungen und Wunder. Wie in Lourdes, wo sich am 15. August 1983 während des zweiten Frankreichbesuchs über dreihunderttausend Menschen versammelten; in Lyon, der Stadt des Paters Chevrier, des Apostels der ökumenischen Bewegung, und der Pauline Jaricot, der Begründerin des Lebendigen Rosenkranzes; oder in Ars, der Heimat des heiligen Jean Maria Viannay (Orte, die der Papst im Oktober 1986 besucht). Frankreich ist auch die Wiege „einer geistigen Tradition, als Frucht des Glaubens eines ganzen

Volkes, das Kathedralen erbaute": Die gotischen Gotteshäuser in Metz und Straßburg und die barocke Kathedrale von Nancy besucht der Papst 1988. Ebenfalls auf französischem Boden, im Straßburger Europaparlament, werden die Weichen für das künftige Europa gestellt. Auf seiner vorletzten Reise im Jahre 1996 unterstreicht der Papst hier nochmals die wichtige Rolle Frankreichs bei der Neugestaltung des Alten Kontinents.

Auf der gegenüberliegenden Seite zwei Bilder von der ersten Reise (1980): Oben das spektakuläre Rendezvous auf den Champs-Élysées und unten das Zusammentreffen mit den jungen Franzosen im Stadion Parc des Princes.

Oben: Mit dem Präsidenten François Mitterand am 4. Oktober 1986 in Lyon.
Unten links: Die Rede vor der Versammlung der Unesco (1980). Unten rechts: Am 6. Oktober 1986 begibt sich der Papst nach Ars.

Die neuen Märtyrer

Die Bilder von der Wallfahrt nach Lourdes im Jahre 1983 gehören zu jenen, die den stärksten Eindruck von den Reisen des Papstes zu den Quellen des Glaubens jenseits der Alpen hinterlassen haben. Unvergesslich bleibt vor allem der Fackelzug am 14. August, nach dessen Abschluss der Papst der Muttergottes die materiellen wie die geistigen Leiden der gesamten Welt anvertraut. Dazu zählt er auch die im Namen des Glaubens erlittenen Diskriminierungen – nicht nur in den totalitären Staaten, sondern auch und gerade in den Ländern des alten Europa, in denen die Verweltlichung immer stärker wird. „Es handelt sich um Männer und Frauen", sagt der Papst, „die, nur weil sie ihren Glauben bekennen, riskieren, in ihrer Laufbahn oder ihren Studien behindert zu werden." Weitere

Theologie des Körpers

Junge Leute, Jungen und Mädchen, habt größte Achtung vor eurem Körper und vor dem der anderen! Euer Körper soll eurem tiefsten Ich dienen! Eure Gebärden, eure Blicke seien stets der Widerschein eurer Seele! Anbetung des Körpers? Nein, niemals! Verachtung des Körpers? Das schon gar nicht. Beherrschung des Körpers! Ja! Läuterung des Körpers!

Paris, 1. Juni 1980

Die Versuchungen entlarven

Lasst es nicht zu, dass die Gewissheiten des Glaubens erschüttert oder im Wind der atheistischen Ideologien oder einfach nur der systematischen und unüberlegten Problematisierungen ganz ausgelöscht werden. Lasst es nicht zu, dass die religiöse Gleichgültigkeit den Glauben an den lebendigen Sohn Gottes ersetzt und der praktische Materialismus eure Sehnsucht nach Gott erstickt, von der ihr gezeichnet seid.

Lourdes, 15. August 1983

FRANKREICH

Republik

Fläche:	543 965 km²
Bevölkerung:	58 375 000 Einwohner
Hauptstadt:	Paris
Amtssprache:	Französisch
Religion:	Von Staats wegen wird keine Religion anerkannt. 76 % Katholiken, 6 % Moslems, 3 % Protestanten, 650 000 Juden und 180 000 Armenier.

Oben: Der Papst während seines Besuchs beim Europarat in Straßburg (Oktober 1988).
Unten links: Eine Andacht in Saint-Laurent-sur-Sèvre (1996).
Unten rechts: Das Gebet in der Basilika Saint-Rémy in Reims (1996).
Gegenüberliegende Seite: Während desselben Papstbesuches in Reims (1996).

bewegende Momente während dieser Wallfahrt nach Lourdes sind zum einen die vor der Grotte gefeierte Messe, bei der dem Papst 750 Priester zur Seite stehen, um den Gläubigen die heilige Kommunion zu spenden, und zum anderen die ebenfalls vor der Grotte stattfindende Ansprache an die Kranken. Der Pontifex erinnert die Leidenden daran, dass Jesus Christus den Armen und Kranken stets den Vorzug gegeben hat, und er spricht von dem unzertrennlichen Band zwischen dem erlösenden Kreuz Christi und den auf Erden erlittenen Qualen.
All diese Themen werden in der Salvifici doloris, dem ein Jahr später erschienenen apostolischen Brief, behandelt. Kurz zuvor betet der Papst in der Basilika des Heiligen Pius X. gemeinsam mit 20 000 Jugendlichen.

Fragen und Antworten

Die vielen eindrucksvollen Begegnungen mit den Jugendlichen, sozusagen ein Symbol für die Erneuerung des Glaubens, ziehen sich wie ein roter Faden durch alle Reisen Johannes Pauls II. nach Frankreich: von der Wache im Prinzenparkstadion während der ersten Reise bis zum Zwölften Jugendweltag im Jahr 1997, als

Eine große Tradition

Frankreich verfügt auch – und vielleicht in erster Linie – über eine große kulturelle Tradition (...) Aber ich bin der Meinung, dass diese kulturelle Tradition und selbst ihre Wurzel an eine spirituelle Tradition gebunden ist, die Frucht des Glaubens eines ganzen Volkes, das seine Kathedralen gebaut, seine mystischen Werke hervorgebracht, zahllose Initiativen der Nächstenliebe ergriffen und eine heldenhafte Missionstätigkeit unternommen oder, einfacher gesagt, Tag für Tag die Seele eurer Landsleute geformt hat, mit ihren Tugenden des Glaubens, der Ausdauer in der Prüfung, der Freiheit, der Selbsthingabe, der Vergebung. Die Heiligen haben viel zu dieser Beseelung beigetragen.
Lyon, 4. Oktober 1986

Die Güter des Menschen

Auch der heutige Mensch hat – in Europa – ein *großes Vermögen*: materielle Güter, die zwar ungleich verteilt sind, ihm aber reichlicher zur Verfügung stehen als vielen seiner Mitmenschen in aller Welt. (...) Er besitzt auch die Güter seines Empfindungsvermögens; nur allzu oft wendet er sich von Gott und dem Nächsten ab, um Wünsche zu befriedigen, die ihn in sich selbst verschließen.

Straßburg, 9. Oktober 1988

Karol Wojtyla zwar mit etwas unsicher gewordenem Schritt, doch ungetrübter Begeisterung und Energie auftritt.

Drei Stunden lang spricht Wojtyla im Prinzenparkstadion zu 50 000 Jugendlichen: Er warnt und ermahnt, und für seine strenge Verurteilung der allzu freizügigen sexuellen Moral und des immer stärker ausufernden Konsumdenkens erhält er überzeugten Beifall. Diese Begegnung, bei der die Mädchen und Jungen den Papst mit Fragen überschütten, stellt nicht nur ein bis dahin noch nie dagewesenes Ereignis dar, sondern zeigt zugleich, welcher Art die Beziehung dieses Papstes zu den jungen Generationen ist. So verbringt er 1997 beispielsweise auf dem Jugendwelttag in Paris mit Hunderttausenden von Jugendlichen drei sehr ereignisreiche Tage, die sämtliche Voraussagen vom Vorabend widerlegen; denn die Kälte und Gleichgültigkeit, die man Paris gern zuschreibt, machen einer herzlichen Umar-

mung Platz, in der nicht nur die französische Hauptstadt, sondern die gesamte katholische Welt den betagten Papst an sich drückt. „Kommt und ihr werdet sehen", titelt die Pariser Tageszeitung *La Croix* und beschreibt so weise zurückhaltend die Menschenmassen, die Johannes Paul II. begleiten. Treffendster Beweis für den Erfolg seiner Reise ist jedoch das Lichtermeer von Kerzen während der Wache in der Bartholomäusnacht auf der Pferderennbahn von Longchamp, wo die Taufe im Mittelpunkt steht. „Wisst ihr, was ihr durch die Taufe werdet?", fragt Johannes Paul II. „Gott erkennt euch als seine Kinder an und verwandelt euer Leben in eine Geschichte der Liebe mit ihm. Er macht euch Christus gleich, damit ihr eure persönliche Berufung verwirklichen könnt." Eine Berufung, die jedenfalls nicht umhin kann, die Jugendlichen auf die „Straßen der Menschlichkeit" zu bringen, zu den „vielen Herzen, die Christus erwarten".

Junge Apostel

Das Apostolat bleibt also eine Aufgabe, die der Jugend anvertraut wird. Der Papst führt in diesem Zusammenhang zwei Ausnahmeerscheinungen an: Zum einen Friedrich Ozanam, ein Held des Laienapostolats im 19. Jahrhundert, den er in Paris selig spricht, und zum anderen die heilige Theresia von Lisieux, die als Kirchengelehrte ausgezeichnet wird. Erwähnenswert ist aber noch eine weitere Begegnung zwischen

Bist du treu?

Es gibt nur ein Problem, immer und überall: das Problem unserer Nähe zu Christus. (...) Frankreich, erstgeborene Tochter der Kirche, willst du deinem Taufversprechen treu sein? Lasst mich euch fragen: Frankreich, Tochter der Kirche und Lehrerin der Völker, willst du um des Wohls der Menschen willen dem Bund mit der ewigen Weisheit treu bleiben?

Le Bourget, 1. Juni 1980

Unten: Jugendwelttag auf dem Marsfeld (1997).

Johannes Paul II. und der jungen Generation auf der vorletzten Pastoralreise im Juni 1996, die sich harmonisch in die vom Papst angestrebte Neuverkündung des Evangeliums einfügt: das Zusammentreffen mit jungen Ehepaaren vor der Wallfahrtskirche Sainte-Anne-d'Auray.
Der Papst weist auf die vielen Schwierigkeiten hin, denen Familien in Frankreich ausgesetzt sind, doch er spricht auch davon, dass die Kirche ihre Hoffnung für das kommende Jahrtausend auf die Familien setzt. „Ihr seid aufgefordert, der Welt die Schönheit der Vaterschaft und der Mutterschaft aufzuzeigen und die Kultur des Lebens zu fördern (...) Jedes bereits empfangene menschliche Wesen hat das Recht zu leben, denn das geschenkte Leben gehört nicht mehr denjenigen, die es gezeugt haben." In dieser Rede, einer gedanklichen Fortsetzung jener Pariser Ansprache aus dem Jahre 1980, in der der Papst die Jugend zum Respekt vor ihrem eigenen Körper aufrief, ist der offene Tadel jener Verweltlichung, die den Glauben der „erstgeborenen Tochter der Kirche" bedroht, nicht zu überhören. Sie ist jedoch auch ein Zeichen des Optimismus und des Vertrauens auf den Einfluss, den ein christliches Frankreich auf das spirituelle Gleichgewicht in Europa und der Welt ausüben kann.

Vom 21. bis 24. August 1997 wird Paris zur Hauptstadt der Jugendlichen, die sich anlässlich des Jugendwelttags mit dem Papst hier versammeln.
Oben: Über eine Million junge Menschen haben sich am Morgen des 24. August 1997 zur feierlichen Konzelebration auf der Pferderennbahn Longchamp eingefunden.

Unten: Links die Begegnung in der Kathedrale von Evry und rechts die feierliche Konzelebration in Notre-Dame, der Kathedrale von Paris (1997).

SPANIEN

Drei Jahre seines Pontifikats vergehen, bevor Johannes Paul II. dazu kommt, Spanien seinen ersten Besuch abzustatten. Während der langen, zehntägigen Reise besucht er insgesamt 17 Städte, sodass er die katholische Seele Spaniens hinreichend kennen lernt. Das Land hat sich politisch soeben für eine Linksregierung entschieden und mit großer Mehrheit die sozialistische Partei von Felipe González gewählt; dennoch empfängt es den Papst mit außergewöhnlicher Herzlichkeit, die nicht nur die riesige, auf dem großen Paseo de la Castellana in Madrid versammelte Menschenmenge dem Gast entgegenbringt. Es ist eine lange und gründlich vorbereitete Reise, wohl auch aufgrund der großen Bedeutung, die der Papst Spanien beimisst: als Herz des Katholizismus und Ausgangspunkt für die Neuverkündung des Evangeliums in der heutigen Welt. Es ist daher kein Zufall, dass der Papst bereits auf dieser ersten apostolischen Reise nach Spanien (die von symbolträchtigen Momenten wie den Besuchen in Avila und Montserrat geprägt ist) auch Santiago de Compostela zum Etappenziel gewählt hat: Werden hier doch die Reliquien des heiligen Jakobus aufbewahrt, der das Land christianisierte und zum Schutzpatron Spaniens auserkoren wurde. Viele Jahrhunderte lang führten Pilgerwege aus ganz Europa hierher. Am 9. November des Jahres 1982, des Heiligen Jahres von Compostela, richtet Johannes Paul II. von hier aus einen dringlichen Appell an Europa, der später Berühmtheit erlangt: „Finde wieder zu dir selbst! Sei wieder du selbst! Besinne dich auf deinen Ursprung! Belebe deine Wurzeln wieder!“

Der Sinn des Lebens ist die Liebe

31. Oktober-9. November 1982

10.-11. Oktober 1984

19.-21. August 1989

12.-17. Juni 1993

Nach Santiago de Compostela kehrt der Papst auf seiner dritten Reise im Jahr 1989 anlässlich des vierten Jugendwelttags zurück. 600 000 Jugendliche aus allen Teilen der Welt begeben sich auf dem alten Jakobsweg nach Santiago; der Papst gesellt sich als Pilger zu ihnen und ermahnt sie nochmals, „das alte Europa erneut zu bekehren". Die größte Wallfahrt in der Geschichte der Jakobspilger – wie sie die regionale Tageszeitung *La Voz de la Galizia* bezeichnet – bietet einen atemberaubenden Anblick: Auf 300 000 Quadratmetern drängen sich junge Menschen, die alle gekommen sind, um den Papst zu sehen.

SPANIEN

Konstitutionelle Monarchie

Fläche:	505 954 km²
Bevölkerung:	39 323 000 Einwohner (Schätzung 1997)
Hauptstadt:	Madrid
Amtssprache:	Spanisch (Kastilisch), daneben auch Katalanisch, Baskisch und Galizisch
Religion:	mehrheitlich katholisch

Lebenshunger

Auch der Dialog, der sich zwischen den Pilgern und Wojtyla entwickelt, ist sehr bedeutungsvoll. „Wir sind auf dem Weg nach Santiago, um Jesus Christus zu entdecken, den Weg, die Wahrheit und das Leben", singen die jungen Leute, und der Papst antwortet ihnen mit Wärme und Verständnis: „Es ist richtig, dass ihr Hunger nach Leben, nach vollem Leben habt. Gerade dazu seid ihr jung. Aber worin besteht das Leben? (...) Der christliche Glaube stellt ein enges Band zwischen der Liebe und dem Leben her. (...) Ja, Jesus Christus ist der einzige kompetente Gesprächspartner. (...) Ihn fragt, ihm hört zu! Der Sinn des Lebens, so wird er euch sagen, liegt in der Liebe." Bevor er sich von den Jugendlichen verab-

Gegenüberliegende Seite unten: Ansicht der Basilika von Santiago de Compostela, wo der Papst am 9. November 1982 seine aufrüttelnden Worte an Europa richtet. Mitte: Die Anbetung der Muttergottes von Montserrat bei Barcelona. Oben: Das römische Aquädukt, das dem Treffen in Segovia als Kulisse diente.

Links: Johannes Paul II. verabschiedet sich in Anwesenheit des Königspaars und internationaler Persönlichkeiten in Santiago von Spanien. Rechts: Trotz der Unbilden der Witterung feiert der Papst die Messe im Camp-Nou-Stadion in Barcelona (1982).

Ein Aufruf an Europa

Ich richte meinen Blick auf Europa als den Kontinent, der so viel zur Entwicklung der Welt (...) beigetragen hat. (...) Ich (...) rufe dir, altes Europa, von Santiago aus voller Liebe zu: Finde wieder zu dir selbst! Sei wieder du selbst! Besinne dich auf deinen Ursprung! Belebe deine Wurzeln wieder! Beginne wieder jene echten Werte zu leben, die deine Geschichte ruhmreich gemacht haben, und mache deine Gegenwart in den anderen Kontinenten segensreich! (...) Noch immer kannst du Leuchtturm der Zivilisation (...) sein.

Santiago, 9. November 1982

Rechts: Den Papst beim Gebet in Saragossa vor der Muttergottes von Pilar, der Schutzpatronin Spaniens, am 10. Oktober 1984; Johannes Paul II. begibt sich auf eine Pilgerreise auf den Spuren des Kolumbus.

Unten: Momentaufnahmen von der Reise, die den Papst 1989 anlässlich des 4. Welttags der Jugend nach Santiago de Compostela führt.

schiedet, legt der Papst ihnen noch einmal die drei Schlüsselbegriffe der Evangelisierung ans Herz: Zeugnis ablegen, sich hingeben und dienen.

Im Grunde genommen bedarf nicht nur Europa eines neuen missionarischen Anlaufs, sondern auch die Neue Welt: jenes Amerika, das von Spanien kolonialisiert und christianisiert wurde. Im Oktober 1984 gibt der Papst von Saragossa aus den Startschuss zu einer – seinen eigenen Worten nach – „kurzen und intensiven Reise auf den Spuren von Kolumbus und der ersten Missionare", die den Auftakt zu den Feierlichkeiten für den fünfhundertsten Jahrestag der Entdeckung Ameri-

Oben: Eine vortreffliche Inszenierung der Messe für die Kanonisierung des seligen Enrique de Ossó y Castelló auf dem Kolumbusplatz in Madrid (1993).

kas bildet, die sich über neun Jahre hinziehen. Dieser zweite Spanienaufenthalt des Papstes ist nur sehr kurz, doch er nimmt sich die Zeit für einen Besuch in der Basilika der heiligen Pilar, die gemeinsam mit dem heiligen Jakobus die Schutzpatronin Spaniens und aller Spanisch sprechenden Völker ist: Ihr Gedenktag, der 12. Oktober, fällt mit dem Jahrestag der Entdeckung Amerikas zusammen. Auch für das Zusammentreffen mit Gläubigen in der Stadt Saragossa findet sich noch Zeit; zum Abschluss ertönt hier das Lied „Schick' uns in die Welt hinaus".

Alte und Neue Welt

Bekehrung, Alte und Neue Welt – das sind auch die Themen der letzten Reise des Papstes nach Spanien. Ausgangspunkt ist diesmal Sevilla, wo Johannes Paul II. den 45. Internationalen Eucharistischen Kongress mit dem Titel „Jesus Christus, Licht der Völker. Eucharistie und Verkündung des Evangeliums" beschließt. Bei dieser Reise im Jahre 1993 finden fast alle tragenden Themen der Reisen Wojtylas nach Spanien zu einer wundersamen Synthese zusammen: die spanische Nation als Zentrum für die Ausstrahlung der Botschaft Christi, die Eucharistie als Wahrheit und Leben, die Nächstenliebe als Motor der Evangeli-

Die Verheißungen Gottes

„Habt keine Angst vor den Mächtigen dieser Welt; zieht euch nicht zurück angesichts von Kritik und Unverständnis. Der beste Dienst, den wir unserer Gesellschaft leisten können, ist, ihr ständig das Wort und die Verheißungen Gottes in Erinnerung zu rufen und ihr seine Heilswege anzubieten (...). Die Verschleierung der wahren Lehre, das Verschweigen jener Punkte der christlichen Offenbarung, die heute von der herrschenden kulturellen Sensibilität nicht gern angenommen werden, sind weder ein Weg zu einer authentischen Erneuerung der Kirche, noch bereiten sie bessere Zeiten für die Evangelisierung und den Glauben vor."
Madrid, 15. Juni 1993

Rechts: Der Papst mit der Monstranz in der Kathedrale von Sevilla (Juni 1993).
Unten: Das Offertorium der in Huelva gefeierten Messe (Juni 1993).

Mitte: Ankunft in Madrid.
Oben: Begegnung mit dem Regierungschef Felipe González.
Unten: Gespräch mit dem spanischen Königspaar Juan Carlos und Sophia.

sierung. In Sevilla, während der Abschlussfeier des Eucharistischen Kongresses, spricht der Papst viele dieser Themen an: „Welcher Ort ist geeigneter als dieser, der die erste Brücke nach Amerika spannte, um die missionarischen Sehnsüchte neu zu erwecken? Welcher Ort ist geeigneter als dieser für eine Botschaft, die Trennungen und Schranken zwischen den Menschen überwindet?" Die universale Botschaft, fügt er hinzu, die wahre Brücke zwischen Nord und Süd, Ost und West, ist das Brot des Lebens, die Eucharistie. „Dem eucharistischen Altar, diesem Herzen, das für die Kirche schlägt, entspringt unablässig der evangelisierende Strom des Wortes und der Nächstenliebe. Der Kontakt mit der Eucharistie muss daher einen nachhaltigen Einsatz für die Gegenwart Christi in allen menschlichen Wirklichkeiten zur Folge haben."

Was sucht ihr?

Was sucht ihr, Pilger? Diese Frage müssen wir uns alle hier stellen. Vor allem ihr, liebe Jugendliche, die ihr jetzt das Leben vor euch habt. (...) Mit den Worten Christi frage ich euch: 'Was wollt ihr?' Sucht ihr Gott? Die spirituelle Tradition des Christentums unterstreicht nicht nur die Bedeutung unserer Suche nach Gott. Sie hebt etwas viel Wichtigeres hervor: Dass Gott es ist, der uns sucht. Er kommt uns entgegen.

Santiago de Compostela, 19. August 1989

Gemeinsame Wurzeln

Nach Beendigung des Kongresses tritt der Papst eine Pilgerreise zu den Orten an, die Kolumbus bereiste: zunächst Huelva, dann Moguer, wo die dritte Karavelle gebaut wurde, die Niña, an die noch vieles erinnert; Palos de la Frontera mit seiner wunderschönen gotischen Kirche des heiligen Georg des Märtyrers, in deren Innerem die Mannschaft die Sakramente erhielt, und zum Abschluss das Marienkloster von La Rábida, wo sich Kolumbus vor seiner Abreise aufhielt und die erste Seite seines Schiffstagebuchs schrieb. Alljährlich am 12. Oktober treffen sich

hier Vertreter der iberischen Länder und Lateinamerikas, um sich vor der Kirche Nuestra Señora de los Milagros ihrer gemeinsamen geistigen und kulturellen Wurzeln zu besinnen und sie erneut zu stärken.

Die Krönung der Nuestra Señora de los Milagros in La Rábida, vor der einst Kolumbus betete.

Der Geschichte treu

Mit der Messe zur Kanonisierung des seligen Enrique de Ossó y Cervelló am 16. Juni 1993 auf der Plaza de Colón in Madrid nimmt Johannes Paul II. Abschied von Spanien. Auf dem nach Kolumbus benannten Platz kreuzen sich zwei breite Straßen, sodass die Menschenmenge – eine Million Gläubige – ein kreuzförmiges Bild ergibt. Nachdem der Papst das erzieherische Werk Don Enriques in einer so schwierigen Zeit wie der des Bürgerkriegs lobend hervorgehoben hat, kommt er erneut auf die Themen zu sprechen, die ihm am meisten am Herzen liegen: die Familie, den Schutz des Lebens und die Gefahren der Verweltlichung. Zum Abschied dann legt er den Spaniern noch einmal die folgenden Worte ans Herz: „Eine Nation wie diese darf es nicht zulassen, dass sich der geistige Reichtum verwässert, der so viel Gutes in der Geschichte bewirkt hat. Gebt euren christlichen Wurzeln neue Lebenskraft! Bleibt dem katholischen Glauben treu, denn er hat euch den Weg eurer Geschichte erleuchtet."

So schließt sich nach elf Jahren der Kreis, der während der ersten Spanienreise seinen Anfang nahm mit der Aufforderung an Europa, sich selbst wiederzufinden.

Wahrheit

In den osteuropäischen Ländern ist das marxistische System zusammengebrochen, das Gleichberechtigung und Gerechtigkeit versprochen hatte, dabei jedoch Gott aus den Herzen der Menschen zu vertreiben suchte; (...) andererseits können wir aber auch dem kapitalistischen System gegenüber nicht sicher sein, wenn es sich eine radikale Ideologie zu eigen macht, die es ablehnt, die Erscheinungen menschlicher Entfremdung auch nur zu erwägen und ihre Lösung einem blinden Glauben der freien Entfaltung der Marktkräfte überlässt. (...) Die Kirche steht auf der Seite des Menschen, immer, aber besonders dann, wenn er vergessen wird.

Feststellungen

Wir sehen heute eine wachsende Säkularisation, die versucht, Gott und die religiöse Wahrheit von den menschlichen Angelegenheiten auszuschließen. Wir stehen einem trügerischen Relativismus gegenüber, der die absolute Wahrheit Christi und die Glaubenswahrheiten untergräbt (...). Wir sind mit einem materialistischen Konsumzwang konfrontiert, der oberflächlich anziehende, aber nichtige Versprechungen macht und materiellen Komfort um den Preis einer inneren Leere verschafft. Wir stehen vor einem verführerischen Hedonismus, der eine ganze Serie von Genüssen anbietet, die nie das menschliche Herz befriedigen können.

Menschliche Förderung

Männer aller Positionen und Ideologien, die ihr mir zuhört: Vernehmt das Flehen, das ich an euch richte! Vernehmt es, denn ich richte es an euch aus der Tiefe meines Glaubens, meines Vertrauens und meiner Liebe zum leidenden Menschen! (...) Denkt daran, dass jeder Mensch euer Bruder ist und werdet zu achtungsvollen Verteidigern

Zerbrochene Träume

Den neuen Menschen schaffen: Ist das nicht der Traum vieler Ideologien gewesen, die im Verlauf vieler Jahrhunderte aufeinander gefolgt sind und die ebenso oft zu Füßen dieses Menschen zusammenbrachen, der jeder von uns ist! Sie zeigen nur die dramatische Macht und zugleich Gebrechlichkeit seines Daseins an. Diesem Menschen hat Gott den Sinn seiner Existenz und seines Lebens offenbart und machte ihn damit zu einem neuen Geschöpf, einem neuen Menschen.

seiner Würde! Über alle sozialen, politischen, ideologischen, rassischen und religiösen Unterschiede hinweg soll immer in erster Linie das Leben eures Bruders gesichert sein, das Leben jedes Menschen. Wir müssen bedenken, dass

man den Bruder auch langsam, Tag für Tag, töten kann, wenn man ihm den Zutritt zu den Gütern verwehrt, die Gott zum Wohl aller (...) geschaffen hat. Diese menschliche Förderung ist ein wesentlicher Bestandteil der Evangelisierung und des Glaubens.

Ein alternatives Leben

Christsein, liebe, junge Freunde, bedeutet bereits, Ja sagen zu einem alternativen Leben, das sich nicht in den Bahnen dieser Welt erschöpft, sondern das Sinn und Ziel im Geheimnis Gottes hat. Christsein bedeutet bereits, Ja sagen zu einem alternativen Leben, das nicht mit allem einverstanden ist, was auf dieser Erde geschieht, sondern sich selbst kritisch einbringt und am Aufbau einer immer gerechteren Welt mitarbeitet. Christsein bedeutet bereits, Ja sagen zu einem alternativen Leben, das nicht alles für erlaubt hält, was der Mensch zu tun vermag, sondern das seine Verantwortung wahrnimmt für die gesamte Schöpfung, nämlich Leben zu erhalten, es zu beschützen und weiterzugeben. Denn Christsein bedeutet, sich zu Christus zu bekennen, der von sich gesagt hat: *Ich bin der Weg, die Wahrheit und das Leben* (Joh. 14,6). Im Bekenntnis zu ihm, dem Mensch gewordenen Gott, dem gekreuzigten und auferstandenen Herrn, könnt ihr auf sein Wort hin euer Leben wagen.

Die wahre Befreiung

Gegenüber so vielen anderen Humanismen, die häufig in einer streng wirtschaftlichen, biologischen und psychischen Sichtweise des Menschen verhaftet sind, hat die Kirche das Recht und die Pflicht, dem Menschen die Wahrheit zu verkünden, jene Wahrheit, die ihr von Jesus Christus selbst, ihrem Lehrmeister, übertragen wurde. Möge Gott sie beschützen, damit sie durch keinen äußeren Zwang daran gehindert wird. Aber möge Gott sie vor allem davor beschützen, dass sie aus Furcht oder aus Zweifel von ihrem Tun ablässt, oder auch dadurch, dass sie sich von anderen Humanismen hat anstecken lassen und ihr das Vertrauen in die ureigene Botschaft abhanden gekommen ist.

Geistige Entwicklung

Der Mensch darf daher nicht als bloßes Produktionsmittel gelten. Er ist vielmehr seiner menschlichen Würde und seinen Bedürfnissen entsprechend zu behandeln, die nicht nur materieller, sondern auch kultureller und geistiger Art sind.

• Sorrent, Italien
19. März 1992

• San Francisco, USA
18. September 1987

• Guatemala-City, Guatemala
7. März 1983

• Einsiedeln, Schweiz
15. Juni 1984

• Puebla, Mexiko
28. Januar 1979

• Trivandrum, Indien
8. Februar 1986

Zerbrochene Träume
• Camerino, Italien
18.–19. März 1991

DEUTSCHLAND

Alle sollen eins sein

15.-19. November 1980

30. April-4. Mai 1987

21.-23. Juni 1996

Die drei in fast regelmäßigen Abständen erfolgten Reisen Johannes Pauls II. nach Deutschland fielen in jeweils unterschiedliche Phasen sowohl des Pontifikats als auch der deutschen Geschichte. Den bleibendsten Eindruck wird wohl die letzte Reise hinterlassen, als der Papst am 23. Juni 1996 im endlich vereinten Berlin das Brandenburger Tor von West nach Ost durchschritt. Die Stadt, die lange Zeit hindurch als Symbol der Teilung gegolten hatte, steht nun im Zeichen der Wiedergeburt und der Freiheit. Johannes Paul II. weist jedoch auch auf die Gefahren hin, die die Freiheit in sich birgt, wenn Menschen und Völker sie nicht auf die Grundlage der Wahrheit stellen. „Lasst es nicht zu, dass sich die Abkehr vom Christentum weiter ausbreitet", ermahnt der Papst; „ihr sollt das Salz der Erde sein und das Licht der Wahrheit Gottes in alle Bereiche des Lebens tragen". Nach diesem Auftrag handelten Edith Stein und Pater Rupert Mayer, die beide während der zweiten Reise in die Bundesrepublik im Jahr 1987 selig gesprochen werden, und die Geistlichen Karl Leisner und Bernhard Lichtenberg, die unter dem Naziregime in Dachau den Märtyrertod starben und 1996 von Johannes Paul II. selig gesprochenen werden.

Schon vor der Wiedervereinigung ist Deutschland für Karol Wojtyla ein Land von entscheidender Bedeutung, ist es doch die Heimat Martin Luthers, der das wohl schmerzlichste Schisma in der römischen Kirche auslöste. Das Eintreten Johannes Pauls II. für die Ökumene ist nur allzu bekannt, ebenso sein unermüdlicher Einsatz, die verschiedenen religiösen Konfessionen anzusprechen. Sein größtes Anliegen ist jedoch die Einheit der christlichen Seelen, so wie einst. Am Vorabend seiner ersten Reise nach Deutschland (im November 1980, dem

Oben Mitte: Eine nächtliche Ansicht vom menschenüberfüllten Altötting; rechts ist die erleuchtete Gnadenkapelle zu erkennen (1980).

Rechts: Die bayerischen Trachten beleben die Bilder während der teils sehr verregneten ersten Pontifikalreise in die Bundesrepublik.

Oben: Johannes Paul II. vor dem Mainzer Dom; in Mainz kam es auch zu Begegnungen mit Gastarbeitern und dem Rat der Evangelischen Kirche Deutschlands.

Links: Der Papst mit Bundespräsident Carstens bei der Ankunft in Köln am 15. November 1980.

Partnerschaft

Das Jahr 1989 hat die Welt radikal verändert. Die eine Welt wächst immer enger und schneller zusammen. (...) Aber dieses Zusammenwachsen von Nord, Süd, Ost und West muss menschenwürdig gestaltet werden. (...) Die Welt hofft auf ein Miteinander der Nationen und Staaten, das die Lebensrechte aller Menschen respektiert und ihre Entwicklung fördert.

Paderborn, 22. Juni 1996

DEUTSCHLAND

Bundesrepublik (seit dem 3.10.1990 mit der Deutschen Demokratischen Republik wiedervereinigt)

Fläche:	357 021 km²
Bevölkerung:	82 012 000 Einwohner (Schätzung 1997)
Hauptstadt:	Berlin
Amtssprache:	Deutsch
Religion:	41,2 % Protestanten, 40,6 % Katholiken, 3 % Moslems, orthodoxe und jüdische Minderheiten

700. Todestag des heiligen Albertus Magnus) mag so mancher erwartet haben, dass die Deutschen ihm einen eher kühlen Empfang bereiten würden. Doch dieser Papst gibt nicht so schnell auf: Seine Kommunikationsbereitschaft, sein Lächeln und seine Entschlossenheit schlagen unerwartet eine Brücke zum deutschen Volk. Über das Fernsehen verfolgen Millionen von Menschen seine Reise. Einige Tageszeitungen sprechen gar von einem „Jahrhundertereignis".

Bescheidenheit und Klarheit

Dass die Reise ein Erfolg werden wird, zeichnet sich bereits bei der Ankunft des Papstes auf dem Militärflughafen Butzweiler Hof in Köln ab, als er trotz des schlechten Wetters von 500 000 Menschen begeistert empfangen wird. Dabei war es nie die Art des Papstes, sich Sympathien dadurch zu erobern, dass er kontroverse und möglicherweise auch strittige Themen verschweigt. Ganz im Gegen-

Familie und Zukunft

Die Endgültigkeit der ehelichen Treue, die heute vielen nicht mehr verständlich erscheinen will, ist ebenfalls ein Ausdruck der unbedingten Würde des Menschen. Man kann nicht nur auf Probe leben, man kann nicht nur auf Probe sterben. Man kann nicht nur auf Probe lieben, nur auf Probe und Zeit einen Menschen annehmen. (...) Die Ehe ist der einzig angemessene Ort für die Zeugung und Erziehung von Kindern. Darum ist die eheliche Liebe ihrem Wesen nach auch auf Fruchtbarkeit ausgerichtet.

Köln, 15. November 1980

Oben: Kevelaer, 2. Mai 1987; der Papst klopft an das Portal der Marienbasilika, bevor er dem Bild der Gnadenmuttergottes huldigt. Unten: Die Aussendung des "Altenberger Lichts", das von Jugendlichen nach Auschwitz getragen wird.

teil; in seiner aufrüttelnden Predigt zum Thema Ehe und Familie in Köln beispielsweise unterstreicht Wojtyla mit Nachdruck die wesentlichen Punkte der katholischen Doktrin: die Unauflöslichkeit der Ehe sowie die Verurteilung der Abtreibung als falsches Instrument der Familienplanung. Das eigentliche Geheimnis seiner Persönlichkeit jedoch – wie die linksliberale *Süddeutsche Zeitung* nach Beendigung der Reise hervorheben wird – ist neben der Menschlichkeit und tiefen Gläubigkeit, die er ausstrahlt, sein bescheidenes und niemals herablassendes Wesen.

Dies gilt vor allem auch für jene zahlreiche Situationen, in denen der Papst das Thema Ökumene und Dialog zwischen Katholiken und Protestanten aufgreift. Beispielhaft für die vom Papst angestrebte Einheit und den versöhnlichen Ton, mit dem er den Weg dahin zu ebnen versucht, ist das Zusammentreffen vom 17. November in Mainz, zunächst mit den Vertretern des Rates der Evangelischen Kirche Deutschlands und anschließend mit den Ver-

Die Freiheit verlangt Opfer

Die Freiheit ist ein überaus kostbares Gut, das einen hohen Preis verlangt. Sie verlangt Hochherzigkeit, und die schließt Opferbereitschaft mit ein; sie verlangt Wachsamkeit und Mut gegenüber den Kräften, die sie von innen oder von außen bedrohen. In der Haltung der Opferbereitschaft sind im alltäglichen Leben viele Menschen mit Selbstverständlichkeit zum Verzicht bereit – in der Familie oder unter Freunden. Opfer für die Freiheit bringen die, die für die Verteidigung nach innen oder nach außen Nachteile in Kauf nehmen, die anderen erspart bleiben – bis hin zu Gefahren für Leib und Leben. Keiner kann sich von seiner persönlichen Verantwortung für die Freiheit lossprechen. – Es gibt keine Freiheit ohne Opfer.

Berlin, 23. Juni 1996

Links: Das Zusammentreffen mit der Deutschen Bischofskonferenz in Köln (1987).

Darunter: Das Treffen mit Bundeskanzler Helmut Kohl.

Unten: Die feierliche Seligsprechung des Jesuiten Rupert Mayer, eines Apostels der Barmherzigkeit während der grausamen Nazizeit, gehörte zum Höhepunkt des Aufenthalts in München am 3. Mai 1987.

tretern anderer christlicher Kirchen. Johannes Paul II. setzt an dem Punkt an, der zum Auslöser für die Trennung wurde – der Pilgerreise Martin Luthers 1510 nach Rom –, um da anzuknüpfen, wo der Faden des Dialogs abgerissen ist. „Heute komme ich zu Ihnen", sagt der Papst, „zu den geistlichen Erben Martin Luthers; ich komme als Pilger. Ich komme, um mit dieser Begegnung in einer gewandelten Welt ein Zeichen der Verbundenheit in den zentralen Geheimnissen unserers Glaubens zu setzen." Und auffordernd fügt er hinzu: „Wir müssen uns bewusst werden, dass wir alle der Umkehr bedürfen. Es gibt kein christliches Leben ohne Buße. Es gibt keine echte Ökumene ohne innere Bekehrung." Von der Einheit

Treue Hirten

Verkündet das Wort in aller Eindeutigkeit, unbeirrt durch Beifall oder Ablehnung! Nicht wir befördern letztendlich Erfolg oder Misserfolg des Evangeliums, sondern Gottes Geist. Die Gläubigen und die Nichtglaubenden haben ein Recht darauf, eindeutig die authentische Botschaft der Kirche zu hören.

Fulda, 17. November 1980

An einem historischen Ort: Johannes Paul II. und der deutsche Kanzler Helmut Kohl vor dem Brandenburger Tor; am 23. Juni 1996 besucht Johannes Paul II. zum ersten Mal das wiedervereinigte Deutschland.

der Christen hat Johannes Paul II. bereits in Osnabrück gesprochen, und auch in Fulda, nur wenige Kilometer von der Grenze zur DDR entfernt, greift er das Thema wieder auf. Dieser Ort ist von großer symbolischer Bedeutung, hatte Wojtyla hier doch zwei Jahre zuvor, noch als Kardinal, gemeinsam mit dem Primas von Polen, Stefan Wyszinski, die endgültige Versöhnung zwischen Polen und Deutschen bekräftigt.

Das Schicksal Europas

Gegen Ende seiner Reise des Jahres 1987 in die Bundesrepublik werden die ökumenischen Themen besonders angesprochen, und der Papst bekundet erneut seine Absicht, dort wieder anfangen zu wollen, wo das Gespräch abgebrochen wurde. Von Augsburg aus, wo 1530 mit der Unterzeichnung der Confessio Augustana der letzte Versöhnungsversuch zwischen Katholiken und Protestanten stattfand, baut er den deutschen Brüdern eine neue Brücke: „Das Wort des Evangeliums ist uns mit allen Christen gemeinsam über noch bestehende Grenzen hinweg." Und im Dom zu Speyer lässt der Papst noch einmal die Hoffnung erklingen, die auf den bronzenen Eingangsportalen prophetisch heraufbeschworen wird: *Ut unum sint*, sie sollen eins sein. Diese Einheit scheint eine notwendige Grundlage für den Wiederaufbau eines christlichen Europa zu sein, und das Schicksal Europas wiederum ist aufs engste mit Deutschland verbunden.

Der erste Teil des Papst-Besuchs im Jahr 1987 ist von bedeutenden Persönlichkeiten geprägt, von Männern und Frauen, die in den finsteren Zeiten der Naziherrschaft vom Evangelium Zeugnis ablegten. Zu ihnen zählt Edith Stein, Schwester Teresia Benedicta vom Kreuz, die aus einer laizistischen Lebenshaltung heraus zum katholischen Glauben übergetreten war und – da sie aus einer jüdischen Familie stammte – 1942 in Auschwitz ermordet wurde. Papst Wojtyla,

Der Geist des Evangeliums

Liebe Schwestern und Brüder, die Kirche ist nicht für sich selbst da, sondern für das Heil der Welt. Ihre Einheit kann nicht die einer „geschlossenen Gesellschaft" sein. Sie soll vielmehr eine missionarische Gemeinschaft bilden, die mitten in der Welt Zeugnis ablegt von der größeren Hoffnung, die uns Christen bewegt. (...) ,Die Kirche ist ja in Christus gleichsam das Sakrament, das heißt, Zeichen und Werkzeug für die innigste Verbindung mit Gott wie für die Einheit der ganzen Menschheit' (Lumen Gentium, 1). Deshalb gehört es zur Berufung der Kirche, nicht teilnahmslos an den Sorgen und Nöten der Menschen vorbeizugehen, sondern die Gesellschaft im Geist des Evangeliums zu inspirieren. Der christliche Glaube strebt danach, dass Gottes Wille geschieht im Himmel und auf Erden. Darum muss er auch die Bereiche der Politik, der Wirtschaft und der Kultur beseelen; sonst wird er seiner Berufung nicht gerecht.

Paderborn, 22. Juni 1996

Links: Der Papst verabschiedet sich am Brandenburger Tor von Deutschland; in seinem Abschiedswort spricht er von der „friedlichen Revolution des Geistes", die zum Fall der Mauer geführt hat, und ermahnt die Deutschen, „den Geist nicht auszulöschen".

Unten: Im Berliner Olympiastadion fanden die Feierlichkeiten zur Seligsprechung der beiden Priester Bernhard Lichtenberg und Karl Leisner, zweier Märtyrer dieses Jahrhunderts, statt.

bekanntermaßen an philosophischen Fragestellungen sehr interessiert, würdigt die unermüdliche Suche der einstigen Husserl-Schülerin nach Wahrheit und stellt ihr Leben als tragische Synthese unseres Jahrhunderts und als Parabel der Gottesfindung dar.

Christus folgen

Eine weitere große Persönlichkeit ist der heroische Jesuitenpater Rupert Mayer, der sich dem Regime Hitlers furchtlos entgegenstellte. Er überlebte zwar das Konzentrationslager und die lange Zeit der Internierung, starb jedoch noch 1945 eines natürlichen Todes. Seine „Entschlossenheit, Christus zu folgen", erklärt der Heilige Vater, verlieh ihm seine Kraft, selbst in jener Zeit, als der Zeitgeist einer ganz anderen Richtung folgte. Und in Zeiten, in denen die Christen aufgefordert sind, die herrschende Gottlosigkeit energisch zu bekämpfen, ergeben sich solche Biographien fast zwangsläufig.

Die Worte, die der Papst bei seiner ersten Reise in die Bundesrepublik ausgesprochen hat, um ihr das Etikett eines hedonistischen und gottlosen Landes zu nehmen, gewinnen jetzt eine noch tiefere Bedeutung: „Ich sage Euch: Die Geschichte des Christentums in Eurem Land soll jetzt neu beginnen, und zwar durch Euch."

Im September 1983 besucht Johannes Paul II. zum ersten Mal Österreich. Der letzte Besuch eines Papstes in Wien liegt 201 Jahre zurück: eine Reise, die beim Volk zwar großen Anklang fand, nicht jedoch bei Kaiser Joseph II., der sich in keinster Weise bereit zeigte, auch nur einen Schritt von der Aufhebung der Klöster und der Unterwerfung der Ordensgeistlichkeit abzuweichen. Zweihundert Jahre später trifft Papst Wojtyla ein Land mit einer mehrheitlich katholischen Bevölkerung an, das – wie das gesamte alte Europa – zur Sorge Anlass gibt: Reichtum, Konsumdenken und mangelnde Achtung vor dem Leben drücken sich in hohen Abtreibungs- und Selbstmordraten sowie in Scheidungsrekorden aus. Diese Missstände sind, wie bereits gesagt, im Herzen Europas weit verbreitet, und so ist es kein Zufall, dass Johannes Paul II. seinen Appell „Aufbruch zum Leben" auch an die Bewohner des kleinen, aber wohlhabenden Fürstentums Liechtenstein richtet, das er 1985 besucht. Am 12. September wird in einem feierlichen Gottesdienst in der Wallfahrtskirche Mariazell des Sieges über die Türken vor dreihundert Jahren gedacht.

Aufbruch zum Leben

10.-13. September 1983

8. September 1985

23.-27. Juni 1988

19.-21. Juni 1998

Wie man sich gegen diese Verarmung des Glaubens wehrt, legt Johannes Paul II. bei diesem Besuch dar: Verteidigung der Familie und der ehelichen Werte, Liebe und Erziehung der Kinder sowie inständiges Beten. „Die katholische Kirche", betont der Papst während der Messe in dem kleinen Fürstentum, „wird nicht aufhören, all jene Grundsätze gänzlich und uneingeschränkt zu wiederholen und stets aufs Neue hervorzuheben, die die Übel des außerehelichen Zusammenlebens, der ehelichen Untreue, der stetig zunehmenden Scheidungen, des Ehemissbrauchs und der Abtreibung betreffen."

Der nur ungefähr zehn Stunden dauernde Besuch Liechtensteins erfolgte auf die herzliche Einladung des 80-jährigen Fürsten Franz Joseph, der 1983 selbst nach Rom pilgerte. Trotz der wenigen Zeit, die ihm zur Verfügung steht, hält der Heilige Vater sechs Ansprachen und besucht verschiedene Orte; er verleiht dem Besuch

ÖSTERREICH

Bundesrepublik

Fläche:	83 859 km²
Bevölkerung:	8 046 000 Einwohner (Schätzung 1995)
Hauptstadt:	Wien
Amtssprache:	Deutsch
Religion:	84 % Katholiken, 423 000 Protestanten, 12 000 Juden und 9 162 Moslems

In Mauthausen

Einer ist *der Mann der Schmerzen*, der allen Menschen der Schmerzen treu gewesen ist, hier, in Mauthausen, und wo immer in der Welt sie durch ein unmenschliches System Verachtung erduldet haben oder noch erdulden. (...) Christus! Christus so vieler menschlicher Leiden, Demütigungen und Verwüstungen. Christus, gekreuzigt und auferstanden. An einem Ort - einem von so vielen –, die aus der Geschichte unseres Jahrhunderts nicht ausgelöscht werden können – ich (...) bitte dich inständig: Bleibe! Bleibe und lebe fort in unserer Zukunft! Bleibe und lebe fort! Wohin sollen wir gehen? Du allein hast die Worte des Lebens, die der Tod nicht verhüllt, nicht zerstört hat.

Mauthausen, 24. Juni 1988

das charakteristische Gepräge einer Reise für das Leben im Sinne der Muttergottes, deren Geburtstag überdies an diesem 8. September begangen wird.

Fünfzehn Jahre nach dem ersten Papstbesuch in Österreich hat sich die Situation auch bei seiner dritten und letzten Reise nicht verändert, im Gegenteil: Die Lage hat sich weiter verdüstert, zumal die österreichische Kirche mit inneren Spannungen zu kämpfen hat, die sich zu einer Zerreißprobe zwischen Progressiven und Konservativen entwickeln; sie alle stellen eher das Trennende als das Versöhnende in den Vordergrund.

Gegenüberliegende Seite oben: Das Kreuz, das zur Erinnerung an den Papstbesuch auf dem Wiener Heldenplatz aufgestellt wurde.

Unten: Die „Europa-Vesper" auf dem Wiener Heldenplatz (September 1983).

Oben: Johannes Paul II. feiert am 27. Juni 1998 die Messe im Innsbrucker Bergisel-Stadion.

Links: Beim Besuch des Konzentrationslagers Mauthausen, in dem 110 000 Menschen ihr Leben lassen mussten.

Schwierige Wahrheiten

Dies bekommt auch Johannes Paul II. zu spüren. Dabei sind es weniger die vereinzelten kritischen Töne, als eine gewisse Kühle und Gleichgültigkeit, die dem alten Papst entgegengebracht werden, der es bisher gewohnt ist, von den Massen umjubelt zu werden. So finden sich am 21. Juni 1998 zur Abschlussmesse auf dem Wiener Heldenplatz, wo sich 1983 über 100 000 Menschen versammelt hatten, gerade 40 000 bis 50 000 Gläubige ein. Dem Papst bereiten die Wurzeln dieses Übels mehr als alles andere Sorge; er befasst sich nicht mit den Details der Streitigkeiten, sondern mit den großen Themen. Er lobt das Engagement der Laien in der Kirche, erteilt jedoch den Forderungen nach mehr Demokratie, die für die Kirche schädlich sein könnte, ein klare Absage. „Das Lehramt", erläutert der Papst, „ist keine Erfindung der Menschen, um Macht über die Seelen auszuüben. Christus selbst hat uns diese Aufgabe anvertraut, damit sein göttliches Wort, aus menschlichem Munde vorgetragen, zu ‚Stab und Hirtenrute', Orientierung und Unterstützung werde." Erneut verurteilt Johannes Paul II. Abtreibung und Euthanasie als Angriffe auf das Leben und regt dazu an, einen fruchtbaren Boden für die Berufung zum Priesteramt zu schaffen.

Mag Österreich auch der Indikator sein für die Übel des alten Kontinents, so kann dieses – für das friedliche Zusammenleben verschiedener Völker beispielhafte – Land doch auch zum Grundstein für die Errichtung eines neuen Europa werden. „Auf diese Weise weitet mein Besuch unseren Blick über die Grenzen dieses Landes auf ganz Europa", sagt der Papst 1998 bei seiner Ankunft in Salzburg, „auf alle Völker dieses Kontinents, mit ihrer Geschichte, vom Atlantik zum Ural, von der Nordsee bis zum Mittelmeer. Österreich hat in besonderer Weise dessen Geschicke

Berufungen

Neue Berufungen sind auch heute möglich durch den Heiligen Geist. Dafür muss man eine Umgebung schaffen, die dem Hören auf Gottes Anruf förderlich ist. Große Bedeutung kommt dabei den Pfarrgemeinden zu. Wenn dort eine Haltung wahrer Treue zum Herrn gelebt wird und ein Klima tiefer Religiosität und ehrlicher Bereitschaft zum Zeugnis herrscht, ist es für einen Berufenen leichter, mit ‚Ja' zu antworten. (...) Bei aller Anerkennung und Wertschätzung für die kostbaren Dienste der Laien in den Pfarrgemeinden darf man nicht vergessen: Im sakramentalen Bereich kann der Laie nie das ersetzen, was den Priester auszeichnet. Letztlich kann ein Priester nur von einem Priester ersetzt werden.

St. Pölten, 20. Juni 1998

geteilt und entscheidend mitbeeinflusst. Es zeigt exemplarisch, wie eine Vielzahl von Volksstämmen auf begrenztem Raum spannungsreich zusammenleben und mit schöpferischer Gestaltungskraft in der Vielfalt Einheit schaffen kann. Auf dem Territorium des heutigen, im Verhältnis zu anderen Ländern kleinen Österreich haben sich die Wesenszüge von Kelten und Romanen, von Germanen, Ungarn und Slawen eingeprägt und in der Bevölkerung lebendig erhalten. So wird Österreich zum Spiegel und Modell für ein vereintes Europa, das nicht ausgrenzt, sondern Platz hat für alle."

Gegenüberliegende Seite oben links: Die Messe mit Seligsprechungen auf dem Wiener Heldenplatz am 21. Juni 1998.

Unten: Die festliche Eucharistiefeier im Salzburger Dom am 19. Juni 1998.

Mitte: Begegnung mit den Würdenträgern in der Wiener Hofburg.

Links: Beim Gebet in der Kathedrale von St. Pölten.

Das Sinnbild des Schmerzes

Auch die Reise des Papstes nach Österreich im Juni 1988 ist ein Lobpreis des Lebens und eine Hymne an die Wiedergeburt des Glaubens. Die Aufforderung zu einer zweiten Christianisierung Europas ist eine Konstante dieser apostolischen Reise. Der ergreifendste Moment dieses zweiten Österreich-Besuches ist indes der Besuch im Konzentrationslager Mauthausen am 24. Juni. Schon am Morgen, anlässlich des Zusammentreffens mit den Vertretern der jüdischen Gemeinde Österreichs, hatte der Papst daran erinnert, dass hier vor fünfzig Jahren die Synagogen brannten. „Der Schoah gedenken", sagte er, „bedeutet hoffen und sich dafür einsetzen, dass sich etwas Derartiges niemals wiederholt". Am Nachmittag trifft der Papst in dem ehemaligen Konzentrationslager ein, in dem 110 000 Menschen umkamen. Nach einem kurzen Verweilen auf dem Appellplatz besichtigt er die ehemalige Wäscherei des Lagers: Hier kamen ältere und gebrechliche Lagerinsassen um, die in eiskaltes Wasser getaucht wurden. Fünfzig Jahre später wird dieser Ort des Leidens und der Qualen zu einer Kapelle, in der der Papst ein kurzes gemeinsames Gebet hält. In der anschließenden Rede wird die Tragödie der Konzentrationslager zum Sinnbild für die Leiden des Menschen, sei es als Täter oder Opfer, die sich durch die Geschichte hindurchziehen. Das Lager, Mauthausen wird somit zum Inbegriff des Schmerzes als ständigem Begleiter des Menschen durch die Jahrhunderte. Zum Zeichen der Hoffnung hält der Papst diesem Leid das Kreuz der Erlösung entgegen.

Freiheit

Jesus Christus geht dem Menschen jeder Epoche, auch der unseren, mit den gleichen Worten entgegen: „Ihr werdet die Wahrheit erkennen, und die Wahrheit wird euch frei machen." Diese Worte schließen eine wesentliche Forderung und zugleich eine Ermahnung ein: die Forderung eines ehrlichen Verhältnisses zur Wahrheit als Bedingung einer authentischen Freiheit; und die Ermahnung, dass jede nur scheinbare Freiheit, jede oberflächliche und einseitige Freiheit und jede Freiheit, die nicht von der ganzen Welt geprägt ist, vermieden werde.

Die befreiende Wahrheit

Nach Jesus hängt die echte Freiheit vor allem von der Kenntnis der ganzen Wahrheit über das Geheimnis Gottes ab, die er ja verkündet und bezeugt hat, und dann, in der Folge, von der Loslösung vom Bösen, d. h. von der Sünde als Übertretung des Moralgesetzes. (...) Dieses Geschenk der Freiheit bringt also eine schwere Verantwortung mit sich: die hohe und unverzichtbare Aufgabe, dem Gesetz Gottes anzuhängen. Daher gebraucht derjenige seine Freiheit voll und ganz, der aus ihr die größte Liebe zu den Mitmenschen zu gewinnen weiß. (...) Der Gebrauch der Freiheit muss daher im Licht der christlichen Wahrheit und mit Hilfe der Gnade zu Liebe und Hingabe werden, muss also die Früchte des Geistes bringen, die Freude, Friede, Geduld, Wohlwollen und Güte sind. In der Sprache des heiligen Augustinus möchte ich sagen: Die Wahrheit hat uns frei gemacht; die Liebe muss uns nun zum gegenseitigen Dienen hinführen!

In Wahrheit Mensch sein

Der Mensch ist zur Freiheit berufen. Freiheit bedeutet nicht das Recht zur Beliebigkeit. Freiheit ist kein Freibrief! Wer aus der Freiheit einen Freibrief macht, hat der Freiheit bereits den Todesstoß versetzt. Der freie Mensch ist vielmehr der Wahrheit verpflichtet. Sonst hat seine Freiheit keinen festeren Bestand als ein schöner Traum, der beim Erwachen zerbricht. Der Mensch verdankt sich nicht selbst, sondern ist ein Geschöpf Gottes; er ist nicht Herr über sein Leben und über das der anderen; er ist (...) ein Hörender und ein Horchender.

Ein respektvoller Vorschlag

Die Mission bezwingt die Freiheit nicht, sondern begünstigt sie. Die Kirche schlägt vor, sie drängt nichts auf. Sie respektiert die Menschen und Kulturen, sie macht Halt vor dem Heiligtum des Gewissens. Die katholische Kirche kann sich dem ausdrücklichen Auftrag Christi, die Liebe Gottes zu den Menschen und ihr Heil in Jesus Christus, seinem Sohn, zu verkünden, nicht entziehen. Sie erfüllt diesen Auftrag, indem sie sich an den Menschen im vollen Respekt vor

seiner Freiheit wendet. Die Mission bezwingt die Freiheit nicht, sondern begünstigt sie. Die Kirche schlägt vor, sie drängt nichts auf. Sie respektiert die Menschen und Kulturen, sie macht Halt vor dem Heiligtum des Gewissens. Vor denen, die sich unter den verschiedensten Vorwänden der Missionstätigkeit widersetzen, wiederholt die Kirche: *Öffnet Christus die Türen!*

Wachet

Was bedeutet wachen? Es bedeutet: Ich strenge mich an, ein Mensch mit Gewissen zu sein. Ich ersticke dieses Gewissen nicht, und ich verbiege es nicht; ich nenne das Gute und Böse beim Namen und verwechsle es nicht; ich lasse das Gute in mir wachsen und suche mich vom Bösen zu korrigieren und es in mir zu überwinden. Hier liegt das grundlegende Problem. Es ist umso mehr von Bedeutung, je zahlreicher die Umstände sind, die für das Dulden des Bösen zu sprechen scheinen und die Tatsache, dass wir leicht Entschuldigungen bei der Hand haben, vor allem die, dass die anderen es auch so machen.

Ein ethisches Wesen

Der Mensch erkennt sich als ethisches Wesen, das in der Lage ist, nach den Kriterien des Guten und des Bösen und nicht nur nach denen des Nutzens und des Gefallens zu handeln.

Wo ist euer Schatz?

In dieser Zeit, da man mit Staunen die Entfernungen schrumpfen sieht, da die Informationen überall augenblicklich verbreitet werden, stellen wir traurig fest, dass unter den Völkern andere ungeheure Abstände bestehen bleiben: tragische Ungleichheiten bei der Hoffnung auf Leben und den verfügbaren Mitteln für Bildung und Gesundheit, tief reichende Unterschiede beim Ausüben der Freiheit und eine tatsächlich sehr ungleiche Anerkennung der menschlichen Würde! Während alle sich näher kommen müssten, welche Last bedrückt unsere Brüder und Schwestern, wenn man sie als *Fremde*, *Flüchtlinge* und *Einwanderer* bezeichnet! Welchen Gebrauch machen wir von den Gütern der Erde, den Gütern des Verstandes und des Herzens?
Christus sagt uns: *Wo euer Schatz ist, da ist auch euer Herz.* So viele Schätze sind uns anvertraut; können wir sie aus Egoismus zurückhalten? Wie können wir übersehen, dass es gemeinsame Güter sind, Güter für das Leben einer einzigen Menschheit?

• Enzyklika Redemptor Hominis, Nr.12

• San Marino
29. August 1982

• Lissabon, Portugal
10. Mai 1991

• Jasna Gora, Polen
14. August 1991

• Die Schwelle der Hoffnung überschreiten, Kap. 5

• Dakar, Senegal
21. Februar 1992

In Wahrheit Mensch sein
• Berlin, Deutschland
23. Juni 1996

Ein Friedensdienst

15. Juni 1982

12.-17. Juni 1984

8. September 1985

In den ersten zwanzig Jahren seines Pontifikats betritt Johannes Paul II. dreimal schweizer Boden. Als Pastoralreise in die Schweizer Konföderation gilt allerdings nur der Besuch des Jahres 1984, da der Papst ein Jahr später, von Liechtenstein aus, nur einen kurzen Abstecher nach Kloten macht, und sein erster Aufenthalt im Jahre 1982 vorwiegend den in Genf residierenden internationalen Organisationen gilt.

Jener erste, wenn auch nur fünfzehn Stunden dauernde Besuch ist für Johannes Paul II. dennoch von großer Wichtigkeit, zumal sich ihm in verschiedenen Begegnungen die Möglichkeit bietet, die Eckpfeiler der menschlichen und christlichen Auffassung von der Arbeit darzulegen (1981 wurde die Enzyklika Laborem exercens veröffentlicht, die sich mit diesem Thema auseinander setzt). Höhepunkt ist seine Rede vor der 68. Tagung der Internationalen Konferenz für Arbeit unter der Schirmherrschaft der OIT, der Organisation International du Travail. „Die menschliche Arbeit", erläutert Papst Wojtyla, „(...) eint die Menschen, denn jeder Mensch sucht in der Arbeit die Verwirklichung seines Menschseins (...)." Das sich daraus ergebende allgemeine Recht auf Beschäftigung steht im krassen Gegensatz zu dem Mangel an Arbeitsplätzen, von dem selbst die reichsten Gesellschaften betroffen sind. Es ist daher notwendig, eines der wichtigsten Konzepte in der sozialen Doktrin der Kirche umzusetzen: die Solidarität als Mittel zur Errichtung einer gerechteren Gesellschaft.

Die Pastoralreise in die Schweiz im Juni 1984 bedeutet nicht nur eitel Sonnenschein. „Die heutige katholische Schweiz" – so Hans Urs von Balthasar noch vor der Pontifikalreise – „neigt sehr dazu, ihre althergebrachte politische Demokratie mit dem Anspruch auf kirchliche Demokratie zu verwechseln." Hier, im Lande Lefebvres und Küngs, hat der Papst also die Aufgabe, die gegensätzlichen Strömungen zwischen Traditionalisten und Erneuerern wieder ins rechte Gleis zu bringen. Den im Kloster Maria Einsiedeln versammelten Bischöfen stellt er dringliche Fragen zu den Zielen des Glaubens und fordert sie auf, über die füh-

Die Solidarität ist der Schlüssel

Ich betone das mit Nachdruck: Sowohl auf nationaler wie auf internationaler Ebene setzt die positive Lösung des Beschäftigungsproblems, und insbesondere das der Arbeitsplätze für die Jugend, eine ganz starke Solidarität der Gesamtheit der Bevölkerung und aller Völker voraus (...)

Ich weigere mich zu glauben, dass die heutige Menschheit, die so großartige wissenschaftliche und technische Leistungen zu erbringen vermag, nicht imstande sein sollte, durch eine schöpferische Bemühung, die vom Wesen der menschlichen Arbeit und der (...) Solidarität inspiriert ist, gerechte und wirksame Lösungen für ein wesentlich menschliches Problem, wie es das Problem der Arbeitsplätze ist, zu finden.

Genf, 15. Juni 1982

SCHWEIZ

Bundesrepublik

Fläche:	41 288 km²
Bevölkerung:	6 470 000 Einwohner
Hauptstadt:	Bern
Amtssprache:	Deutsch, Französisch, Italienisch. 1990 waren 63,6 % der Bevölkerung deutschsprachig, 19,2 % französischsprachig und 7,6 % italienischsprachig, 0,6 % sprachen rätoromanisch
Religion:	48,89 % Katholiken und 44,3 % Protestanten

LIECHTENSTEIN

Konstitutionelle Monarchie

Fläche:	160 km²
Bevölkerung:	26 380 Einwohner
Hauptstadt:	Vaduz
Amtssprache:	Deutsch
Religion:	85,2 % Katholiken

rende Rolle der Kirche für die Menschen nachzudenken, ohne dabei ihre wichtigsten Bezugspunkte aus den Augen zu verlieren.

In einem Land wie der Schweiz kann die Ökumene natürlich nicht unerwähnt bleiben. „Vielleicht kommt der Tag", wandte sich der Pontifex an den Schweizerischen Evangelischen Kirchenbund, „wo Katholiken und Reformierte der Schweiz in der Lage sind, gemeinsam die Geschichte jener verwirrten und verwickelten Zeit mit der Objektivität zu schreiben, die nur eine tiefe Bruderliebe schenkt."

Im Land der Banken und Bankiers schließlich ruft der Papst dazu auf, die Ethik nicht von den Finanzen zu trennen. „Bemüht euch", ermahnt Johannes Paul II. vor dem Bundesrat, „mit eurer Wirtschaft und eurem Banksystem der Welt Friedensdienste zu erbringen."

Gegenüberliegende Seite: Die erste Reise Johannes Pauls II. in die Schweiz gilt vor allem den internationalen Institutionen: der Internationalen Arbeitsorganisation (unten) und dem Europäischen Kernforschungszentrum (Mitte).

Auf dieser Seite: Auch die zweiten Reise des Papstes im Juni 1984 dient internationalen Begegnungen. Links: Der Papst am Sitz des Ökumenischen Rats der Kirchen. Unten links: Ein Alphornbläser in Flüeli. Unten: Ein Bild vom dritten Besuch der Schweiz am 8. September 1985. Nach dem Abstecher nach Kloten begibt sich der Papst diesmal in die kleine konstitutionelle Monarchie Liechtenstein mit ihren 26 000 Einwohnern.

Im September 1979 trifft Johannes Paul II. zu seinem ersten und bisher einzigen Besuch in Irland ein. Über der Nation lastet das Klima des Bürgerkriegs in der angrenzenden Provinz Ulster, die von bewaffneten Konflikten zwischen Katholiken und Protestanten zerrissen ist. In den Siebzigerjahren haben die Auseinandersetzungen einen Höhepunkt erreicht – man denke nur an die Ermordung Lord Mountbattens, eines Onkels der Queen, im Jahre 1979. Dieser Pastoralbesuch ist daher unausweichlich auf die Themen Krieg und Frieden sowie Sinnlosigkeit des Hasses und der Gewalt ausgerichtet und ruft die Menschen zur Versöhnung auf. „Glaubt nicht", ermahnt der Papst, „dass Mut und Kraft durch Töten und Zerstören bewiesen werden. Wahrer Mut liegt in der Arbeit für den Frieden."

„Liebt auch eure Feinde"

29. September-1. Oktober 1979

Ferner weist er darauf hin, dass hinter den religiösen Zwistigkeiten zwischen Katholiken und Protestanten oft eigennützige Interessen des Systems oder der Ideologie stecken, die als die eigentlich Verantwortlichen für die Kämpfe anzusehen sind.

Wo immer er auftritt, ermahnt Wojtyla die Menschen zum Frieden als der einzigen Quelle des Glücks: bei seiner Ankunft in Dublin, wo er von einer Million Gläubigen erwartet wird, in Drogheda, nur wenige Kilometer von der Grenze zu Ulster entfernt, und ebenso in Galway, wo er mit

250 000 Jugendlichen zusammentrifft. In seiner Ansprache in Drogheda geht er auf das Thema Gewalt am ausführlichsten ein, wobei es ihm ein ganz besonderes Anliegen ist, die junge Generation (über die Hälfte der Bevölkerung Irlands ist jünger als 25 Jahre) anzusprechen und mit ihnen zu erörtern, worin die Wurzeln der Gewalt und dieses mittlerweile atavistischen Hasses liegen, der von den Vä-

Gewalt ist keine Lösung

(...) Meine lieben jungen Menschen! Wenn ihr euch auf die Wege der Gewalt begeben habt, ja selbst, wenn ihr Gewalttaten begangen habt, kommt zurück zu Christus (...). Und euch, Väter und Mütter rufe ich zu: Lehrt eure Kinder, wie man verzeiht; macht aus eurem Heim Stätten der Liebe und der Vergebung; macht aus euren Straßen und Nachbarschaften Zentren des Friedens und der Versöhnung.

Drogheda, 29. September 1979

IRLAND	
Parlamentarische Republik	
Fläche:	68 891 km²
Bevölkerung:	3 368 271 Einwohner (1979)
Hauptstadt:	Dublin
Amtssprache:	Irisch und Englisch
Religion:	2 795 596 Katholiken, 97 741 Anglikaner, 16 054 Presbyterianer

Gegenüberliegende Seite: Die Wallfahrtskirche in Knock (großes Foto) ist eines der geistigen Zentren Irlands. Die drei Statuen erinnern an die Erscheinung der Muttergottes mit dem heiligen Josef und dem heiligen Johannes im Jahre 1279. Offizieller Empfang auf dem Dubliner Flughafen (kleines Foto).

Links: Der Papst in Clonmacnois, dem Zentrum der künstlerischen Tradition Irlands.

Unten: Johannes Paul II. mit den Jugendlichen in Galway (links), und beim gemeinsamen Gebet mit dem Primas von Irland in Clonmacnois; auf dem Altar das Reliquiar des heiligen Manchan (rechts).

Schützt die Familie

Die christliche Familie war in der Vergangenheit Irlands größte geistige Quelle. Moderne Verhältnisse und soziale Umwandlungen haben neue Modelle und für das Familienleben bzw. die christliche Ehe neue Schwierigkeiten gebracht. Ich möchte euch sagen: Lasst euch nicht entmutigen! Folgt nicht dem Trend, wonach eine fest gefügte Familie als überholt anzusehen sei. Die christliche Familie ist für die Kirche und für die Gesellschaft heute bedeutender denn je.

Limerick, 1. Oktober 1979

tern auf die Söhne übertragen wird. Diese Wurzeln gilt es auszureißen und in den Familien ein Klima zu schaffen, das den Grundstein für eine friedliche Gesellschaft bildet. „Liebt auch eure Feinde“, sagt der Papst zu den Jugendlichen. „Was wäre das menschliche Leben, wenn Jesus diese Worte niemals ausgesprochen hätte?“ Das zweite große Thema seiner Pastoralreise ist die katholische Tradition Irlands, eines streng katholischen Landes mit heiligen Stätten, „an denen das Herz des ganzen Gottesvolkes sozusagen lebhafter schlägt“. Eine dieser Stätten, das Marienheiligtum in Knock, besucht Johannes Paul II. am 30. September. Ein weiterer Besuch gilt Clonmacnois, dem Zentrum der irischen Kunst, mit dem der Papst der Kunst seine Ehre erweist, die diese reichen Traditionen widerspiegelt.

GROSSBRITANNIEN

Möge der wahre Friede unerschütterlich sein

**28. Mai-
2. Juni 1982**

Der Besuch Johannes Pauls II. im Vereinten Königreich – für einen Papst ein absolutes Novum – verfolgt zwei Absichten. Die eine, zugleich ein konstantes Anliegen seines Pontifikats, ist sein Einsatz für die Versöhnung zwischen den Kirchen, wobei dem anglikanischen Glauben eine primäre Bedeutung zukommt. Der Traum vom ökumenischen Frieden scheint in dem Bild Papst Wojtylas und Robert Runcies, des Erzbischofs von Canterbury, Gestalt anzunehmen, als sie in ein Gespräch vertieft den prächtigen Kreuzgang der Kathedrale, der Wiege des englischen Christentums, entlanggehen. Die Meinungsunterschiede sind noch lange nicht beigelegt. Im Gegenteil, in den kommenden Jahren werden die doktrinären und ethischen Unterschiede zwischen der katholischen und der anglikanischen Kirche noch stärker hervortreten: vom Primat des Papstes und den Mariendogmen über das priesterliche Zölibat und die Frauenpriesterschaft bis hin zu den ewigen Konfliktpunkten Scheidung, Abtreibung und Geburtenregelung. Tatsache jedoch bleibt das gemeinsame Gebet des Papstes Seite an Seite mit dem Oberhaupt der Kirche Englands in jener Kathedrale, in der Thomas Becket von den Rittern Heinrichs II. ermordet wurde. Zu diesem symbolischen Bild der Versöhnung gesellen sich die Worte des Papstes, der in allen Städten, die er während seines fünftägigen Aufenthalts besucht, zur Versöhnung aufruft. Sei es in England, Schottland oder Wales, er will so viele Christen wie nur möglich ansprechen – nicht nur, um ihnen die Versöhnung nahe zu bringen, sondern auch den Heiligen Geist, die Berufungen und die

Versöhnung

In diesem Augeblick der Geschichte haben wir Versöhnung dringend nötig (...) zwischen den Nationen und den Völkern verschiedener Rassen und Kulturen (...), unter den Menschen verschiedener sozialer Schichten und Glaubensbekenntnisse, Versöhnung unter den Christen. In einer von Hass und Ungerechtigkeit entstellten und durch Gewalt und Unterdrückung gespaltenen Welt will die Kirche Sprecherin sein für die lebenswichtige Aufgabe der Förderung von Harmonie und Einheit und der Knüpfung neuer Bande der Verständigung und Brüderlichkeit.

London, Gatwick, 28. Mai 1982

GROSSBRITANNIEN

Konstitutionelle Monarchie

Fläche:	244 023 km²
Bevölkerung:	55 883 100 Einwohner
Hauptstadt:	London
Amtssprache:	Englisch
Religion:	Die große Mehrheit sind Protestanten: in England Anglikaner und in Schottland Presbyterianer; 5 001 892 Katholiken

Gegenüberliegende Seite: Die Umarmung von Robert Runcie, dem Erzbischof von Canterbury und Oberhaupt der anglikanischen Kirche (links), und die Ankunft in Glasgow (rechts).

Auf dieser Seite, von oben im Uhrzeigersinn: Einzug in die anglikanische Kathedrale von Liverpool; Knabenchor der katholischen Kathedrale von Liverpool; die moderne Architektur der Stadt (kleines Bild).

Ihr könnt

Die Welt hat weitgehend die Achtung vor dem menschlichen Leben vom Augenblick der Empfängnis an verloren. Sie ist schwach bei der Aufrechterhaltung der unauflöslichen Einheit der Ehe. (...). Sexuelle Permissivität und Drogensucht zerstören das Leben von Millionen Menschen. Die internationalen Beziehungen werden von Spannungen belastet, oft wegen (...) ungerechter wirtschaftlicher, sozialer, kultureller und politischer Strukturen und wegen der verlangsamten Anwendung der notwendigen Gegenmittel. (...) Sollen wir Christen uns mit einer solchen Lage der Dinge abfinden? Sollen wir das Fortschritt nennen? Sollen wir die Achseln zucken und sagen, es könne eben nichts getan werden, um das alles zu ändern?
London, 29. Mai 1982

Achtung vor dem Leben und der christlichen Moral. Die Begeisterung übertrifft sämtliche Erwartungen. So schreibt ein nicht katholischer Journalist: „Dieser Mensch kommt einem vor wie ein alter Freund. Er hat die Fähigkeit, jedem von uns das Gefühl zu geben, als würden wir ihn persönlich kennen."

Der Papst spricht jedoch auch eine andere Art von Versöhnung an: Während auf den Falkland-Inseln der Krieg zwischen Argentinien und Großbritannien wütet, ist es das zweite Anliegen Johannes Pauls II., zum Frieden aufzurufen. Er betet für diejenigen, die unter dem Krieg zu leiden haben, und für die Toten auf beiden Seiten, und insbesondere ruft er zur Versöhnung auf. „Wie eine Kathedrale", mahnt er symbolisch von Coventry aus, jenem Ort, der unter der Gewalt so sehr zu leiden hatte, „so muss der Friede aufgebaut werden, geduldig und in unerschütterlichem Glauben."

Eine mütterliche Hand

12.-15. Mai 1982

2. März 1983

10.-13. Mai 1991

Diese meine Pilgerfahrt steht unter dem einen Leitthema: Fatima; anschließend werde ich meine Marienpilgerfahrt fortsetzen." Mit diesen Worten liefert der Papst bei seiner Ankunft in Lissabon am 12. Mai 1982 selbst die Erklärung dafür, was seine drei Reisen nach Portugal (einschließlich des kurzen Abstechers nach Lissabon im Jahre 1983, als sich der Pontifex, der Route Kolumbus' folgend, auf dem Weg nach Zentralamerika befand) im Wesentlichen zu bedeuten haben: Danksagung, freudige Begegnung und unerforschliches Gebet mit der Muttergottes jeweils am ersten und zehnten Jahrestag des Attentats auf dem Petersplatz. Denn Johannes Paul II., der der Heiligen Jungfrau besonders ergeben ist – daher auch das Motto *totus tuus* in seinem päpstlichen Wappen – sah in jenen schmerzlichen Augenblicken und in der Entwicklung, die die Dinge nahmen, ein Zeichen für die Gegenwart der Muttergottes. Allein schon das Datum: der 13. Mai 1981, 64 Jahre nachdem die Muttergottes den Hirtenkindern von Fatima erschienen war und ihnen vorausgesagt hatte, „dass der Heilige Vater sehr würde leiden müssen". Und dann geschieht dieses kleine große Wunder – das Geschoss streift zwar die lebenswichtigen Organe, doch es verletzt sie nicht –, das Johannes Paul II. den Satz aussprechen lässt: „Eine Hand hat geschossen, und eine andere hat das Geschoss geleitet".

Jene vierzig Minuten des 13. Mai 1982, in denen der Papst knieend vor der Statue der „Weißen Madonna" außerhalb der Erscheinungskapelle betet, gehören wohl zu den lebendigsten Erinnerungen seiner Reisen nach Portugal. Unvergess-

Die Botschaft von Fatima

Die Botschaft von Fatima ist in ihrem wesentlichen Kern der Ruf zur Umkehr und Buße, wie im Evangelium. Dieser Ruf ist zu Beginn des 20. Jahrhunderts ergangen; er richtet sich darum in besonderer Weise an dieses Jahrhundert. Die Hohe Frau dieser Botschaft liest gleichsam die ‚Zeichen der Zeit' mit besonderer Eindringlichkeit, die Zeichen unserer Zeit! (...) Sie ruft und mahnt: zur Buße, zum Gebet, zum Rosenkranz. Diese Botschaft wendet sich an jeden Menschen.

Fatima, 13. Mai 1982

PORTUGAL

Republik

Fläche:	91 831 km²
Bevölkerung:	9 943 000 Einwohner
Hauptstadt:	Lissabon
Amtssprache:	Portugiesisch
Religion:	90 % Katholiken

lich sind indes auch die vielen Kerzenlichter sowie die eine Million Gläubige, die in Fatima in der Nacht vom 12. auf den 13. Mai 1991 gemeinsam mit Johannes Paul II. beten und wachen. Ebenso eindrucksvoll und unvergesslich ist auch die Begegnung mit Schwester Lucia, der einzigen der drei Sehenden von 1917, die noch am Leben ist.

Mögen die Reisen nach Portugal vorrangig vom persönlichen Schicksal Karol Wojtylas geprägt sein, so lässt er es dennoch nicht an Aufmerksamkeit für das besuchte Land fehlen. Pastoralreisen betrachtet Johannes Paul II. schließlich als Teil seiner Lehre.

Während der ersten Reise beispielsweise sind seine vorrangigen Gesprächspartner Jugendliche und Arbeiter. In Lissabon fordert er 500 000 Jugendliche auf, dem Ruf Christi zu folgen und sich zu bekehren, um damit die Gesellschaft und die Welt zum Besseren zu verändern.

Er spricht auch von der Arbeit in einem Land, in dem vierzig Jahre Diktatur große soziale Spannungen hinterlassen haben. Den in Porto versammelten Industriearbeitern sagt er, dass die Arbeit für den Menschen da sei, und nicht der Mensch für die Arbeit. Einen Tag zuvor hat er in Vila Viçosa zu den Bauern über die Agrarreform gesprochen. Seine Rückkehr nach Fatima im Jahre 1991 hat auch noch eine weitere Bedeutung: Der Papst dankt der Muttergottes für den Fall der Mauer und die wiedererlangte Freiheit der osteuropäischen Völker. Wojtyla wird allerdings auch bei dieser Reise nach Portugal, auf dem Weg von Lissabon zu den Azoren, nicht müde zu wiederholen, dass die Freiheit noch einen langen Weg vor sich hat, um auf der ganzen Welt wahrhaftig und vollkommen zu werden.

Gegenüberliegende Seite : Neben Johannes Paul II. Schwester Lucia Dos Santos, eines der drei sehenden Hirtenkinder von Fatima (oben). Die Muttergottes, so wie sie am 13. Mai 1917 erschienen war (großes Foto). Auf dem Bild links die 500.000 Jugendlichen im Lissaboner Parco Edoardo VII., die der Einladung des Papstes folgten (Mai 1982).

Links: Der Papst während der Wache in Fatima (1982) im Gebet vertieft; Erinnerung an das Attentat auf dem Petersplatz, das sich genau ein Jahr zuvor, am 13. Mai 1981, ereignet hatte. Johannes Paul II. – der auch zum zehnten Jahrestag des Attentats nach Fatima gekommen ist (kleines Foto Mitte) – konnte dank des Eingriffs der Muttergottes gerettet werden. Die Messe im Restelo-Stadion in Lissabon (Foto unten links).

Eine glaubwürdige Erbschaft antreten

1.-10. Juni 1989

Die Situation der katholischen Kirche in Skandinavien, das bis vor einem Jahrhundert noch als unangefochtenes Reich der Lutheraner galt, gibt am treffendsten die Architektur einiger Kirchen wieder: zum Beispiel die einer Kapelle in den Alpen ähnelnde Kathedrale von Tromsö in Norwegen, die nördlichste Kirche der Welt, oder die Pfarrkirche im Zentrum Stockholms, die versteckt in einem großen Gebäude untergebracht und nur an dem Türschild mit der Aufschrift Katolska Kirke als Kirche zu erkennen ist. Die Katholiken stellen noch immer einen sehr kleinen Prozentsatz der Christen, nur in Schweden kommen sie über 1% hinaus. Doch Wojtyla, der als erster Papst überhaupt diese Länder besucht, fühlt sich dadurch geradezu herausgefordert, zur Evangelisierung aufzurufen: „Viele, die sich nicht gläubig nennen, haben den geheimen Wunsch, von Gott gefunden zu werden", trägt der Papst in der St.-Enriks-Kathedrale von Stockholm mit Überzeugung vor, und er fährt fort: „Auch das gleichgültigste und ungläubigste Herz kann der Wahrheit, der Schönheit und der Güte geöffnet werden, für die wir geschaffen worden sind." So fordert der Papst die Katholiken im Land der Mitternachtssonne auf, zu wahren Kindern des Lichts zu werden. Die Evangelisierung ist zudem eine Aufgabe, die Katholiken und Protestanten der skandinavischen Länder eint. Johannes Paul II. trifft die Protestantische Kirche in einer schweren Krise an: Nicht einmal 3 % der Gläubigen besuchen den sonntäglichen Gottesdienst. Das gemeinsame Übel, das alle Christen Skandinaviens bekämpfen müssen, ist die Verweltlichung, die die Grundwerte des sozialen Lebens gefährdet – wozu auch die Familie gehört. Viele lutherische Bischöfe pflichten daher dem Papst bei, der zu einer neuen Evangelisierung aufruft.

Erstes Ziel der Reise Johannes Pauls II. ist Norwegen mit seiner kosmopolitischen katholischen Gemeinschaft, die zu einem großen Teil aus asiatischen Zuwanderern besteht. Die nächste Etappe ist Island, wo er 45 Kindern während der Messe vor der Kathedrale von Reykjavik die erste Heilige Kommunion spendet – ein gutes Vorzeichen für den Zuwachs der christlichen Gemeinde. In Finnland, wo die Charta über die Achtung der Menschenrechte unterzeichnet wurde, gibt der Heilige Vater

Der Papst mit dem dänischen Königspaar – Königin Margarethe II. und Prinz Henrik – in der königlichen Sommerresidenz in Fredensborg (unten) und auf dem Balkon mit König Olaf V. von Norwegen (rechts).

NORWEGEN

Konstitutionelle Monarchie

Fläche:	323 878 km²
Bevölkerung:	4 175 171 Einwohner
Hauptstadt:	Oslo
Amtssprache:	Bokmål, von der Mehrheit der Bevölkerung gesprochen, und das neu-norwegische Nynorsk
Religion:	89 % Protestanten, 18 212 Katholiken (1985)

ISLAND

Unabhängige Republik

Fläche:	102 829 km²
Bevölkerung:	242 089 Einwohner
Hauptstadt:	Reykjavik
Amtssprache:	Isländisch
Religion:	mehrheitlich lutherisch

Nein zu falschen Werten

Lasst uns Europa helfen, seine Wurzeln zu entdecken und sich mehr mit seiner Vergangenheit zu identifizieren. Denn das religiöse Leben ist nicht nur durch Ärgernis bringende Einschränkungen bedroht; es kann auch bedroht werden durch die Verbreitung von falschen Werten – wie Hedonismus, Machtstreben, Gier -, die in verschiedenen Ländern fortschreiten und in der Praxis die spirituellen Bestrebungen einer großen Anzahl von Menschen ersticken.

Helsinki, 5. Juni 1989

Links: Beginn der Messe für die Familien, die auf einer Wiese neben der lutherischen Kirche in Uppsala gefeiert wurde. In dieser Kirche fand auch die ökumenische Begegnung statt, die das kleine Bild daneben zeigt.
Unten: Begrüßung durch den lutherischen Bischof von Alborg bei einem weiteren ökumenischen Treffen, das im Kopenhagener Moltkes Palae abgehalten wurde.

seiner Hoffnung auf das Ende von Kriegen und Ungerechtigkeiten Ausdruck und ruft die Menschen auf, sich zu bekehren.

In Dänemark kommt es unter dem gotischen Gewölbe der Kathedrale von Roskilde zu der beeindruckendsten ökumenischen Begegnung dieser Reise. Doch das schwedische Uppsala ist schließlich der Ort, an dem der Papst seinen beschwörendsten Appell zur Versöhnung der Kirchen hält: „Aber eines ist klar: Wir werden nie die Einheit finden, wenn wir nach irgendeinem kleinsten gemeinsamen Nenner suchen, der für alle annehmbar ist. Unsere Bemühungen werden nur in dem Ausmaß fruchtbar sein, in dem wir miteinander das volle, authentische, von Christus durch die Apostel hinterlassene Glaubenserbe entdecken und annehmen."

FINNLAND

Parlamentarische Republik

Fläche:	338 145 km²
Bevölkerung:	4 910 712 Einwohner
Hauptstadt:	Helsinki
Amtssprache:	Finnisch u. Schwedisch
Religion:	87,5 % Protestanten

DÄNEMARK

Konstitutionelle Monarchie

Fläche:	43 092 km²
Bevölkerung:	5 116 273 Einwohner
Hauptstadt:	Kopenhagen
Amtssprache:	Dänisch
Religion:	86 % Protestanten, 0,5 % Katholiken

SCHWEDEN

Konstitutionelle Monarchie

Fläche:	449 964 km²
Bevölkerung:	8 381 515 Einwohner
Hauptstadt:	Stockholm
Amtssprache:	Schwedisch
Religion:	86 % Protestanten, 2 % Katholiken

NIEDERLANDE

Auf die Stimme des Gewissens hören

11.-15. Mai 1985

Mit seinem Besuch in den Niederlanden, der ersten Etappe einer Reise, die ihn noch nach Luxemburg und Belgien führen wird, will Johannes Paul II. den Missständen in der postmodernen Gesellschaft den Kampf ansagen. Ungeachtet der zahlreichen „Welkom"-Fähnchen bei der Ankunft des Papstes gingen der Reise Spannungen und Provokationen voraus. Selbst während des päpstlichen Besuchs kam es in den Straßen Utrechts zu Zusammenstößen zwischen der Polizei und Bürgern, die gegen die Anwesenheit des Papstes demonstrierten.

Die Gegner haben sich den Fortschritt auf ihre Fahnen geschrieben. Sie fordern eine andere Kirche – eine Kirche, in der die Bischöfe vom Volk bestimmt werden, Frauen das Priesteramt bekleiden dürfen und das Zölibat die freie Entscheidung jedes einzelnen Geistlichen ist. Sie stehen für eine freizügigere Sexualmoral und befürworten Empfängnisverhütung, Abtreibung und Euthanasie. Wieder einmal zeigt es sich, dass diese Probleme in Gesellschaften mit einer stabilen Demokratie auftreten, in denen die Gefahr, die Freiheit mit ethischem Relativismus oder gar ausuferndem Subjektivismus zu verwechseln, besonders groß ist. In gewohnter Manier und ohne Umschweife spricht der Papst die Probleme an: „Ihr seid ein Volk, das seine Freiheit als sehr hohen Wert liebt", sagt er während der Homilie vom 11. Mai in Hertogenbosch. „Aber ihr habt auch erfahren, dass man die Freiheit nicht missbrauchen darf. Wenn die Freiheit kein Ziel hat, wenn sie nichts von dem Gesetz wissen will, das in die menschlichen Herzen eingeschrieben ist, wenn sie nicht auf die Stimme des Gewissens hört, dann wendet sie sich gegen den Menschen und gegen die Gesellschaft." Und er fügt noch hinzu, dass Autorität im Leben der Geistlichen ein notwendiger Faktor sei.

Die Freiheit, wie sie in den Niederlanden verstanden wird, hat jedoch auch

An die Jugend

Wenn die Kirche unangenehme Aussagen macht, dann tut sie das deshalb, weil sie sich dazu verpflichtet weiß. Sie tut es aus Ehrlichkeit. (...) Die Strenge der Vorschrift kann sehr wohl in Einklang stehen mit der Freude des Herzens, wenn man bei seinem Handeln von der Liebe angetrieben wird. Wer liebt, hat keine Angst vor dem Opfer, das ein überzeugender Beweis für die Echtheit seiner Liebe ist. Ist das nicht die Erfahrung, die ihr selbst mit denjenigen macht, die ihr liebt? Um was sie euch auch bitten, ihr werdet nicht müde, es zu tun.

Amersfoort, 14. Mai 1985

Unten: Ankunft in den Niederlanden. Die erste Stadt, die der Papst besucht, ist Den Bosch; hier nimmt er an der jährlich stattfindenden Marienprozession teil.
Oben rechts: Über 2500 Kranke fanden sich zur Messe ein, die in der Houtrusthall in Den Haag gefeiert wurde.
Unten rechts: Am Sitz des Internationalen Gerichtshofs in Den Haag, einem Organ der UNO.

ihre guten Seiten, die Johannes Paul II. nicht entgehen: So hat sie beispielsweise ein Gesetz über die Gleichwertigkeit von Schulen hervorgebracht, das es jedem dritten Kind ermöglicht, eine katholische Schule zu besuchen. Abgesehen von den erwähnten Zwischenfällen ist die Reise dennoch von Zuneigung und Sympathie getragen: Bei seiner Ankunft wird der Papst von Tausenden von begeisterten Menschen empfangen. Zum Abendgottesdienst in Utrecht finden sich mehr als 20 000 Gläubige ein. Es kommt auch zu ergreifenden und auf den apostolischen Reisen fast schon traditionellen Momenten, wie der Begegnung mit 2500 Kranken in Den Haag oder mit Jugendlichen bei Amersfoort. Hier hält der Papst eine leidenschaftliche Ansprache über die Liebe.

NIEDERLANDE

Konstitutionelle Monarchie

Fläche:	40 844 km²
Bevölkerung:	14 310 000 Einwohner
Hauptstadt:	Amsterdam
Amtssprache:	Niederländisch
Religion:	39 % Katholiken, 35 % Protestanten

Die Verwirrung ist groß

Mir scheint, dass es für Sie wichtig und nützlich wäre, persönlich und gemeinsam nach der Formung und Erneuerung des Gewissens zu streben. Die optimistischsten Beobachter unserer Gesellschaft können nicht verhehlen, dass auf diesem wichtigen Gebiet große Verwirrung herrscht. Sie sprechen von einem zügellosen Subjektivismus des Gewissens und von einem Relativismus, der durch die Medien und die Pluralität der Gesellschaft erheblich gefördert wird. Ist dies nicht die tiefste Tragödie in unseren so genannten hoch zivilisierten Ländern?

Utrecht, 12. Mai 1985

Oben und links: Der Papst besucht Maastricht am 14. Mai 1985, einen Tag nach dem Festtag des heiligen Servatius, dessen Reliquien in der um das Jahr 570 erbauten romanischen Kirche aufbewahrt werden.

Unten: Messe auf dem Flughafen Beek in Maastricht als Abschluss einer nächtlichen Wache der Jugendlichen.

In Luxemburg und Belgien, der zweiten und dritten Etappe der Reise in die Benelux-Staaten, trifft Johannes Paul II. auf ein zweifelsohne entspannteres Klima im Vergleich zu seiner Reise in die Niederlande. Dies mag wohl schon daran liegen, dass es sich um Länder mit fast ausschließlich katholischer Bevölkerung handelt. Auch hier gibt es jedoch Anzeichen für die Krise und zunehmende Verweltlichung, durch die sich der Papst veranlasst sieht, unaufhörlich auf die Notwendigkeit des täglichen Gebets sowie des Apostolats durch Laien und Geistliche, auf die Unauflöslichkeit und Heiligkeit der Familie und nicht zuletzt auf die moralische Strenge hinzuweisen.

Die großen Herausforderungen von heute

11.-21. Mai 1985

3.-4. Juni 1995

In beiden Ländern stattet der Papst den europäischen Institutionen Besuche ab, die zum großen Teil in Luxemburg und Belgien untergebracht sind. Nach Brüssel wird der Papst zehn Jahre später noch einmal zurückkehren, um – fünfzig Jahre nach Beendigung des Zweiten Weltkriegs – aus dem „Herzen Europas" an den Frieden auf dem noch immer von Konflikten geplagten Kontinent zu appellieren.

Auf der ersten Reise in die Benelux-Länder sind es jedoch weniger die Besuche der europäischen Institutionen, die einen nachhaltigen Eindruck hinterlassen, als die intimen und herzlichen Begegnungen mit den Kranken und Behinderten in der Liebfrauenkathedrale von Luxemburg sowie die Messe für Arbeiter und Emigranten auf dem großen Platz vor dem Eisenhüttenwerk Arbed in Esch-sur-Alzette. Der Ort wurde bewusst gewählt, um soziale Themen anzusprechen: Ist doch einerseits Arbed mit 75 000 Beschäftigten in unterschiedlichen Ländern der drittgrößte Stahlproduzent Europas, und andererseits Luxemburg ein Land, dessen Bevölkerung zu 26 % aus Einwanderern besteht.

Zu den unvergesslichen Augenblicken der ersten Reise des Papstes nach Belgien gehört natürlich die Begrüßung: Vom Balkon des Rathauses auf dem barocken Grand Place in Brüssel winkt Johannes Paul II. lächelnd den zahlreichen Menschen zu, die ihn willkommen heißen. Das für den 18. Mai, seinen 65. Geburtstag, geplante Ziel ist Malines, ein Ort von großer symbolischer Bedeutung: In der dortigen Kathedrale liegt Kardinal Mercier begraben, der als Begründer jener besonderen Form der ökumenischen Bewegung gilt, die in Johannes Paul II. einen der energischsten Vertreter findet. Doch auch bei dieser Reise vergisst der Heilige Vater die Jugendlichen nicht: Er trifft sie in Namur, wo er sie zur Solidarität aufruft, und an-

Unter den Arbeitern

Durch seine Arbeit gehorcht der Mensch Gott und erwidert sein Vertrauen. Das ist nicht ohne Bezug auf die Bitte des Vaterunsers: *Dein Reich komme*. Damit Gottes Plan verwirklicht wird, handelt der Mensch im Bewusstsein, dass er nach dem Ebenbild Gottes geschaffen wurde und dass er also seine Kraft, seinen Verstand und seine Fähigkeit, in selbstloser Liebe zu seinen Brüdern eine Lebensgemeinschaft zu bilden, von ihm empfangen hat. (...) Mit anderen Worten, beten, dass das Reich Gottes komme, heißt, sein ganzes Wesen auf diese Wirklichkeit ausrichten, die der eigentliche Sinn und Zweck der menschlichen Arbeit ist.

Esch-sur-Alzette, 15. Mai 1985

Gegenüberliegende Seite: Der halbkreisförmige Saal des Europazentrums in Luxemburg, in dem die Vertreter der Institutionen der EU anwesend sind.
Der Papst mit dem belgischen König Baudouin I. (kleines Foto).
Der Papst in Brüssel auf dem Balkon des Hôtel de Ville, des Rathauses der Stadt (Mitte links).

Oben und unten: Zwei Momentaufnahmen während der am 4. Juni 1995 vor der Sacre-Cœur-Basilika in Brüssel stattfindenden Zeremonie zur Seligsprechung von Pater Damian de Veuster, einem Apostel der Leprakranken im fernen Hawaii.

schließend in Löwen. Hier kommt es zu einer Begegnung mit den beiden katholischen Gemeinschaften der Universität. Karol Wojtyla stellt sich kritischen Äußerungen, die sich vorwiegend auf Fragen zur Sexualethik und Befreiungstheologie beziehen, und beschränkt sich gelegentlich nur auf aufmerksames Zuhören. „Auch wenn ich nicht alle eure Fragen beantworten konnte", verspricht er beim Abschied, „so werde ich sie in meinem Herzen bewahren" – Worte, die an das Bibelzitat zur Haltung Mariens erinnern, die die Dinge, derer sie angesichtig wurde, „in ihrem Herzen bewahrte".

Kultur und Glaube

Um ihre Zweifel, Versuchungen und Schwächen zu überwinden, braucht unsere moderne Gesellschaft, die innerlich von Zersetzung bedroht ist, mehr denn je Männer und Frauen, die hinreichend gerüstet sind, um allen Herausforderungen des Augenblicks zu begegnen. Durch die Bereicherung eures Wissens, die Pflege eurer Kultur, die Vertiefung eures Glaubens und die Festigung eurer Überzeugungen bereitet ihr euch darauf vor, mannhafte Zeugen der Wahrheit und der Liebe zu sein, nach denen unsere Zeit verlangt. Wir leben allerdings in einer Zeit, in der der Mensch mitten in einer anonymen Masse allein steht und nicht mehr weiß, was es heißt, zu leben, zu lieben, zu leiden und zu sterben.

Löwen, 20. Mai 1985

BELGIEN

Konstitutionelle Monarchie

Fläche:	30 528 km²
Bevölkerung:	10 130 574 Einwohner
Hauptstadt:	Brüssel
Amtssprache:	Französisch u. Niederländisch
Religion:	91,15 % Katholiken

LUXEMBURG

Konstitutionelle Monarchie

Fläche:	2 586 km²
Bevölkerung:	360 000 Einwohner
Hauptstadt:	Luxembourg
Amtssprache:	Französisch; weit verbreitet auch ein deutscher Dialekt (Letzebuergesch)
Religion:	97,31 % Katholiken

Schmerz

Das Evangelium enthält ein grundlegendes Paradoxon. Um das Leben zu finden, muss man das Leben verlieren; um geboren zu werden, muss man sterben; um sich zu retten, muss man das Kreuz auf sich nehmen.

Den Schmerz umwandeln

Ein geduldig ertragenes Leid wird gewissermaßen selbst zum Gebet und zum reichen Quell der Gnade. Ich möchte euch deshalb bitten: Macht Eure Zimmer zu Kapellen, schaut auf das Bildnis des Gekreuzigten und betet für uns, opfert für uns – auch für das Wirken des Nachfolgers Petri, der ganz besonders auf eure geistliche Hilfe vertraut und Euch alle von Herzen segnet.

Die gleiche Menschlichkeit

Das Niveau einer Gesellschaft oder einer Zivilisation wird letzten Endes an der Achtung gemessen, die sie gegenüber ihren schwächsten Gliedern bekundet.

Eine technisch vollkommene Gesellschaft, in der nur die voll einsatz- und leistungsfähigen Glieder anerkannt und geduldet werden, müsste als ausgesprochen menschenunwürdig angesehen werden, entartet durch eine Diskriminierung, die nicht weniger verwerflich ist als die Rassendiskriminierung. Der behinderte Mensch ist einer von uns, er hat an unserer Menschlichkeit selbst teil. Seine Würde und seine Rechte anerkennen und fördern bedeutet, unsere eigene Würde und unsere Rechte anzuerkennen.

Christus suchen

Jesus wiederholt für euch in dieser Nacht die ewigen Worte: *Der Friede sei mit euch.* Mit der ganzen Liebe seines Herzens wünscht Jesus, dass sein Friede euer Friede werde. (...) Wenn ihr Frieden wollt, so nehmt Christus an; nehmt ihn an als Sohn Gottes; nehmt ihn auch im Geheimnis seiner

Durch das Kreuz verstehen

Das Ärgernis des Kreuzes bleibt der Schlüssel zur Deutung des großen Geheimnisses des Leidens, das auf so organische Weise zur Menschheitsgeschichte gehört. Hierin sind sich die zeitgenössischen Kritiker des Christentums einig. Auch sie sehen ein, dass der gekreuzigte Christus ein Beweis der Solidarität Gottes mit dem leidenden Menschen ist. Gott stellt sich auf die Seite des Menschen. Er geht bis zum Äußersten.

Menschlichkeit an; nehmt ihn in den anderen an. Nehmt Christus in jedem an, der mit euch die Würde menschlicher Natur teilt. Greift nach ihm und entdeckt ihn in den Armen und Einsamen, den Kranken und Unglücklichen, in den Behinderten, den Alten und Ungeliebten, in all jenen, die auf unser Lächeln warten, die unsere Hilfe brauchen und die um unser Verständnis flehen, um unser Mitleid und unsere Liebe. Erst wenn ihr Christus in all diesen Menschen erkannt und umarmt habt, dann – und nur dann – werdet ihr am Frieden seines heiligen Herzens innig teilhaben.

In Mauthausen

Einer ist „der Mann der Schmerzen", der allen Menschen der Schmerzen treu gewesen ist, hier, in Mauthausen, und wo immer in der Welt sie durch ein unmenschliches System Verachtung erduldet haben oder noch erdulden. Es hat einen solchen Mann der Schmerzen gegeben.

Und es gibt ihn weiterhin. In der Geschichte der Welt bleibt sein Kreuz gegenwärtig.

Dürfen wir uns von diesem Kreuz entfernen? Können wir an ihm vorbei in die Zukunft gehen? Europa, kannst du an ihm vorbeigehen? Musst du nicht wenigstens bei ihm stehen bleiben, auch wenn die Generationen deiner Söhne und Töchter daran vorbeigehen und in die Vergangenheit entschwinden?

Christus! Christus so vieler menschlicher Leiden, Demütigungen und Verwüstungen. Christus, gekreuzigt und auferstanden. An einem Ort – einem von so vielen –, die aus der Geschichte unseres Jahrhunderts nicht ausgelöscht werden können – ich, der Bischof von Rom und Nachfolger deines Apostels Petrus, ich bitte dich inständig: Bleibe! Bleibe und lebe fort in unserer Zukunft! Bleibe und lebe fort! Wohin sollen wir gehen? Du allein hast die Worte des Lebens, die der Tod nicht verhüllt, nicht zerstört hat.

Die Auserwählten Christi

Jesus ist immer noch den Kranken nahe! Er ist jedem von euch in seinem Leid nahe. Er ist neben euch, wenn ihr einsam und ängstlich seid, und wenn ihr glaubt, dass niemand euer Leid versteht. Und er steht besonders den Sterbenden und den von einer unheilbaren Krankheit Befallenen bei.

Jesus ist euch nahe, denn auch er hat gelitten. Im Garten von Gethsemane erfuhr er Furcht und tiefe Angst, als er sein äußerstes Opfer vor Augen hatte. Seine Hände und seine Seite tragen noch die Zeichen seines Leidens und seines Todes.

• Die Schwelle der Hoffnung überschreiten, Kap. 17

• Wien, Österreich
11. September 1983

• Québec, Kanada
10. September 1984

• Sydney, Australien
25. November 1986

• Mauthausen, Österreich
24. Juni 1988

• Mwanza, Tansania
3. September 1990

Durch das Kreuz verstehen
• Die Schwelle der Hoffnung überschreiten, Kap. 10

Die Zeit der Verkündigung ist gekommen

4.-10. September 1993

Ich danke der Mutter des Herrn, weil ich nach so vielen Jahren des Leidens und der Prüfung (...) die dunklen Wolken der Besetzung (...) entfernt sehe." Seinen ersten Besuchstag in Litauen am 4. September 1993 beschließt der Papst mit einem Gebet vor dem Bild der Muttergottes der Barmherzigkeit in Vilnius. Er hätte dies bereits in den Jahren 1984 und 1987 gern getan, doch das kommunistische Regime hatte es ihm nicht erlaubt. Nach dem Zusammenbruch der Sowjetunion besucht Johannes Paul II. nun als erster Papst das Baltikum, das bis vor wenigen Jahren unter der Herrschaft der Roten Armee stand.

Das Baltikum, darunter besonders Litauen, hatte noch viel mehr als andere Regionen unter dem Terror der kommunistischen – und vorher bereits der zaristischen – Unterdrückung gelitten. Als die Russen im Jahre 1944 nach Litauen einmarschierten, machten sie aus dem Land ein Vernichtungslager: Zwischen 1944 und 1959 wurde ein Viertel der Bevölkerung erschossen, und die Hälfte der Geistlichen wurde gefoltert und hingerichtet. Der symbolische Ort für die Leiden des litauischen Volkes ist der Hügel in Šiauliai (Schaulen) mit seinen Kreuzen, die von der Bevölkerung jedesmal neu aufgerichtet wurden, nachdem die Sowjets sie immer wieder niedergerissen hatten. Dieses Golgatha Litauens, dessen Anfänge bereits auf die ersten russischen Repressalien aus dem Jahr 1863 zurückgehen, besucht Johannes Paul II. am Dienstag, dem 7. September. „Man müsste Europa und die ganze Welt hierher kommen lassen", lautet sein bewegter Kommentar.

Doch Karol Wojtyla ist ein Mensch, der nach vorne schaut, und so sieht er die Zukunft Litauens im Wiederaufbau, in der Versöhnung und in der Neuverkündung des Evangeliums. „Auf die Zeit des erzwungenen Schweigens", erklärt der Pontifex dem in der Kathedrale von Vilnius versammelten litauischen Klerus, „folgt jetzt die Zeit der mutigen Verkündigung des Evangeliums." Und vor den litauischen Bischöfen in Kaunas warnt er vor dem Einzug einer anderen Form der Kultur, die nicht weniger gefährlich ist als die

Die Zeugen

Wir sind gerufen, Christus und die Anforderungen seines Evangeliums zu verkünden. Wir alle wollen das mit unermüdlichem Eifer tun. Auf diese Weise wird die Sehnsucht all derer nach Einheit spürbarer, die an Jesus Christus, den einzigen Erlöser des Menschen, glauben. (...) Und so führt die gemeinsame Erfahrung der Katakomben auf ganz natürliche Weise zur Suche nach der gemeinsamen Erfahrung des Abendmahls.

Riga, 8. September 1993

Rechts: Aufnahemen vom Besuch des Papstes auf dem 'Hügel der Kreuze in Šiauliai', dem Sinnbild Litauens für den Glauben und die Sehnsucht nach Freiheit.

LITAUEN	
	Republik
Fläche:	65 300 km²
Bevölkerung:	3 690 000 Einwohner
Hauptstadt:	Vilnius
Amtssprache:	Litauisch
Religion:	mehrheitlich katholisch mit lutherischen Minderheiten

LETTLAND	
Republik	
Fläche:	64 500 km^2
Bevölkerung:	2 681 000 Einwohner
Hauptstadt:	Riga
Amtssprache:	Lettisch
Religion:	lutherisch, mit katholischen, orthodoxen und jüdischen Minderheiten

Links: Der Besuch des Marienheiligtums der Muttergottes von Aglona in Lettland (unten ihr Bildnis).

Der wahre Friede

Doch wie sieht der Friede aus, den ihr eurem Land sichern wollt? Darf man sich etwa mit einem oberflächlichen Frieden begnügen, der sich darauf beschränkt, Freiheit und demokratische Beteiligung zu garantieren – gewiss wertvolle Güter –, aber sich nicht mit dem großen Problem der Werte, der Ethik und des Sinns des Lebens misst? Die Erfahrungen demokratischer Gesellschaften alter Überlieferung erinnert uns an die Gefahren eines zweideutigen Friedens, der sich mit einem ethischen Minimalismus oder Relativismus als Grundlage begnügt.

Šiauliai (Litauen), 7. September 1993

kommunistische, „weil sie weitgehend von einem praktischen Materialismus geprägt ist, der die Wurzeln der religiösen Erfahrung selbst angreift."

In Lettland, der zweiten Etappe, stellt sich die Frage der Verkündigung noch dringlicher. Der größte Teil der lettischen Bevölkerung ist nach jahrzehntelanger kommunistischer Herrschaft der Religion gegenüber völlig gleichgültig. Bei einem ökumenischen Treffen in der lutherischen Kathedrale von Riga spricht Johannes Paul II. daher von der Notwendigkeit eines gemeinsamen Bemühens aller Christen.

In Tallinn schließlich, der Hauptstadt Estlands, die als erste für die Freiheit und Unabhängigkeit von der Sowjetunion zu mobilisieren begann, geht die Reise zu Ende. Auch in der nördlichsten baltischen Republik sind die etwa fünftausend Katholiken nur eine Minderheit. Doch gerade deshalb – so schlussfolgert der Papst – ist ihr Zeugnis für die Evangelisierung unersetzlich.

ESTLAND	
Republik	
Fläche:	45 100 km^2
Bevölkerung:	1 573 000 Einwohner
Hauptstadt:	Tallinn
Amtssprache:	Estnisch
Religion:	mehrheitlich lutherisch

Links: Die Ankunft in Litauen, mit dem Präsidenten Algirdas Brazouskas.

Schweigen, Worte und Wunder

21.-22. April 1990

20.-22. Mai 1995

30. Juni-3. Juli 1995

25.-27. April 1997

Es ist kein Zufall, dass der Papst für seinen ersten Besuch der Länder jenseits des soeben gefallenen Eisernen Vorhangs ausgerechnet den Monat April und das Land Tschechoslowakei gewählt hat, setzt er doch damit – zweiundzwanzig Jahre nach der Niederschlagung des Prager Frühlings durch die sowjetischen Panzer – ein feierliches Zeichen der Wiedergeburt.

Bereits im Jahre 1985 hätte Johannes Paul II. das Land der beiden großen Missionare der slawischen Völker, Kyrillos und Methodios, elf Jahrhunderte nach ihrem Tod gern besucht. Die Schranken waren jedoch zu diesem Zeitpunkt noch nicht überwindbar, und so musste sich der Pontifex mit der Entsendung des Kardinals Agostino Casaroli zufrieden geben. Von den unzähligen Menschen, die aus diesem Anlass die Straßen säumten, nutzten viele die Gelegenheit, um ihren Protest gegen das Regime hinauszuschreien. Nun begibt sich die katholische Seele Mitteleuropas wieder auf die Straßen, um den Heiligen Vater zu begrüßen, doch diesmal ist die Stimmung von feierlicher Hoffnung getragen. Übervoll ist der Wenzelsplatz, das Symbol des Prager Frühlings von 1968. Präsident Havel begrüßt den Besuch als ein „Wunder" der Geschichte. Es ist die „Kirche des Schweigens", die wieder von sich reden macht, und der Papst versteht das nur allzu gut. „Die Gläubigen aus Böhmen, Mähren und der Slowakei", sagt er bei seiner Ankunft, „haben in Rom einen Hirten, der ihre Sprache versteht. Doch er verstand auch ihr Schweigen."

Die in der Kathedrale von Prag anwesenden Kardinäle aus Berlin, Krakau, Budapest, Wien und Paris scheinen den Traum von einem Europa ohne Mauern verwirklicht zu haben. Symbolisch ist auch der Auftritt des Papstes auf dem Balkon des Prager Hradschin, einem für die Tschechoslowakei geschichtsträchtigen Ort: Hier standen sowohl Hitler zu Beginn der nationalsozialistischen Diktatur als auch Dubček im Jahre 1968, während im Schloss selbst die sowjetischen Truppen einquartiert waren. Doch der Lauf der Geschichte lässt sich nicht aufhalten. Als Wojtyla 1995 nach Prag und Preßburg zurückkehrt, sind die beiden Städte zu Hauptstädten eigenständiger Nationen geworden, der Tschechischen Republik und der

TSCHECHISCHE REPUBLIK

Unabhängig seit dem 1.1.1993, umfasst Böhmen und Mähren, die einst – gemeinsam mit der Slowakei – Teil der Tschechoslowakei waren (Der Staat entstand 1918 infolge der Auflösung der österreichisch-ungarischen Monarchie) Parlamentarische Republik

Fläche:	78 864 km^2
Bevölkerung:	10 310 000 Einwohner
Hauptstadt:	Prag
Amtssprache:	Tschechisch (95,8 %); sprachliche Minderheiten: Slowaken (2,3 %), Polen (0,5 %), Deutsche (0,4 %), Rumänen (0,3 %), Ungarn (0,2 %), Ukrainer und Russen.
Religion:	mehrheitlich katholisch

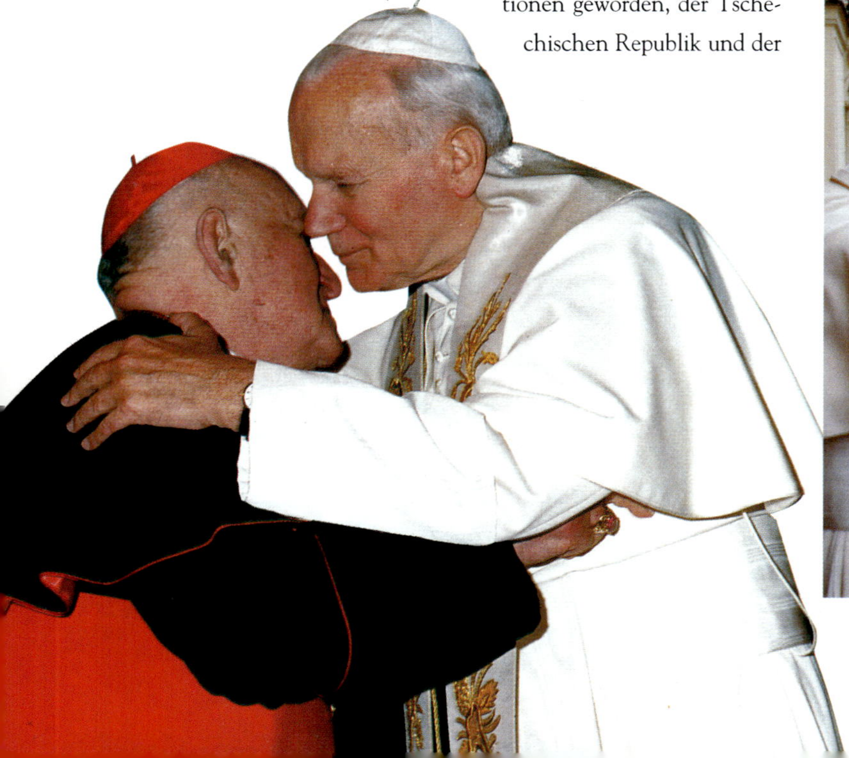

1990: Johannes Paul II. und der Prager Kardinal Frantisek Tomasek. Oben rechts: Begegnung mit dem Präsidenten Václav Havel, einem Dichter und Dramatiker. Unten rechts: Johannes Paul II. auf dem Balkon des erzbischöflichen Palais' in Prag (1995).

Slowakei. Im mährischen Omoluc kanonisiert er im Mai Jan Sarkander, einen Priester aus dem 17. Jahrhundert, der in einer Zeit heftiger Kämpfe zwischen Katholiken und Protestanten lebte. Bei dieser Gelegenheit versäumt er es nicht, Katholiken und Protestanten zur Versöhnung aufzurufen.
Die Slowakei, die er in den Tagen zwischen Ende Juni und Anfang Juli be-

Links: Die Messe vor der Marien-Wallfahrtskirche in Sastin am 1. Juli 1995, an der über zwei Millionen Gläubige nicht nur aus der gesamten Slowakei, sondern auch aus den umliegenden Ländern teilnahmen.
Unten: Die Eucharistiefeier vom 27. April 1997 auf dem Vorplatz der Letnà in Prag; Anlass war das Martyrium des Bischofs Adalbert, das sich zum 1000. Mal jährte.

An die Jugend

Seid die Kirche, um der heutigen Welt die freudige Verkündigung des Evangeliums zu bringen (...). Die Kirche braucht euch! Nach vierzigjährigen Versuchen, sie zum Schweigen zu bringen, erlebt sie hier bei euch eine wunderbare Wiederbelebung, sei es auch inmitten zahlreicher Schwierigkeiten. Sie zählt auf eure frische Energie, eure Intelligenz und euren Enthusiasmus.
Hradec Krlové, 26. April 1997

SLOWAKEI

Parlamentarische Republik

Fläche:	49 036 km²
Bevölkerung:	5 314 155 Einwohner
Hauptstadt:	Bratislava
Amtssprache:	Slowakisch (84,3 %)
Religion:	mehrheitlich katholisch

sucht, ermuntert er noch einmal, „keine Angst zu haben", handelt es sich doch um eine junge Demokratie, die verschiedene Kulturen beheimatet. Hier bietet sich der tief verwurzelte katholische Glaube als Katalysator an, denn er kann dabei helfen, Freiheit nicht mit Individualismus oder Nationalismus zu verwechseln, und sich trotz der Verschiedenheit gegenseitig zu achten und miteinander zu sprechen.
Unvergessen ist die letzte Reise in die Tschechische Republik im Jahre 1997, als der Papst 1000 Jahre nach dem Martyrium des zweiten Prager Bischofs auf den Spuren des heiligen Adalbert wandelt. Die Vorstellung Adalberts von einem christlichen, spirituell geeinten Europa ist für Johannes Paul II. das ideale Stichwort für das heutige Europa, das sich an der Schwelle zum neuen Jahrtausend orientierungslos und uneinig zeigt. In erster Linie wendet sich der Papst mit diesen Worten an die Jugend des Landes.

Unten: Johannes Paul II. übergibt den Tschechen die Gründungsurkunde der Prager Universität (1348), die durch die Wechselfälle der Geschichte in den Vatikan gekommen war.

Geteilte Sorgen

16.-20. August 1991

6.-7. September 1996

Ungarn, das sich gerade erst vom Eisernen Vorhang befreit hat, besucht Johannes Paul II. in zwei relativ eng aufeinander folgenden Reisen in den Jahren 1991 und 1996. Diese Nation hat in den 1100 Jahren ihres Bestehens eine stete Treue zu ihren kulturellen und religiösen Wurzeln bekundet – selbst in Zeiten, in denen ihr dadurch großes Leid widerfuhr. Heute ist das Land zum Symbol für den schwierigen Weg Osteuropas hin zu Demokratie und Marktwirtschaft geworden, mit all den Tücken, die die lang ersehnte Freiheit mit sich bringt.

„Ich werde nach Ungarn kommen", sagte der Papst am Vorabend seiner ersten Reise, „um mit euch nicht nur die wiedererlangte Freiheit zu feiern, sondern auch, um mit euch die Sorgen zu teilen, die euch die gegenwärtigen Probleme und Schwierigkeiten bereiten."

Die beiden Reisen haben natürlich unterschiedliche Schwerpunkte. Im Jahre 1991 geht es darum, die katholische Gemeinde Ungarns darin zu unterstützen, dass sie wieder ihr Selbstvertrauen zurückgewinnt, um die ihr zukommende Rolle in der ungarischen Gesellschaft erneut einzunehmen. Um dem ungarischen Klerus die pastorale Tätigkeit zu erleichtern und um sie zugleich wirkungsvoller zu gestalten, bestimmt der Papst zwei Jahre nach dieser ersten Reise in der apostolischen Konstitution Hungarorum Gens die Grenzen der magyarischen Diözese neu.

Hoffnung heißt also das Leitmotiv dieser ersten Reise (bei der Johannes Paul II. Budapest, Esztergom, Pécs, Máriapócs, Nyìregyháza, Debrecen und Szombathely besucht), und sie klingt auch während der Predigt des Heiligen Vaters bei der Eucharistiefeier zu Ehren des heiligen Stefan, des Schutzpatrons des Landes, am 20. August 1991 an: „Der solide Fels, auf dem man sicher bauen kann, ist Christus, der Herr, der Weg, die Wahrheit und das Leben. Ungarn ist von der äußeren Unterdrückung befreit worden; nun ist die Stunde gekommen, da es sich von den inneren Ketten der verschiedenen Formen geistiger Versklavung befreien muss. Der Namen des Friedens heißt Gerechtigkeit, Solidarität, Liebe."

In den fünf Jahren, die zwischen den beiden Reisen liegen, hat die Kirche Ungarns grundlegende Veränderungen erfahren. Darunter sind wichtige Errungenschaften, wie die Wiedererstehung der Katholischen Universität in Budapest; zum anderen sieht sich die Kirche – wie in fast allen ehemaligen Ostblockländern – neuen Gefahren und Herausforderungen ausgesetzt, die noch zu überwinden sind. Da gilt es beispielsweise den ganz auf Konsum und materielle Werte ausgerichteten Bedürfnissen entgegenzutreten, die als Reaktion auf die jahrzehntelangen Entbehrungen

Vergangenheit, Gegenwart und Zukunft

An der Schwelle eines neuen Jahrtausends ist es angebracht, den Blick auf die Vergangenheit zu richten, um die großen Lehren zusammenzutragen, die für die Aufgaben der Gegenwart und für die Planung der Zukunft Orientierung bieten können. Und dies ist umso richtiger, wenn man die sozialen Bedingungen betrachtet, in denen sich die Völker Zentral- und Osteuropas befinden. Sie haben endlich nach einer langen Phase harter kommunistischer Diktatur die Freiheit wiedergewonnen. (...) Niemand möge durch die Schwierigkeiten der Gegenwart entmutigt werden (...). Nach den dramatischen Ereignissen dieses Jahrhunderts, das gerade zu Ende geht, darf man nicht erstaunt sein, wenn die Wiedergeburt und die erwünschte Entwicklung Zeit beansprucht.

Budapest, 6. September 1996

Oben Mitte: Offizieller Empfang 1996 in Budapest durch den ungarischen Präsidenten Arpád Göncz. Unten links: Gebet am Grab von Kardinal Mindsenty, dem Märtyrer für die religiöse Freiheit Ungarns, in der Kathedrale von Esztergom. Rechts: Begegnung mit der ungarischen Jugend im Budapester Volksstadion.

Ein historischer Moment

Nach so vielen Jahren einengender Beschränkungen und gegenseitigen Misstrauens sind die Schranken einer widernatürlichen Spaltung des Kontinents zurückgewichen vor der tatsächlichen Macht eines echten Einbruchs des Rechts, der Absage an die Ungerechtigkeit und einer würdigen Geltendmachung der Freiheit.

Budapest, 17. August 1991

in kommunistischer Zeit um sich greifen. Johannes Paul II. nimmt daher den Besuch in der 1000-jährigen Benediktinerabtei von Pannonhalma sowie im alten Kirchenzentrum Györ – die beiden Ziele seiner Reise von 1996 – erneut zum Anlass, an Ungarn und ganz Europa zu appellieren, sich der katholischen Wurzeln bewusst zu werden.

Oben: Das Refektorium der Benediktinerabtei von Pannonhalma, die 1996 ihr 1000-jähriges Bestehen feierte.
Links: Die feierliche Vesper in der romanischen Basilika der Abtei. Links davon: Das Grab des Vilmos Apor, der 1945 als Bischof von Györ von russischen Soldaten erschossen wurde.

UNGARN

Nach dem 16.11.1918 zunächst unabhängige Republik, dann über vierzig Jahre unter kommunistischer Herrschaft; mit den Verfassungsänderungen der Jahre 1988/89 wird Ungarn ein demokratischer Staat. Parlamentarische Republik.

Fläche:	93 033 km²
Bevölkerung:	10 335 000 Einwohner
Hauptstadt:	Budapest
Amtssprache:	Ungarisch
Religion:	6 365 000 weströmische Katholiken, 272 000 oströmische Katholiken, 2 000 000 Reformierte, 430 000 Lutheraner, 273 000 Orthodoxe und 90 000 Juden

Heiligkeit, um die Welt zu verändern

17.-19. Mai 1996

Schon lange hatte der Papst die Absicht, Slowenien zu besuchen, erwartete ihn doch die neugeborene Republik bereits im Jahre 1991, kurz nach ihrer Unabhängigkeitserklärung, die vom Heiligen Stuhl mit Wohlwollen aufgenommen wurde – nicht zuletzt wegen ihres „friedlichen und demokratischen Verlaufs". So bietet denn diese von Freude und Heiterkeit geprägte Reise für Johannes Paul II. auch den geeigneten Rahmen für die Feier seines 76. Geburtstags mit den Kindern von Ljubljana und den Jugendlichen von Postojna.

Die ermunternden Worte Papst Wojtylas an das slowenische Volk sind von einem tiefen Gefühl der Solidarität getragen: „Ich war zwanzig Jahre alt", so erinnert er sich, „als über Europa der Sturm des Zweiten Weltkriegs hinwegfegte, der Tod und Zerstörung mit sich brachte. Meine Generation war gezeichnet von der Angst vor Deportationen und Repressalien. Leider weiß ich, was es heißt, Angst zu haben." Die Gegenwart indes bringe Frieden, Hoffnung und Neuaufbau. Wie während der Besuche in den anderen jungen Demokratien Osteuropas, so fügt Johannes Paul II. auch hier seine Mahnung hinzu, in dieser Phase des Übergangs einen wachen Geist und Vorsicht walten zu lassen: Das Land laufe sonst Gefahr, den soeben überwundenen marxistischen Totalitarismus durch eine andere Ideologie zu ersetzen, eine Ideologie, die sich auf ein zügelloses Freiheits- und Konsumdenken gründe.

Die Kirche Sloweniens, die sich durch die Demokratie Auftrieb erhoffte, treffen die nun auftretenden Schwierigkeiten unvorbereitet. Mit seiner Er-

SLOWENIEN	
Unabhängige Republik seit dem 8.10.1991	
Fläche:	20 251 km²
Bevölkerung:	1 974 939 Einwohner
Hauptstadt:	Ljubljana
Amtssprache:	Slowenisch; italienische und ungarische Minderheiten
Religion:	70 % Katholiken

Gegenüberliegende Seite: Die festliche Begegnung mit den Jugendlichen in Postojna, wohl einer der ergreifendsten Momente der Reise nach Slowenien. Die Ankunft des Papstes auf dem Flughafen von Brnik, wo ihm in einem Korb slowenische Erde überreicht wird (kleines Foto oben): Es ist eine Gewohnheit Johannes Pauls II., den Boden des Landes zu küssen, den er auf seinen Reisen betritt.

Oben links: Zu den ersten Gratulanten, die sich am Morgen des 18. Mai zum 76. Geburtstag des Papstes einstellen, gehören die Kinder von Ljubljana.

Unten links: Johannes Paul II. mit den höchsten politischen und religiösen Würdenträgern Sloweniens, dem Präsidenten Milan Kučan und dem Erzbischof von Ljubljana, Monsignore Alojzij Šuštar.

Ein Wandel mit Gefahren

Euer Volk geht durch eine Epoche radikaler Umwandlung hindurch: Während es sich allmählich von den negativen Folgen einer totalitären Ideologie, die es stark beeinträchtigt hat, zu befreien sucht, ist es mit allen Kräften auf die Verwirklichung einer brüderlicheren und demokratischeren Gesellschaft ausgerichtet. Man muß allerdings besonders wachsam bleiben, um zu verhindern, daß eine andere, nicht weniger gefährliche Ideologie – nämlich ein ungebremster Liberalismus – den Platz einnimmt, den die frühere leer gelassen hat. (...)Sorgt vor allem dafür, die neuen Generationen auf die Verantwortungen vorzubereiten, die auf sie zukommen.

Laibach, 17. Mai 1996

mahnung zur Wachsamkeit wendet sich Johannes Paul II. daher in erster Linie an die Geistlichen, die sich in der Kathedrale von Ljubljana versammelt haben. Für den Wiederaufbau bestehe ein großer Bedarf an Heiligkeit, „der Kraft, die wirklich fähig ist, die Welt zu verändern". Doch dazu brauche man Geduld. Eine unabdingbare Voraussetzung sei ferner die Neuverkündung des Evangeliums im Anschluss an die seit 1250 Jahren bestehende Glaubenstradition. „Die Erinnerung an die Anfänge der Evangelisierung eurer Vorfahren", ermahnt der Papst, „muss für euch die Gelegenheit darstellen, eure alten Wurzeln wiederzuentdecken und euch für neue Perspektiven eurer Kultur zu öffnen."

KROATIEN

Der Friede sei mit euch", lautet der Gruß Johannes Pauls II. bei seiner Ankunft am 10. September 1994 in Kroatien. Diese mittlerweile gewohnte Begrüßungsformel eignet sich nur allzu gut für dieses Land, das soeben erst die Gräuel des Krieges hinter sich ließ. Die erste Reise des Papstes nach Kroatien anlässlich des 900. Jahrestages der Erzdiözese Zagreb steht daher ganz im Zeichen der drei Themen Frieden, Kommunion und Vergebung. Vereint im Schmerz nehmen über eine Million Menschen an der Messe vom 11. September teil, in der der Papst zum Frieden auf dem Balkan aufruft. Der Appell richtet sich auch an das immer noch vom Bürgerkrieg zerrissene Bosnien, wo der Papst die „Märtyrerstadt" Sarajewo hätte besuchen sollen. Diese für den 8. September geplante Reise wurde dann im letzten Moment aus Sicherheitsgründen verschoben und konnte erst im Jahre 1997 nachgeholt werden.

Auf der Suche nach einem neuen Gesicht

10.-11. September 1994

2.-4. Oktober 1998

Die Wunden, die der Krieg dem Land zugefügt hat, schmerzen immer noch, und in seinen Begegnungen mit den Flüchtlingen und Jugendlichen ist der Papst um Linderung bemüht. Denn der „Frieden, wenn man ihn wirklich will, ist möglich", hatte der Papst bei seiner Ankunft erklärt, und nun ist die Kirche des mehrheitlich katholischen Landes gefordert, sich mit allen ihr zur Verfügung stehenden Mitteln für die Sicherung des Friedens einzusetzen. Den Priestern, Geistlichen und Seminaristen hält der Papst in diesem Zusammenhang die heldenhafte Opferbereitschaft des Kardinals Stepinač als Beispiel vor Augen.

Die Seligsprechung des Erzbischofs von Zagreb, der 1960 in kommunistischer Haft starb, weil er sich der vom Regime Titos befohlenen Loslösung von der Kirche Roms widersetzte, wird zum zentralen Punkt der zweiten Reise, die Johannes Paul II. Anfang Oktober 1998

KROATIEN

Seit dem 8.10.1991 unabhängig, davor Teil der 1945 gegründeten Bundesrepublik Jugoslawien.

Fläche:	56 538 km²
Bevölkerung:	(77,9 % Kroaten, 12,2 % Serben, 0,9 % Moslems, 0,5 % Slowenen, 0,5 % Ungarn, 0,4 % Italiener u.a.)
Hauptstadt:	Zagreb
Amtssprache:	Kroatisch
Religion:	76,5 % Katholiken, 11,1 % Orthodoxe, 1,2 % Moslems sowie eine protestantische Minderheiten

Gegenüberliegende Seite: Unten: Die erste Reise – der soeben in Zagreb eingetroffene Papst küsst kroatischen Boden und wird in der Kathedrale von Kardinal Franjo Kuharić begrüßt. Oben: Der Papst beim Gebet in der Kathedrale von Split vor den sterblichen Überresten des heiligen Domnio, eines Bischofs, der hier 304 n.Chr. den Märtyrertod starb.

Links: Der Papst feiert am 4. Oktober die Messe auf dem Znjan-Platz in Split. Unten: Die Messe zur Seligsprechung von Kardinal Stepinač in Marija Bistrica.

nach Kroatien unternimmt. Den Rahmen für die feierliche Konzelebration am 3. Oktober bildet Marija Bistrica, das größte Marienheiligtum Kroatiens unweit von Zagreb. An der Zeremonie nehmen ungefähr 500 000 Menschen teil. Am nächsten Tag trifft der Papst in Split ein, wo er die Messe auf dem direkt am Meer gelegenen Znjan-Platz feiert; anschließend steht die Besichtigung der Kathedrale auf dem Programm. Diese mitten im ehemaligen Palast Diokletians – des wohl grausamsten aller Christenverfolger – untergebrachte Kirche ist neben der Seligsprechung des Kardinals Stepinač ein weiteres Moment der Genugtuung für einstmals erfahrenes Leid.

Während der Messe in Split verliert Johannes Paul II. jedoch nicht aus den Augen, dass sich Kroatien gerade in dieser schicksalhaften Zeit noch viel mehr der Evangelisierung zuwenden muss. Nun liege es am Engagement der Christen, dem Land „ein neues Gesicht zu geben und sich in erster Linie für die Wiederherstellung jener ethischen und moralischen Werte in der Gesellschaft einzusetzen, die die vorhergehenden totalitären Systeme und die neuerliche kriegerische Gewalt bedroht hatten“.

Von Zagreb nach Sarajewo

In der Stunde, wo ich zum ersten Mal meinen Fuß auf kroatischen Boden setze und ihn ergriffen küsse, (...) geht mein Gruß auch noch weiter: Er umfasst Bosnien und Herzegowina, er umfasst Sarajevo, die hart mitgenommene Stadt, die ich so gerne als Pilger des Friedens und der Hoffnung begrüßt hätte. (...) Um den blutigen brudermörderischen Krieg anzuhalten, habe ich jeden Weg versucht und an jede Tür geklopft. Auch der geplante Besuch vom vergangenen 8. September wollte sich auf dieser Linie bewegen. Nun vertraue ich Gott die in mir geweckte Bitterkeit über den erzwungenen Verzicht an und bitte ihn, dennoch in die Herzen aller Interessierten meine nachdrückliche Aufforderung zu Versöhnung und Frieden gelangen zu lassen.
Zagreb, 10. September 1994

Krieg

Für die Verantwortlichen ist der Krieg ein Abenteuer ohne Wiederkehr. Mit Vernunft und Geduld, mit dem Dialog und der Respektierung der unveräußerlichen Rechte der Menschen und Völker ist es möglich, Wege der Verständigung und des Friedens zu finden und zu beschreiten.

Stärke und Schwäche

Der Mensch ist schwach, wenn er Opfer ist; und vielleicht ist er noch schwächer, wenn er Unterdrücker ist. Der Mensch ist schwach, aber dieser schwache Mensch kann stark sein im Kreuz Christi, in seinem Tod und seiner Auferstehung.

Mahnungen für den Frieden

Krieg ist das Werk des Menschen. Krieg bedeutet Zerstörung menschlichen Lebens. Krieg bedeutet Tod. Nirgendwo drängen sich uns diese Wahrheiten eindringlicher auf als in dieser Stadt Hiroshima vor dem Friedensdenkmal. Die Namen zweier Städte, nämlich der japanischen Städte Hiroshima und Nagasaki, werden für immer miteinander verbunden sein als die einzigen Städte der Welt, denen das Unglück widerfahren ist, daran zu mahnen, dass der Mensch imstande ist, Zerstörung über jedes vorstellbare Maß hinaus anzurichten.

Schluss mit der Mafia

Unvergesslich ist solch eine Messfeier in diesem Tal mit den griechischen Tempeln im Hintergrund, die Ausdruck hoher Kultur, großer Kunst und auch tiefer Frömmigkeit sind. Die Tempel waren heute Zeugen unserer Eucharistiefeier. Einer von ihnen ist nach der Eintracht benannt. Möge dies ein prophetischer Name sein. Es herrsche Eintracht in diesem eurem Land. Eine Eintracht ohne Tote, ohne Ermordete, ohne Ängste, ohne Drohungen, ohne Opfer. Es herrsche Eintracht. Es herrsche Frieden, nach dem sich jedes Volk sehnt, jeder Mensch,

Nein zur Gewalt

Ich will nun ein eindringliches Wort an die Menschen richten, die ihr Vertrauen auf den bewaffneten Kampf gesetzt haben; an jene, die sich von falschen Ideologien so weit haben täuschen lassen, dass sie meinen, der Terror und die Aggressivität, die die bereits beklagenswerten sozialen Spannungen verschlimmern und gewaltsam eine äußerste Konfrontation herbeiführen, könnten eine bessere Welt bringen. Ihnen will ich sagen: Das Böse ist niemals ein Weg zum Guten!

jede Familie. Nach so viel Leiden habt ihr das Recht, in Frieden zu leben. Die Schuldigen, die diesen Frieden stören, haben so viele Menschenopfer auf dem Gewissen. Sie müssen begreifen, dass es nicht erlaubt sein kann, unschuldige

Menschen zu töten. Gott hat gesagt: *Du sollst nicht töten!* Kein Mensch, keine menschliche Vereinigung, keine Mafia darf dieses heiligste Gebot Gottes ändern und mit Füßen treten. Das sizilianische Volk ist ein Volk, welches das Leben liebt und das Leben schenkt. Dieses Volk kann nicht immer unter dem Druck einer entgegengesetzten Gesellschaft, einer Gesellschaft im Zeichen des Todes leben. Hier bedarf es einer Gesellschaft im Zeichen des Lebens. Im Namen des gekreuzigten und auferstandenen Christus, des Christus, der der Weg, die Wahrheit und das Leben ist, wende ich mich an die Verantwortlichen: Kehrt um, eines Tages kommt das Gericht Gottes!

Meine Lieben, ich danke euch für eure Teilnahme an diesem so eindrucksvollen, tiefen und teilnahmsvollen Gebet. Ich schließe mit dem Gruß: Gelobt sei Jesus Christus, der Weg, die Wahrheit und das Leben. Amen.

Für den Frieden in der Welt

Der wahre Friedensstifter ist der, der nicht nur auf die Anwendung von Gewalt als normalem Handlungsverlauf verzichtet, sondern auch den Mut hat, die Feinde des Friedens zu bekämpfen. Der Friedensstifter kämpft nicht mit physischen Waffen oder gegen eine andere Person oder eine andere Nation, sondern gegen die Selbstsucht in all ihren Formen, die uns hindert, die anderen als Brüder und Schwestern einer einzigen Menschheitsfamilie zu sehen. Er kämpft gegen Gleichgültigkeit und Apathie gegenüber Armut, Schmerz und Leiden, weil aus der christlichen Sicht des menschlichen Lebens diese Situationen weder Fatalismus rechtfertigen noch Zeichen der Verwünschung sind. Vielmehr führen sie uns zur Erlösung, wenn sie verbunden sind mit dem Kreuz und der Auferstehung Jesu Christi, unseres Heilands, dessen unschuldiges Leiden für immer ein Zeichen der Hoffnung für alle Menschen bleibt.

Echter Friede

Echter Friede beginnt in Geist und Herz, im Willen und in der Seele der menschlichen Person, denn er entsteht aus der echten Liebe zu anderen. Tatsächlich kann man sagen, Friede sei das Ergebnis der Liebe, wenn sich Menschen also bewusst entscheiden, ihre Beziehungen zu anderen zu verbessern und alles zu tun, um Spaltungen und Missverständnisse zu überwinden und, wenn möglich, sogar Freunde zu werden.

• Petersplatz, Vatikanstadt
Januar 1991

• Siaulai, Litauen
7. September 1993

• Hiroshima, Japan
25. Februar 1981

• Agrigent, Italien
9. Mai 1993

• Bangkok, Thailand
10. Mai 1984

• Singapur
20. November 1986

Nein zur Gewalt
• Ayacucho, Peru
3. Februar 1985

Der Dialog wird wieder aufgenommen

7.-9. Mai 1999

Eine Reise voller Geschichte, Gesten und Zukunft" – so titelte der *Osservatore Romano* nach dem Besuch Johannes Pauls II. in Rumänien. Nicht unerwähnt sollte bleiben, dass dies die erste Reise ist, die je ein Papst nach dem Schisma von 1054 in ein mehrheitlich orthodoxes Land unternommen hat. Dem von Alter und Krankheit zwar gezeichneten, aber dennoch ungebrochenen Papst gelingt es also wieder einmal, eine Mauer niederzureißen.

Doch die Pontifikalreise wird von zwei Ereignissen überschattet. Zum einen tobt vor den Toren des Landes schon wieder ein blutiger Krieg auf dem Balkan, zum anderen ist Johannes Paul II. genötigt, ein Pfand zu bezahlen, um rumänischen Boden betreten zu können: Er muss seinen Besuch auf Bukarest beschränken, in dessen Erzdiözese etwas mehr als 100 000 (römisch-katholische) Katholiken leben, und darf nicht nach Siebenbürgen fahren, wo eigentlich die Mehrheit der rumänischen Katholiken, sowohl des orthodoxen als auch des römisch-katholischen Ritus, ansässig ist. Die Enttäuschung bei diesen Gläubigen, die seit dem Ende des kommunistischen Regimes auf den Besuch des Papstes warten, ist groß; doch seitens des Heiligen Stuhls war dies ein Zugeständnis an die orthodoxe Kirche. Dahinter verbarg sich die Absicht, einen ökumenischen Dialog zwischen zwei Kirchen aufzubauen, deren Beziehungen in der letzten Zeit äußerst angespannt waren. Zu Konflikten kam es vor allem in Siebenbürgen, wo die griechisch-katholische Kirche nach Einführung der Religionsfreiheit im Jahre 1990 damit begann, von den Orthodoxen die Kirchen und Pfarrhäuser zurückzufordern, die die Kommunisten enteignet und den Orthodoxen übergeben hatten.

Heilende Nächstenliebe

Diese Tage sind für die Christen Tage der Vergebung und der Versöhnung. Ohne dieses Zeugnis wird die Welt nicht glauben: Wie können wir glaubhaft von Gott sprechen, der die Liebe ist, wenn es keinen Waffenstillstand für das Gegeneinanderstehen gibt? Heilt die Wunden der Vergangenheit durch die Liebe. Das gemeinsame Leiden soll keine Trennung verursachen, sondern das Wunder der Versöhnung wecken.

Bukarest, 8. Mai 1999

RUMÄNIEN	
Republik	
Fläche:	238 391 km²
Bevölkerung:	22 607 620 Einwohner
Hauptstadt:	Bukarest
Amtssprache:	Rumänisch
Religion:	86,8 % Orthodoxe, 5,1 % Katholiken und 3,5 % Protestanten

Gegenüberliegende Seite links: Die apostolische Reise beginnt mit dem Besuch der orthodoxen Kathedrale. Den Willkommensgruß überbringt Teoctist, der Patriarch der orthodoxen Kirche Rumäniens (unten rechts neben dem Papst). Darüber: Der alte Prälat, dem Johannes Paul II. die Stirn küsst, ist der heldenhafte Kardinal Alexandru Todea, der als einziger der zwölf griechisch-katholischen Bischöfe das Blutbad der Kommunisten überlebte und seit 1950 im Untergrund tätig war.

Links: In der katholischen Kathedrale hatte Johannes Paul II. den Vorsitz während der von Metropolit Muresan gefeierten Göttlichen Liturgie im Byzantinischen Ritus. Unten: Der bewegende Besuch des „Heldenfriedhofs", wo die Opfer der Revolution von 1989 begraben liegen.

Die Reise des Papstes ist indes ein großer Erfolg, insbesondere in ökumenischer Hinsicht, zumal zwischen Johannes Paul II. und dem Patriarchen Teoctist ein außergewöhnliches Einvernehmen herrscht, das mit einigen bedeutungsvollen Gesten besiegelt wird: die gemeinsame Segnung der in der Patriarchenkathedrale versammelten Menge, die Anwesenheit von Johannes Paul II. bei der orthodoxen Göttlichen Liturgie unter dem Vorsitz Teoctists, die der Patriarch bei der feierlichen Konzelebration unter dem Vorsitz des Papstes erwidert, sowie ein gemeinsam unterzeichneter Appell für den Frieden im Kosovo. Jenseits der offiziellen Begegnungen zeigt sich, dass sich die beiden alten Hirten auf Anhieb verstehen – was für die ökumenische Zukunft der beiden Kirchen hoffen lässt.

Zu erwähnen sind auch noch einige ergreifende Momente der Reise wie zum Beispiel der Besuch der Märtyrergräber auf dem katholischen Friedhof in Bukarest oder die Begegnung mit dem heldenhaften Kardinal Alexandru Todea, der das kommunistische Blutbad überlebte.

Im Zeugnisablegen vereint

Das gemeinsame Zeugnis ist ein wirksames Mittel zur Evangelisierung. Spaltung hingegen zeigt den Sieg der Finsternis über das Licht an. (...) Gott weiß, dass unsere Welt, unser europäischer Kontinent, den wir eigentlich von Brüderkriegen befreit sehen möchten, ein Zeugnis brüderlicher Liebe brauchen, das über Hass und Auseinandersetzung die Überhand gewinnt und die Herzen zur Versöhnung bereit macht! Wo sind unsere Kirchen, wenn der Dialog verstummt und die Waffen ihre Sprache des Todes ertönen lassen? (...) Geben wir der Kirche eine sichtbare Einheit zurück, sonst verliert die Welt ein Zeugnis, das nur die Jünger des (...) Gottessohnes liefern können.

Bukarest, 8. Mai 1999

MUT ZUR VERGEBUNG

12.-13. April 1997

Bereits seit einigen Jahren trägt der Papst den sehnlichen Wunsch in sich, persönlich zu euch zu kommen. Heute hat sich dieser Wunsch endlich erfüllt (...). Der Friede sei mit euch allen, Männer und Frauen von Sarajewo. Der Friede sei mit euch, Bewohner Bosniens und der Herzegowina!" Diese Worte, mit denen Johannes Paul II. am 13. April 1997 die 50 000 Menschen begrüßt, die sich im Kosevo-Stadion in Sarajewo versammelt haben, geben wohl nicht die ganze Aufregung wieder, die dieser lang ersehnten, geplanten und wieder verschobenen Reise vorausgingen. Sarajewo, die blutige Kreuzung europäischer Schicksalswege, Anfang und Ende der Konflikte in diesem kurzen Jahrhundert, aber auch Symbol für die Erneuerung des friedlichen Zusammenlebens unter den Völkern. Bereits am 9. und 10. Januar 1993, als der Konflikt noch voll im Gange war, rief der Papst die Menschen in Assisi zusammen, um gemeinsam mit ihnen für den Frieden in Bosnien-Herzegowina zu beten. An dieser eindrucksvollen Veranstaltung nahmen bischöfliche Vertreter aus ganz Europa neben jüdischen und islamischen Abgesandten teil. Am 8. September 1994 dann, dem Tag der Geburt Mariä, ist Johannes Paul II. bereit, das Flugzeug nach Sarajewo zu besteigen, doch in letzter Minute muss die Abreise aus Sicherheitsgründen verschoben werden. Der Papst muss sich damit zufrieden geben, telefonisch von Castel Gandolfo aus über das Fernsehen mit Bosnien in Verbindung zu treten. Am 9. September 1995 schließlich versammeln sich 500 000 Jugendliche aus Europa in Loreto um den Papst zum Gebet, um ihre Solidarität mit den Menschen auf dem Balkan zu bekunden.

Das Land, das der Papst 1997 dann schließlich besucht, trägt noch die sichtbaren Zeichen der Zerstörung. Dass es zum Frieden noch ein weiter Weg ist, beweist die Präsenz der internationalen Friedenstruppen. Doch die anfänglich noch etwas gedrückte Stimmung bei der Ankunft des Papstes auf dem Flughafen löst sich allmählich während der ersten Vesper in der Kathedrale und wird bei

BOSNIEN – HERZEGOWINA

Bundesrepublik

Fläche:	51 129 km²
Bevölkerung:	3 124 000 Einwohner
Hauptstadt:	Sarajewo
Amtssprache:	Serbokroatisch
Religion:	40 % Moslems, 31 % Orthodoxe, 15 % Katholiken und 4 % Protestanten

Unten: Der Papst betritt nach jahrelangem Warten endlich den Boden Sarajewos; an seiner Seite Präsident Alija Izetbegovič

Rechts: Die Begegnung mit den Vertretern der serbisch-orthodoxen Kirche am Morgen des 13. April.

der großen Konzelebration am Sonntag im Kosevo-Stadion richtig festlich. Es fällt Schnee über Sarajewo, doch im Stadion versammeln sich 25 000 Pilger aus dem gesamten Land und ebenso viele Gläubige aus Sarajewo.

Zur Botschaft dieser apostolischen Reise gehört der Aufruf zum Frieden und zur Versöhnung sowie zum friedlichen Zusammenleben unterschiedlicher Ethnien und Religionen. „Um auf dem Untergrund von soviel Blut und Hass stabil zu sein", sagt der Heilige Vater bei einem Treffen mit den Obrigkeiten Bosniens und Herzegowinas, „muss das Haus des Friedens auf dem Mut zur Vergebung ruhen. Man muss lernen, um Vergebung zu bitten und zu vergeben." Durch die Begegnung mit anderen religiösen Gemeinschaften unterstreicht Johannes Paul II. seine Worte eindrucksvoll.

Die eucharistische Konzelebration im Kosevo-Stadion, bei der trotz dichtem Schneefall 50 000 Pilger anwesend waren.

Symbol des Jahrhunderts

(...) Sarajevo, die Stadt, in der Spannungen zwischen verschiedenen Kulturen, Religionen und Völkern aufeinanderprallen, kann als die Symbolstadt unseres Jahrhunderts betrachtet werden. Denn genau hier hat der Erste Weltkrieg seinen Ausgang genommen; hier haben die Schrecken des Zweiten Weltkriegs besonders heftig gewütet; und hier hat schließlich am Ende unseres Jahrhunderts die Bevölkerung zwischen Zerstörung und Tod endlose Jahre der Angst und des Schreckens erlebt. (...) In historischer Hinsicht könnte Sarajevo und ganz Bosnien-Herzegowina, wenn ihre institutionelle Ordnung im Frieden konsolidiert wird, am Ende dieses Jahrhunderts zu einem Beispiel des Zusammenlebens in der Verschiedenheit werden für viele Nationen (...).

Sarajevo, 13. April 1997

Der erste Besuch eines Papstes in Albanien ist zwar sehr kurz, doch umso bedeutungsvoller. Dieses bitterarme Land, das erst vor kurzem eines der blutigsten und schlimmsten kommunistischen Systeme abschütteln konnte, befindet sich nicht nur materiell, sondern auch moralisch in einem Zustand vollkommener Erschöpfung. Es ist quasi das sichtbare Zeichen für die Schäden, die man erleidet, wenn man Gott ausgrenzt. Auf der Fahrt von Tirana nach Scutari bleiben Johannes Paul II. die verfallenen und vom Einsturz bedrohten Häuser und Mauern, die verlassenen Felder und Fabriken sowie die notdürftig erhaltenen Straßen nicht verborgen. Dazwischen verstreut sind die Minibunker zu erspähen, von denen aus die kommunistischen Militärs Enver Hoxhas das Land kontrollierten. Die finsteren

Hoffnung und Wiedergeburt außerhalb der Katakomben

25. April 1993

Zeiten scheinen jedoch vorbei zu sein. „Nun kehrt die Eucharistie in euer Land zurück", sagt der Papst während der Feierlichkeiten in der Kathedrale von Scutari (der ersten seit 1967), bei der vier Bischöfe geweiht werden. „Es kehrt die Kirche zurück und steigt aus den Katakomben empor wie zu den Zeiten des alten römischen Reiches."

Der Papst weiß, dass der Weg in die Normalität lang und steinig ist, und er warnt vor den Gefahren, die ein paar Jahre später zu trauriger Gewissheit werden sollen: „Der Aufbau einer demokratischen Gesellschaft ist nie ein für alle Mal abgeschlossen: Er erfordert tägliche Wachsamkeit und die aufmerksame Mitarbeit aller." Doch es gibt auch Anlass zur Hoffnung. Sinnbild dafür ist Mutter Theresa aus Kalkutta, die kleine Missionsschwester, die ihr Herkunftsland Albanien in aller Welt bekannt machte. Ihr ausgeprägter Sinn für Menschlichkeit und Nächstenliebe sollte – wie der Papst betont – auch zur Grundlage für den Aufbau eines neuen Albanien werden. Mutter Theresa steht auch am Flughafen von Tirana, um den Heiligen Vater mit ihrem Lä-

ALBANIEN

Unabhängige, demokratische Republik seit Dezember 1990

Fläche:	28 748 km²
Bevölkerung:	3 138 300 Einwohner
Hauptstadt:	Tirana
Amtssprache:	Toskisch, eine Minderheit spricht Gegisch
Religion:	984 000 Moslems, 160 000 Orthodoxe und 124 000 Katholiken

Die Mutter der Armen

Meine Lieben! Ich kann nicht umhin, eine schlichte Frau zu begrüßen, die hier unter uns weilt. Es ist Mutter Theresa von Kalkutta. Alle wissen, woher sie stammt, welches ihr Vaterland ist. Ihr Herkunftsland ist hier. Auch während der vollständigen Isolierung Albaniens trug diese einfache Ordensfrau, diese tätige Dienerin der Armen, den Namen eures Vaterlandes in die ganze Welt. In Mutter Theresa wurde Albanien immer hoch geschätzt. (...) Heute danke ich euch im Namen der Gesamtkirche, liebe Albaner, ich danke euch für diese Tochter eures Landes, eures Volkes.

Scutari, 25. April 1993

Der Schutzwall des Glaubens

Die Religionsfreiheit jedoch, deren ihr euch heute endlich erfreut, ist nicht nur ein kostbares Geschenk des Herrn für jene, die mit der Gnade des Glaubens gesegnet sind: Sie ist eine Gabe für alle, handelt es sich doch dabei um eine grundlegende Gewähr für jede andere Ausdrucksform der Freiheit. (...) Macht man von dieser Freiheit den rechten Gebrauch, dann ist von ihr keine Unordnung in der Gesellschaft zu befürchten. Der ehrliche Glaube trennt ja die Menschen nicht, sondern eint sie trotz aller Verschiedenheiten. Nichts erinnert uns so sehr wie der Glaube daran, dass, wenn wir einen einzigen Schöpfer haben, auch alle Brüder sind! Die Religionsfreiheit ist somit ein Schutzwall gegen alle Totalitarismen und leistet einen wesentlichen Beitrag zur Verbrüderung unter den Menschen.

Tirana, 25. April 1993

cheln zu empfangen. An ihrer Seite Präsident Sali Berisha, der daran erinnert, dass Johannes Paul II. einen entscheidenden Beitrag zum Sturz des Regimes geleistet hat: „Die Kirche Polens“, so Berisha, „hat dem Heiligen Stuhl den slawischen Papst Wojtyla geschenkt, der mit der Kraft seiner Ideen und Prinzipien den ersten Beitrag zum Sturz des Eisernen Vorhangs geleistet hat. Auch heute noch kämpft er mit denselben Waffen gegen die Mauer des Geldes, die jenen Vorhang zu ersetzen droht. Deshalb ist dieser Papst auch der Papst des Wiederaufbaus und der Hoffnung.“

Gegenüberliegende Seite links: Ansprache auf dem Skanderberg-Platz. Empfang durch Präsident Sali Berisha auf dem Flughafen von Tirana (kleines Foto).

Oben links: Volkstänze auf dem Skanderberg-Platz.

Oben rechts: Der Papst begrüßt Mutter Theresa von Kalkutta, „die Dienerin der Armen, die den Namen Albaniens in die ganze Welt trug“.

Links: Die Begeisterung des Volkes auf den Straßen.

Lateinamerika

Wie die Anzahl seiner Besuche verrät, pflegt Johannes Paul II. zu Lateinamerika einen regelmäßigen persönlichen Kontakt: Insgesamt siebenundzwanzig Nationen hat er bisher besucht, einige davon – wie Mexiko und Brasilien – bis zu viermal. Viele Staaten Lateinamerikas sind Entwicklungsländer, deren Probleme in mancherlei Hinsicht mit denen in Asien oder Afrika vergleichbar sind. Doch Lateinamerika ist seit Kolumbus vorwiegend vom Christentum geprägt, und daher fühlt sich das Oberhaupt der katholischen Kirche in besonderer Weise berufen, die Diskrepanzen zwischen dem, was sein sollte und dem, was noch nicht ist, aufzuzeigen – angefangen von dem kulturellen Problem, das die Evangelisierung mit der „Conquista" gleichsetzt, bis hin zu einigen Entwicklungen des Christentums, die eine nicht ungefährliche Richtung eingeschlagen haben.

Bereits während seiner ersten Reise im Jahre 1979 kommt der Papst mit den Bischöfen Lateinamerikas zusammen, um das Phänomen der „Befreiungstheologie" näher zu ergründen. Für Lateinamerika hat Johannes Paul II. ein langfristiges, klares Konzept. Er verbindet damit zugleich die große Hoffnung, dass die Ketten, die diese Länder noch immer fesseln, gesprengt werden und die Zukunft dann wirklich diesen jungen, dynamischen Völkern gehört, die ihr Christsein innig leben. Die Frage der „Befreiung" ist für ihn ein fundamentales Problem, das sich nicht auf einige Details reduzieren lässt, sondern nur vor dem Hintergrund einer christlich bewussten Anthropologie gelöst werden kann: „Die Grundlehre dieser Anthropologie besteht in der Lehre vom Menschen als Bild Gottes, der als solches nicht zu einem Teilchen der Natur reduziert werden kann oder zu einer anonymen Nummer der menschlichen Gesellschaft" (Puebla, 1979).

Auf diesem Erdteil, der von so vielen Leiden geplagt ist, wird sich all dies verwirklichen lassen, doch der Weg, der dahin führt, ist nicht leicht. Die Probleme, die es anzugehen gilt, sind allesamt dringend, so unterschiedlich ihre Ursachen auch sein mögen: Zum einen richten Natur und Klima viel Unheil an, zum anderen ist es der Mensch selbst, der seine politischen, sozialen und wirtschaftlichen Pflichten verletzt. Neben den Auswüchsen des organisierten Verbrechens kommt es gelegentlich gar zu Gewaltakten, die an Völkermord grenzen. Die Rolle, die die Kirche bei der Lösung dieser Probleme spielt, ist in erster Linie spiritueller Art, doch der Papst wiederholt stets aufs Neue, dass sie sich aus der

Befreiung mit Blick auf die Zukunft

gesellschaftlichen Wirklichkeit nicht heraushalten kann. So fordert er auch die Laien dazu auf, politische und soziale Verantwortung zu übernehmen. Sein Vorschlag ist ein Weg der Erziehung zur Freiheit: „Freiheit, die nicht auf der Wahrheit gründet, beeinträchtigt so auch den Menschen und macht ihn sogar manchmal zum Objekt anstatt zum Subjekt seiner sozialen, kulturellen, wirtschaftlichen und politischen Umgebung (...). Diese Freiheit kann aber auch andererseits individualistische Züge annehmen, wenn man sich in seinen eigenen Egoismus einschließt, sodass man keine Notiz von der Freiheit der anderen nimmt. Die Eroberung der Freiheit in Verantwortung ist eine unumgängliche Aufgabe für alle Menschen. Für die Christen ist die Freiheit der Kinder Gottes nicht nur eine Gabe und Aufgabe, sondern sie zu erlangen bedeutet ein unschätzbares Zeugnis und einen echten Beitrag auf dem Weg der Befreiung des ganzen Menschengeschlechts. Diese Befreiung beschränkt sich nicht auf soziale und politische Aspekte, sondern sie erfährt ihre Fülle erst in der Ausübung der Gewissensfreiheit. Diese ist die Basis und das Fundament aller übrigen Menschenrechte."

In diesem mit Rekorden so reich gesegneten Pontifikat gebührt der mexikanischen Nation die Ehre, dass sie den polnischen Papst auf seiner allerersten internationalen Pilgerreise empfangen darf. Mag der Zeitpunkt dieser Reise – nur drei Monate nach Karol Wojtylas Wahl zum Papst – für viele überraschend gewesen sein, so erscheint sie rückblickend und in Anbetracht ihrer Beweggründe dennoch vollkommen gerechtfertigt.

Nach vier Besuchen in einem Zeitraum von zwanzig Jahren kann auch Mexiko selbst ermessen, wie sehr sich der Katholizismus des Landes in der Zwischenzeit gewandelt hat: Aus einem offiziell antikatholischen Staat, der es den Priestern verbot, auf der Straße den Talar zu tragen, ist eine Nation geworden, die im Christentum einen Motor für Fortschritt und Wandel sieht. Zu dieser Entwicklung, die eher an einem veränderten Verhalten als in den offiziellen Kommuniqués der von der Partei der Institutionalisierten Revolution gestellten Regierung festzustellen ist – wobei die Religiosität des Volkes stets außer Frage stand –, hat nicht zuletzt „Morenita", jenes dunkelhäutige Mädchen aus einem Vorort von Mexiko-Stadt, beigetragen: Die Liebe Frau von Guadalupe nämlich, die Königin Amerikas, die zwischen 1979 und 1999 stets zum festen Besuchsprogramm des Papstes gehörte, ist die beliebteste Heilige des mexikanischen Volkes und sorgt zugleich für sozialen Zusammenhalt. An der Stelle, an der das Abbild der heiligen Jungfrau im Jahre 1531 wundersamerweise auf dem Gewand des Indios Juan Diego erschien, steht heute die größte Wallfahrtskirche der Welt (12 000 Plätze im Inneren und 30 000 auf dem Vorplatz der Kirche), die 1976 neben dem alten Bau errichtet wurde. Vom Dach der Basilika wehen die vierundzwanzig Flaggen der amerikanischen Nationen und die Flagge der Philippinen. Die

Unter den Augen der Morenita

26.-31. Januar 1979

6.-13. Mai 1990

11.-12. August 1993

22.-26. Januar 1999

Rechte und Pflichten der Arbeiter

Für den Christen genügt es nicht, die Ungerechtigkeiten anzuklagen, von ihm verlangt man auch, dass er ein wahrer Zeuge und Förderer der Gerechtigkeit ist. Wer arbeitet, besitzt Rechte, die er loyal verteidigen muss, aber er hat auch Pflichten, die er hochherzig erfüllen muss. Als Christen seid ihr aufgerufen, Baumeister der Gerechtigkeit und der wahren Freiheit zu sein, nicht nur Schmiede der sozialen Liebe.

Guadalajara, 30. Januar 1979

Rechts: Empfang in der „Villa" von Guadalupe, dessen Vorplatz mit einem Blumenmuster gepflastert ist. Links ist die neue Basilika zu erkennen.
Unten: Der Papst begrüßt die um das Azteken-Denkmal versammelte Menschenmenge (Januar 1979).

Links: Der Papst als väterlicher Freund.
Oben und unten: Zwei Aufnahmen von der Messe in der neuen Basilika. Bei den Feierlichkeiten zur Seligsprechung von fünf Mexikanern waren sämtliche Bischöfe des Landes sowie etwa 1000 Priester zugegen (Mai 1990).

„Morenita“ (so genannt aufgrund ihres dunklen Bildnisses) wird in ganz Mexiko auf eine hingebungsvolle und zärtliche Weise verehrt und in Tänzen und Liedern besungen. Dass sich der Papst, der viel auf das „Totus tuus“ und die ebenso verehrte schwarze Madonna von Tschenstochau hält, sogleich dieser mexikanischen Marienverehrung anschließt, ist daher nicht überraschend. „Ich werde der Jungfrau die Geschicke des lateinamerikanischen Kontinents anvertrauen“, sagt er denn auch am Vorabend seiner ersten Reise.

Der Besuch Mexikos im Jahre 1979 ist von einem dringlichen und in gewisser Weise auch beunruhigenden Thema bestimmt: In Puebla beginnen die Tagungen zur Dritten Generalkonferenz der lateinamerikanischen Bischöfe, die geprägt ist von einem sehr starken, fast nicht zu überwindenden Widerspruch zwischen dem spirituellen Auftrag der Kirche – unter diesem Gesichtspunkt erscheint die Reise des Nachfolgers des Apostels Petrus als „Bestätigung“ des Einklangs

Der wahre Fortschritt

Um tatsächlich am solidarischen Bemühen der Menschheit teilnehmen zu können, fordern die Völker Lateinamerikas mit Recht, man möge ihnen die gerechte Verantwortung für die Güter übertragen, die ihnen die Natur geschenkt hat (...). Es sind notwendige Reformen und kühne Neuerungen vorzunehmen, um die schweren, aus der Vergangenheit übernommenen Ungerechtigkeiten abzubauen und den Herausforderungen zur großartigen Umgestaltung der Menschheit zu begegnen. (...) Wenn die Menschheit den Entwicklungsprozess, der ihr aus den Händen zu gleiten droht, meistern will, wenn sie sich der Versuchung des Materialismus, die in einer hoffnungslosen Flucht nach vorne an Boden gewinnt, entziehen will, wenn sie für Menschen und Völker den echten Fortschritt gewährleisten will, dann muss sie ihre Vorstellungen und Begriffe, unter deren verschiedenen Bezeichnungen die geistlichen Werte nachlässig verkümmern, radikal überprüfen.

Monterrey, 31. Januar 1979

MEXIKO

Präsidiale Bundesrepublik

Fläche:	1 958 201 km^2
Bevölkerung:	94 275 000 Einwohner
Hauptstadt:	Mexiko-Stadt, 8 489 007 Einw. (1995), 16 674 000 Einw. im gesamten Ballungsgebiet (1995)
Amtssprache:	Spanisch
Religion:	mehrheitlich katholisch

und der Einheit – und der schwärenden Wunden, die Verfolgung, Leid und Armut diesem Erdteil zugefügt haben. Die Kirche Christi muss natürlich auf der Seite der Armen und Schwachen stehen, doch die „Befreiungstheologie", die vielerorts aus dieser Grundeinstellung entstanden ist, vermag teilweise nicht mehr zwischen Gebet und politischer Aktivität zu unterscheiden.

Die wahre Befreiung

Johannes Paul II. fliegt nach Puebla, um all jene in ihrem Glauben zu bestärken, die sich für die Evangelisierung einsetzen – Bischöfe, Priester, Geistliche und Laien. Darüber hinaus ist ihm sehr daran gelegen, den Unterschied aufzuzeigen zwischen jenen, die unermüdlich für die menschliche Würde eintreten, und jenen, die die Not für ihre weltlichen und parteipolitischen Zwecke ausnutzen. Die Befreiung, so wird er vor den versammelten Bischöfen verkünden, „ist in erster Linie die Erlösung von der Sünde und dem Bösen sowie die Freude, Gott zu erfahren und von ihm erfahren zu werden. Eine Befreiung, die aus Versöhnung und Verzeihen besteht", nicht aus Hass und Klassenkampf. Wie um der Kraft seiner Worte Taten folgen zu lassen, kommt er während seiner siebentägigen Pilgerreise mit rund 20 000 Menschen zusammen. Die Bilder aus Mexiko-Stadt, Puebla, Oaxaca, Guadalajara und Monterrey sowie von der letzten Etappe in Nassau, auf den Bahamas, werden vom Fernsehen in die ganze Welt übertragen und stellen eine neue Art der Kommunikation dar.

Der eindrucksvolle Rahmen des Aztekenstadions, in dem Johannes Paul II. am 25. Januar 1999 die „Begegnung mit den vier Generationen dieses Jahrhunderts" leitete.

Gemeinsam mit Jesus

Die Christen des 21. Jahrhunderts besitzen aber auch in den kirchlichen Gemeinschaften der erste Jahrhunderte eine unversiegbare Quelle der Inspiration. Alle, die mit Jesus zusammengelebt oder direkt das Zeugnis der Apostel vernommen haben, fühlten, dass ihr Leben verwandelt und von neuem Licht erfüllt war. Aber sie mussten ihr Leben in einer gleichgültigen, ja bisweilen feindseligen Welt leben. Die Aufgabe, die Welt mit der Wahrheit des Evangeliums zu durchdringen, mit vielen Überzeugungen und Gewohnheiten zu brechen, die die Menschenwürde verleugneten, verlangte große Opfer, solide Beharrlichkeit und große Kreativität. Nur durch den unerschütterlichen Glauben an Christus (...) konnten die ersten christlichen Generationen jene Schwierigkeiten überwinden und schafften es, die Geschichte der Menschheit mit der Neuigkeit des Evangeliums zu befruchten, wofür sie oft ihr eigenes Blut vergossen haben. In der neu aufkommenden Ära der Informatik (...), einer Ära, die immer mehr einer Globalisierung entgegenstrebt, in welcher der Austausch wirtschaftlicher und sozialer Beziehungen immer schneller wird, steht ihr, liebe Jugendliche, jener Herausforderung gegenüber, Verstand und Herz der Menschheit für die Neuigkeit von Christus und die Dankbarkeit Gott gegenüber zu öffnen. Nur auf diese Weise entfernen wir uns von dem Risiko einer Welt und einer Geschichte ohne Seele, die von ihren technischen Errungenschaften zwar eingenommen ist, aber der Hoffnung und der tieferen Sinngebung entbehrt.

Mexiko-Stadt, 25. Januar 1999

Links: Johannes Paul II. zog es während seiner Pilgerreisen nach Mexiko immer wieder zur „Morenita", dem wundersamen Bildnis der heiligen Jungfrau von Guadalupe aus dem Jahr 1531. Bis heute ist nicht geklärt, wie der Abdruck auf den Stoff gekommen ist.

Von der ersten nun zur letzten Reise: Die apostolische Mahnschrift *Ecclesia in America*, die am 22. Januar 1999 erlassen wurde, stellt – gemeinsam mit der feierlichen Konzelebration am 23. Januar in der Basilika von Guadalupe – einen Wendepunkt in der Arbeit so vieler Jahre dar. Mögen die Probleme auch noch nicht alle gelöst sein, so fordert der Papst die Menschen dennoch auf, nach oben zu schauen, den Horizont zu erweitern und zum Angriff überzugehen: „Amerika, Land Christi und Mariens! Du hast eine wichtige Rolle beim Aufbau der neuen Welt." Genau zwanzig Jahre nach der ersten Reise kommt es im riesigen Aztekenstadion zur eindrucksvollen und fast prophetischen Begegnung mit vier Generationen, zu der Menschen aus ganz Südamerika angereist sind, die den Papst hören wollen.

Zwei Zwischenetappen

Zwischen diesen beiden Reisen fand im Mai 1990 noch ein weiterer Besuch statt, zu dessen Höhepunkt die Seligsprechung Juan Diegos und vier anderer Mexikaner gehörte – als Stellvertreter für die Einheit von Glauben und neuer Welt sowie für menschliche Ideale, die der Ausbeutung in den Elendsvierteln, dem Alkohol und den Drogen entgegengehalten werden. Erwähnenswert unter den besuchten Orten ist Tuxtla, die Hauptstadt des Landes Chiapas: Hier leben die Campesinos und die von den Großgrundbesitzern vertriebene eingeborene Bevölkerung. Sein letzter Abstecher führt den Papst auf die Insel Curaçao (Niederländische Antillen).

Der apostolische Besuch im August 1993 konzentriert sich auf Izamal und Mérida, wo es zu engeren Kontakten zu den Mayas und den Eingeborenengemeinden kommt – für den Papst eine Möglichkeit, die Evangelisierung fest in die 1000-jährige Geschichte Mexikos einzubinden.

Brasilien, dieses riesige Land, in dem einfach alles in gewisser Weise über das normale Maß hinauszugehen scheint: die Entfernungen, die Blumen, die Früchte, die Gefühle, und nicht zuletzt auch das Gute wie das Böse der Menschen. Ein wunderbares Land, in dem die verschiedensten Rassen vorurteilslos zusammenleben, doch auch ein erschreckendes Land, in dem Menschen auf der Straße geboren werden, sich verkaufen, dahinvegetieren und sterben, ohne dass jemand davon Notiz nimmt. In diesem Land, das die zahlreichen Herausforderungen des lateinamerikanischen Kontinents ebenso wie die vielen Wege der christlichen Evangelisierung in sich vereint, erkennt Johannes Paul II. einen unerschöpflichen geistigen Quell für sein Vorhaben. Sollten die Voraussagen etlicher Wirtschaftsfachleute zutreffen, wonach Brasilien eine führende Position in der Welt einnehmen wird, sobald es sich von den Fesseln seiner noch unvollständigen Entwicklung befreit hat, so ist in gleichem Maße davon auszugehen, dass ein Brasilien, das sein Christentum freudig und lebendig praktiziert, dem christlichen Glauben starken Auftrieb geben würde.

Lasst sie zu mir kommen

30. Juni-11. Juli 1980

11. Juni 1982

12.-21. Oktober 1991

2.-6. Oktober 1997

Das Verhältnis zwischen Karol Wojtyla und den Brasilianern ist von Anbeginn an sehr eng. Auf seiner ersten zwölftägigen Reise besucht er dreizehn Städte, legt 30 000 Kilometer zurück und begegnet mindestens zwanzig Millionen Menschen. Sein Hauptanliegen ist stets dasselbe: All jenen Menschen eine Stimme zu geben, die keine haben – weil sie zu schwach sind oder zu arm, oder weil ihre Not zu groß ist. „Du bist

Heraus aus den Favelas

Ihr müsst für das Leben kämpfen, alles tun, um die eigenen Lebensbedingungen zu verbessern; das ist eine heilige Pflicht, weil es auch der Wille Gottes ist. Sagt nicht, es sei der Wille Gottes, dass ihr in Armut, Krankheit und schlechten Wohnungen bleibt, was oft genug eurer Würde als Menschen widerspricht. Sagt nicht: Es ist Gott, der es will. Ich weiß, dass dies nicht nur von euch abhängt. Es ist mir nicht unbekannt, dass andere viel tun müssen, um die schlechten Bedingungen, die euch betreffen, zu ändern und zu verbessern. Aber ihr selbst müsst immer die Ersten sein, das eigene Leben nach allen Seiten zu verbessern.

Salvador de Bahia, 7. Juli 1980

Die erste Begegnung zwischen Johannes Paul II. und den Brasilianern. Rechts: Der lebhafte Empfang in Belo Horizonte. Oben: Der Chor der Wallfahrtskirche Unserer Lieben Frau von Aparecida in der gleichnamigen Stadt.

Oktober 1991.
Oben: Eine der jungen Frauen, die mit ihren Tänzen zu den Feierlichkeiten von São Luis beigetragen haben.
Oben links: Der Papst bei den Indios in Cuiabá zu Gast.
Unten links: Kinder begrüßen den Papst auf dem Flughafen von Maceiò.

BRASILIEN

Präsidiale Bundesrepublik

Fläche:	8 511 996 km²
Bevölkerung:	159 690 000 Einwohner
Hauptstadt:	Brasilia
Amtssprache:	Portugiesisch; die Indianer haben ihre eigenen Sprachen: Die Hauptsprachen sind Karibisch, Goajiro sowie Guaraní.
Religion:	70 % Katholiken, 19 % Protestanten, daneben 1 625 000 Animisten, 119 000 Juden, 298 000 Moslems und 2 073 000 Atheisten

unsere Stimme“, rufen sie ihm zu, und Johannes Paul II. sieht sich gern als Vorkämpfer der Grundrechte, wobei er beim Namen nennt, was wirklich zählt: „Die Kirche der Armen will nicht einer Sache dienen, die Spannungen verursacht und zum Kampf der Menschen untereinander führt. Der einzige Kampf, die einzige Schlacht, der die Kirche dienen will, ist der edle Kampf für die Wahrheit und die Schlacht für das wahre Gute, die Schlacht, in der die Kirche mit jedem Menschen solidarisch ist.“ Mit diesen Worten spricht der Papst als Seelsorger und Geistlicher zu den Brasilianern, und wenn er sich politisch auch nicht einmischen will, so ist die klare Botschaft der religiösen Werte dennoch eindeutig.

Die Qualität des Dialogs

Die Reise des Jahres 1982 ist im Grunde nur eine Zwischenlandung in Rio de Janeiro auf dem Weg nach Argentinien. Trotz der frühen Morgenstunden finden sich 40 000 Brasilianer zum Empfang des Papstes ein, um mit ihren „João de Deus“-Rufen die festliche Atmosphäre von vor zwei Jahren erneut wachzurufen. Nun werden sie neun Jahre warten müssen, um Johannes Paul II. wiederzusehen, aber ihr Warten wird mit einer zehntägigen Katechese belohnt, die den Dialog genau an der Stelle wieder aufnimmt, an der er unterbrochen wurde. Ist es einerseits eine unbestreitbare Tatsache, dass dieser Papst besonderen Wert darauf legt,

Das Zweite Welttreffen der Familien in Rio de Janeiro vom 3. bis 5. Oktober 1997. Oben: Eine Aufnahme von den Feierlichkeiten am 4. Oktober in der Kathedrale von Rio, die dem heiligen Sebastian geweiht ist.

Rechts und gegenüberliegende Seite oben: Über zwei Millionen Gläubige nahmen stellvertretend für die Familien der ganzen Welt an der feierlichen eucharistischen Konzelebration am Vormittag des 5. Oktober auf dem Aterro do Flamengo in Rio de Janeiro teil.

seine Ansprachen stets gezielt auf das jeweilige Volk abzustimmen, das er besucht, so ließe sich andererseits eine Liste von Nationen aufstellen, die ganz bestimmte historische und gesellschaftliche Entwicklungen ihrem Verhältnis zum Papst verdanken. Auf dieser Liste, an deren Spitze natürlich Polen stünde, wären nicht wenige lateinamerikanische Länder zu verzeichnen – neben Chile, Cuba und Nicaragua gewiss auch Brasilien.

Mit den Familien neu beginnen

Am 12. Oktober 1991 besucht der Papst Natal, die Hauptstadt des Bundesstaates Rio Grande do Norte, in dem die Hälfte aller unterernährten Kinder Brasiliens lebt. Von dort aus geht es über São Luis weiter nach Brasilia, Cuiabá, Campo Grande, Florianópolis, Vitória, Maceió und Salvador de Bahia: Wie auf einem Rosenkranz reihen sich die Städte der Heimatlosen aneinander, und Johannes Paul II. betet furchtlos jedes Glied dieses Rosenkranzes zum Schutz der Kinder wie der eingeborenen Völker, der Kranken, Ausgestoßenen und Obdachlosen. Hier zeigt sich eine ganz andere Seite Brasiliens, das sich sonst auf Postkarten gern seiner schönen Strände rühmt. In diesem Brasilien gibt es Menschen, die tagtäglich ums Überleben kämpfen. Unvergesslich bleibt die Begegnung mit den 30 000 Kindern in Salvador de Bahia, bei der der Papst seine Worte zum Thema Straßenkinder – der „meninos de rua", ausgesetzte Kinder, die zu kommerziellen Zwecken missbraucht werden – derart deutlich wählt, als wolle er sie regelrecht in den Himmel meißeln: „Erst wenn das Leben der Kinder wirklich Priorität für euch hat, wird Brasilien in jeder Hinsicht ein entwickeltes Land sein."

Glück

Eltern und Familien der ganzen Welt, lasst mich euch sagen: Gott beruft euch zur Heiligkeit! Er selbst hat uns in Christus *erwählt vor der Erschaffung der Welt* – sagt uns der heilige Paulus –, *damit wir heilig und untadelig leben vor Gott* (Eph 11,4). Er liebt euch über die Maßen, er will euer Glück. Aber er will, dass ihr immer das Treusein mit dem Frohsein zu verbinden wisst, denn das eine kann man nicht ohne das andere haben. Lasst nicht zu, dass eine hedonistische Mentalität, ehrgeizige Bestrebungen und Egoismus in euer Heim eindringen. Seid Gott gegenüber großmütig.

Rio de Janeiro, 5. Oktober 1997

Gewiss war es auch kein Zufall, dass Johannes Paul II. 1997 ausgerechnet Brasilien und Rio de Janeiro auserwählt hat, um hier das II. Welttreffen der Familien zu feiern. Das erste Treffen dieser Art fand bereits 1994 in Rom statt. Auf dem „Aterro do Flamengo“ (einer ausgedehnten Grünfläche im Herzen Rios) fanden sich über zwei Millionen Gläubige ein, darunter Tausende von Familien, mit ihren Sorgen und Freuden stellvertretend für die Freuden und Leiden der Familien auf der ganzen Welt. Wie überall muss auch in Brasilien – so der Papst – die Gesundung der Gesellschaft und die Kraft der Evangelisierung von den Familien ausgehen.

Unten rechts: Johannes Paul II. spricht am Freitag, dem 3. Oktober, im Kongresszentrum von Rio de Janeiro zu den Bischöfen und Delegierten, die an dem pastoraltheologischen Kongress teilnehmen.
Links: Das Maracanã-Stadion, wo die Begegnung des Papstes mit Familien aus der ganzen Welt stattfand.

Evangelium

Evangelisieren heißt, die frohe Botschaft verkünden. Und diese frohe Botschaft, die Christus der Welt mitteilt, besteht in Folgendem: Gott, der alleinige Herr, übt Erbarmen gegenüber all seinen Geschöpfen.

Christen in der Welt

Ihr leistet ein besonderes Werk und übt eine besondere Verantwortung aus, wenn ihr euch im Apostolat von *gleich zu gleich* engagiert: Familien verkündigen Familien, Studenten verkündigen Studenten das Evangelium, junge Menschen führen junge Menschen zu Christus.

Die frohe Botschaft

Wenn die Kirche unangenehme Aussagen macht, dann tut sie das deshalb, weil sie sich dazu verpflichtet weiß. Sie tut es aus Ehrlichkeit. Es wäre allerdings viel leichter, bei Gemeinplätzen zu bleiben. Aber zuweilen muss sie in Übereinstimmung mit dem Evangelium an höheren Idealen festhalten, auch wenn sie im Gegensatz zu den gängigen Auffassungen stehen.

Aber stimmt es dann noch, dass das Evangelium eine frohe Botschaft ist? Ja, das ist es gewiss! Wie ist das möglich?

Die Antwort besteht in einem einzigen Wort, das kurz, aber dessen Inhalt so tief wie das Meer ist. Das Wort heißt *Liebe*. Das strenge Gebot kann sehr wohl in Einklang stehen mit der Freude des Herzens, wenn man bei seinem Handeln von der Liebe angetrieben wird. Wer liebt, hat keine Angst vor dem Opfer, das ein überzeugender Beweis für die Echtheit seiner Liebe ist. Ist das nicht die Erfahrung, die ihr selbst mit denjenigen macht, die ihr liebt?

Gott sucht uns

Was sucht ihr, Pilger? Diese Frage müssen wir uns alle hier stellen. Vor allem ihr, liebe Jugendliche, die ihr jetzt das Leben vor euch habt. Ich lade euch ein, endgültig die Richtung eures Wegs zu bestimmen. Mit den Worten Christi frage ich euch: Was wollt ihr? *Sucht ihr Gott? Die spirituelle Tradition des Christentums unterstreicht nicht nur die Bedeutung unserer Suche nach Gott. Sie hebt etwas viel Wichtigeres hervor: Dass Gott es ist, der uns sucht. Er kommt uns entgegen.*

Um was sie euch auch bitten, ihr werdet nicht müde, es zu tun.

Unterscheidungsvermögen

Der kulturelle und technische Austausch hat eine Art von Destabilisierung in den verschiedenen Gesellschaften zur Folge. Man braucht Hellsichtigkeit, Toleranz, ein achtsames Unterscheidungsvermögen, um eine lebendige Kultur zu bilden, die durch neue Beiträge bereichert wird, ohne ihre wahren Wurzeln zu verlieren. Das Christentum ist nicht in eure Heimat gekommen, um eine Kultur durch eine andere zu ersetzen. Das Evangelium ist für alle Völker da, und es versucht nicht, die Traditionen zu schmälern, die sich vor der Verkündigung der Missionare entwickelt haben. Aber es erhellt sie aufgrund der Offenbarung des Heilsplanes Gottes, der für die ganze Menschheit einzigartig ist.

Glaubwürdige Botschafter

Ein Botschafter wird anerkannt aufgrund seines Beglaubigungsschreibens. Er muss den glaubwürdigen Beweis liefern, dass er gesandt worden ist. Als Gesandte Christi müssen auch wir den Beweis für unseren Auftrag liefern. Und der größte Beweis ist unsere eigene Treue zur christlichen Lebensführung. Wenn wir mit Gott, mit uns selbst und mit unseren Mitmenschen versöhnt sind und wenn wir unsererseits diese Versöhnung in der Gesellschaft fördern, können wir den überzeugenden Anspruch erheben, Gesandte des Königs des Friedens zu sein.

Jesus sehen

Schaut euch um! Hört ihr nicht den Ruf so vieler Männer und Frauen aus allen Schichten, allen Rassen, jeden Lebensalters, die uns heute mehr denn je sagen, auch wenn sie diesen Wunsch nicht ausdrücklich formulieren: *Wir möchten Jesus sehen!*

Die Neuevangelisierung

Die Neuevangelisierung besteht nicht in einem *neuen Evangelium*, das ja immer von uns selber, unserer Kultur und unserer Analyse der Bedürfnisse des Menschen käme. Es wäre also gerade kein *Evangelium*, sondern bloße menschliche Erfindung und trüge kein Heil in sich. Sie besteht auch nicht darin, aus dem Evangelium alles zu entfernen, was sich die heutige Mentalität nur schwer aneignen kann. Maßstab des Evangeliums ist nicht die Kultur, vielmehr ist Jesus Christus der Maßstab einer jeden Kultur und jedes menschlichen Werkes. Nein, die Neuevangelisierung entspringt nicht dem Wunsch, *den Menschen zu gefallen* oder *ihre Zustimmung zu suchen*, sondern der Verantwortung; denn mit dem Geschenk, das Gott uns in Christus gab, haben wir Zugang zur Wahrheit über Gott und über den Menschen und damit die Möglichkeit, zum wahren Leben zu gelangen.

- Melancon de Veracruz, Mexiko, **7. Mai 1990**
- Halifax, Kanada, **13. September 1984**
- Amersfoort, Holland, **14. Mai 1985**
- Antananarivo, Madagaskar, **29. April 1989**
- Mbabano, Swaziland, **16. September 1988**
- Natal, Brasilien, **13. Oktober 1991**
- Santo Domingo, Dominikanische Republik, **12. Oktober 1992**

Gott sucht uns

- Santiago de Compostela, Spanien, **19. August 1989**

Den Frieden täglich neu erringen

11.-12. Juni 1982

6.-12. April 1987

Die Falklandinseln waren bis zu jenem bewaffneten Konflikt, der 1982 zwischen Argentinien und Großbritannien entbrannte, wohl nur sehr wenigen Menschen ein Begriff. Während die Welt den Atem anhielt, konnte Johannes Paul II. diesem allein durch menschliche Gier entfachten Streit nicht tatenlos zusehen. Kraft seiner Autorität, die im Laufe der Jahre weltweit eine stetig wachsende Anerkennung findet, besucht er als Botschafter des Friedens und als geistiger Führer beide Nationen und bürdet sich somit gleich zwei große Lasten in Folge auf: Vom 28. Mai bis 2. Juni ist er in Großbritannien und eine Woche später, am 10. Juni, landet er bereits in Buenos Aires.

Allein schon der Flug über den Atlantik kostet ihn viel Zeit, die er gern für den Besuch Argentiniens verwendet hätte. Doch in den sieben Ansprachen, zu denen sich während der zwei Tage die Gelegenheit findet, teilt er den Millionen von Zuhörern seine innersten Überzeugungen mit und bringt die Menschen dazu, über die Absurdität des Krieges zur Lösung von Konflikten zwischen den Völkern nachzudenken. Er kommt „als Pilger in schweren Zeiten", um in Lujan, dem größten Marienheiligtum des Landes, zu beten. In seinen Reden wendet er sich in erster Linie an die Jugend – ist sie es doch, die an der Front kämpft und ihr Leben lassen muss und eher als alle anderen einsieht, dass Hass nur mit Liebe und Zwist nur mit Verständnis zu besiegen ist. Von der Jugend Großbritanniens, die den Papst gebeten hat, sich als Vermittler einzusetzen, überbringt er den jungen Argentiniern eine Friedensbotschaft. Dabei gelingt es ihm, auf wundersame Weise die Wogen der Entrüstung zu glätten, die eine Woche zuvor durch den päpstlichen Besuch Großbritanniens aufgewühlt wurden. Die Presse sprach gar von einem „Affront" gegen Argentinien. Doch die bei jeder Gelegenheit wiederholten Friedensmahnungen, die ständige Erwähnung der argentinischen Nation und ihrer gefallenen Söhne, die Appelle an die Regierenden, der Brief „an die Söhne des

Zeugen der Geschichte

In diesen schwierigen, unruhigen Tagen ist die Präsenz der betenden Kirche in Argentinien unbedingt notwendig, der Kirche, die Zeugnis gibt von der Liebe und vom Frieden. Möge dieses Zeugnis vor Gott und vor den Menschen in den Kontext der bedeutsamen Ereignisse eurer derzeitigen Geschichte eingehen. Möge es die Herzen erheben. Denn mit allen Ereignissen der Menschheitsgeschichte ist auch die Heilsgeschichte verknüpft.

Buenos Aires, 11. Juni 1982

Unten: Der Empfang in Buenos Aires am 11. Juni 1982.

argentinischen Volkes“ und vor allem der Mut und die Entschlossenheit, mit der der Papst das Risiko der beiden Reisen auf sich genommen hat, sowie der tiefe Glaube des Volkes bringen die Polemik letztendlich zum Verstummen und beruhigen die erregten Gemüter. Die kriegerischen Auseinandersetzungen allerdings finden noch immer kein Ende, und der entscheidende Angriff der britischen Armee auf Port Stanley findet ausgerechnet zu jenem Zeitpunkt statt, als Johannes Paul II. mit 120 Bischöfen und 1700 Priestern in Anwesenheit der gesamten Regierung die Messe zelebriert.

1987, als Johannes Paul II. wieder nach Buenos Aires und Argentinien kommt, ist der Besuch erneut von einem Konflikt überschattet. Glücklicherweise kann dieser Konflikt zwi-

Oben Mitte: In Luján, neben Buenos Aires die einzige Stadt, die der Papst während seiner Argentinien-Reise 1982 besuchte, wird die „Muttergottes der reinen und unbefleckten Empfängnis“ verehrt.
Unten Mitte: Im Palermo-Park von Buenos Aires scharten sich nicht weniger als zwei Millionen Menschen um Johannes Paul II.

Unten: Während der Rede des Kardinals Juan Carlos Aramburu, des Erzbischofs von Buenos Aires.

ARGENTINIEN

Präsidiale Bundesrepublik

Fläche:	2 780 092 km²
Bevölkerung:	27 862 771 Einwohner
Hauptstadt:	Buenos Aires
Amtssprache:	Spanisch
Religion:	86,6 % Katholiken, 500 000 Juden, 350 000 Protestanten

schen Argentinien und Chile nicht zuletzt dank der Vermittlung des Heiligen Stuhls noch rechtzeitig abgewendet werden. Zehn Jahre nach diesem Zwischenfall besucht Johannes Paul II. nun beide Länder zum Zeichen der Versöhnung und des Schutzes der Menschenrechte. Den herzlichen Empfang der Argentinier, der ihn auf allen Etappen seiner Reise erwartet, beantwortet der Heilige Vater mit der Aufforderung, den eingeschlagenen Weg des Friedens weiterzugehen, denn „der Friede, diese Gabe Gottes, muss täglich neu erkämpft werden“. Ein Höhepunkt der Reise sind am 10. April in Buenos Aires die grandiosen Feierlichkeiten im Stadion Vélez Sarsfield sowie die Begegnung mit den

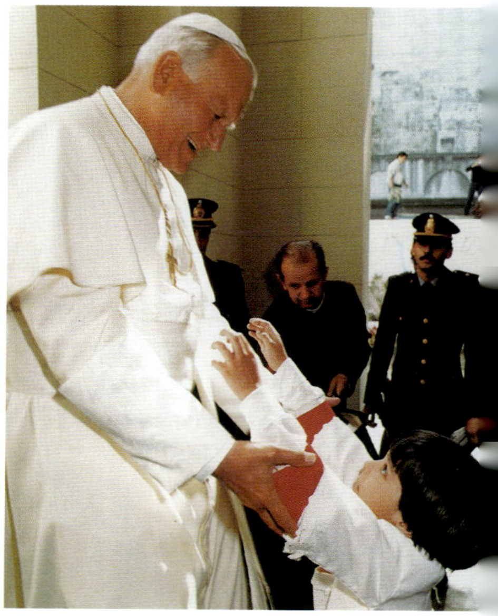

Die Argentinien-Reise 1987: Johannes Paul II. im Stadion Vélez Sarsfield in Buenos Aires.

Oben links: Der Papst mit Monsignore Andrés Sapelak, dem Eparchen der ukrainischen Gemeinde von Buenos Aires.

Links: Die Statue der Gnadenmuttergottes stand im Mittelpunkt der Feierlichkeiten von Bahia Blanca.

Unten: Momentaufnahme von der Messe, die in Rosario gefeiert wurde.

Gespräch mit der Jugend

Ihr habt mich gefragt, welches Problem der Menschheit mir am meisten Sorge bereitet. Es ist genau dieses: Der Gedanke an die Menschen, die Christus noch nicht kennen, die die große Wahrheit von der Liebe Gottes noch nicht entdeckt haben. Der Anblick einer Menschheit, die fern von Gott wachsen will oder sogar unter Leugnung seiner Existenz, einer Menschheit ohne Vater und folglich ohne Liebe, verwaist und orientierungslos, die es fertigbringt, weiterhin Menschen zu töten, weil sie sie nicht als Brüder achtet, und so an ihrer eigenen Zerstörung und Vernichtung arbeitet. Deswegen möchte ich euch, meine lieben Jugendlichen, heute erneut dazu verpflichten, Apostel einer Neuverkündung des Evangeliums zu sein, um eine von der Liebe geprägte Kultur aufzubauen.

Buenos Aires, 11. April 1987

Arbeitern im Mercado Central. In den beiden von Optimismus und unnachgiebiger Strenge getragenen Ansprachen – regelrechten Vorlesungen zur Sozialethik – prangert der Papst eine ganze Reihe von Missständen an: die nur auf Wirtschaftlichkeit basierende Sicht der Welt, die Ausbeutung der Arbeiter, die Rüstungsindustrie sowie das Missverhältnis zwischen einem immer reicher werdenden Norden und einem immer ärmer werdenden Süden.

Eine wahre Kultur der Solidarität

1.-6. April 1987

Während des Pontifikats von Karol Wojtyla entstand eine Aufnahme, die das Bild vom spirituellen Hirten und um Verständnis bemühten Propheten schwer erschütterte. Auf diesem Foto ist Johannes Paul II. öffentlich an der Seite des Generals Augusto Pinochet zu sehen, der sich 1973 in einem blutigen Staatsstreich zum Präsidenten Chiles aufgeschwungen hatte. Wie kann sich das Oberhaupt der katholischen Kirche, so fragen sich einige beim Betrachten dieser inzwischen schon etwas vergilbten Aufnahme, dafür hergeben, einem brutalen Diktator seine Aufwartung zu machen?

Seit jenem Tag im Jahr 1987, an dem dieses Foto entstanden ist, ist viel Zeit vergangen. Von General Pinochet hört man höchstens noch im Zusammenhang mit gerichtlichen Verfolgungen, und Chile hat die Übergangsphase von der Diktatur zur Demokratie mittlerweile hinter sich gebracht. Ein Jahr nach dem Besuch des Papstes lehnte Chile am 8. Oktober 1988 in einem Volksentscheid eine weitere Amtszeit Generals Pinochet ab; die ersten freien Wahlen seit 1970 gewann der Christdemokrat Patricio Aylwin, der 1993 als Staatspräsident von Eduardo Frei abgelöst wurde. Der Anführer der Mitte-Links-Regierung siegte nicht nur bei den Wahlen vom 11. Dezember 1993, sondern auch am 11. Dezember 1997.

Gruß an Chile

Zu Beginn der Pilgerfahrt in eurer Mitte, als Zeichen meiner Gegenwart in eurem Land und meines Wunsches, mit allen die Botschaft des Friedens und des Lebens zu teilen, segne ich die vier Himmelsrichtungen des geliebten chilenischen Bodens. Ich möchte die Grenzen der Stadt überschreiten, um mit dem Segen Gottes den harten Wüstenbergbau und die fruchtbaren Landstriche zu besuchen, aus denen ihr im Schweiß eures Antlitzes euer tägliches Brot gewinnt; den ewigen Schnee der Kordilleren und die Tiefen des Meeres, wo das Leben im Schweigen der Wasser erblüht. Ganz Chile gilt mein Segen, jedem Chilenen mein Wort und den Kleinsten und Bedürftigsten meine besondere Liebe.

Santiago, 1. April 1987

CHILE	
Präsidiale Republik	
Fläche:	756 626 km²
Bevölkerung:	11 275 440 Einwohner (1987)
Hauptstadt:	Santiago
Amtssprache:	Spanisch
Religion:	89 % Katholiken, indianische Naturreligionen

Die Geschichte legt in ihrem Verlauf stets Rechenschaft über sich selbst ab. So ist denn auch die Reise Johannes Pauls II. nach Chile und zu den Chilenen mehr als nur ein Höflichkeitsbesuch, wie es zunächst scheinen mag. Sie bringt dem Land die Saat der Wahrheit und der Hoffnung, denn das politische und soziale System Chiles bedarf der Hilfe von außen, um über sich selbst, seine eigenen Grenzen und seine Zukunft nachzudenken. Und die in jenen fünf Tagen gehaltenen Ansprachen belegen, dass der Papst – wenn auch auf rein pastoraler und spiritueller Ebene – mit dem Regime keineswegs vorsichtig umgeht. Darüber hinaus ist der Papst in Chile –

Gegenüberliegende Seite: Am Samstag, dem 4. April 1987, besucht Johannes Paul II. Puerto Montt, eine typische Küstenstadt, die ihn mit einer folkloristischen Bootsprozession willkommen heißt.

Oben rechts: Chilenische Kinder mit dem polnischen Papst.

Oben Mitte: Der Papst auf dem Vorplatz des Nationalheiligtums von Maipù, wo er am 3. April die Campesinos in Zentralchile begrüßt. Unten Mitte: Bildnis der am 3. April in Santiago selig gesprochenen Schwester Teresa de los Andes, die als erste Chilenin zur Ehre der Altäre erhoben wurde.

Links: Johannes Paul II. betet am Grab des Jesuiten Alberto Hurtados, des Begründers des „Hogar de Cristo".

Oben: In La Serena erhält der Papst ein Geschenk der Bruderschaften „Bailes Chinos".

Rechts: In Antofagasta, am Rande der Wüste, fand die letzte Messe auf chilenischem Boden statt.

was sonst nur sehr selten vorkommt – mit einer stark politisierten Opposition konfrontiert. Während der Messe im O'Higgins-Park in Santiago beispielsweise, an der 700 000 Gläubige teilnehmen, kommt es zu gewaltsamen Zusammenstößen zwischen Carabineros und extremistischen Gruppen. Die Antwort der Kirche auf Diktatur und Unterdrückung jedoch ist niemals Gewalt, sondern jene innerliche und gesellschaftliche Revolution, die auf die volle, verantwortliche Annahme der Wahrheit folgt. In einem derart spannungsgeladenen Klima wie in Chile bekommt der dringliche und bei jeder Gelegenheit wiederholte Appell an die Intellektuellen, sich für eine wahre Kultur der Solidarität zu engagieren, besonderen Stellenwert.

Johannes Paul II. hat sich nie davor gescheut, Diktatoren zu treffen, und bekanntermaßen kam es zu etlichen Begegnungen dieser Art. Was die Presse und die öffentliche Meinung davon hält, ist ihm nie besonders wichtig. Schließlich gibt es häufig gar keine andere Möglichkeit, wenn er seinen Fuß in ein bestimmtes Land setzen will. Ist ihm dies allerdings erst einmal gelungen, so kann ihn kein Diktator daran hindern, zu den Menschen und im Namen der Menschen zu sprechen. So zollt auch Chile – neben Polen, Russland, Nicaragua, Kuba und vielen anderen Ländern dieser Welt, in denen sich ein Weg zur Freiheit aufgetan und gefestigt hat, – dem Pilgerpapst Anerkennung für seinen Mut und sein Zeugnis.

All dessen sind sich die Chilenen sehr wohl bewusst. Sie wissen jedoch auch, dass die päpstliche Reise noch andere Absichten verfolgt, wie beispielsweise das Gedenken an den beigelegten Konflikt zwischen Chile und Argentinien, an dessen Lö-

Abschied von Chile

Der Papst erwartet viel von den Chilenen, zum Wohle der Kirche eures Landes und der gesamten Welt. Ich möchte, dass euch meine apostolische Reise als Zeichen der Hoffnung in Erinnerung bleibt, als Aufforderung, nach oben zu schauen und als Antrieb zu Frieden und brüderlichem Zusammenleben. In diesen Tagen gehörten wir zusammen und haben uns als Brüder gefühlt. Mit Macht hat sich die Liebe Christi in unseren Begegnungen gezeigt, in unserem Gebet, in euren Kirchen und Straßen und in euren Heimen.

Antofagasta, 6. April 1987

sung der Heilige Stuhl beteiligt war. Der glückliche Abschluss der diplomatischen Verhandlungen wurde zunächst in Uruguay gefeiert, wo die Friedensverträge unterzeichnet worden waren.

Doch hiervon abgesehen hat diese Wallfahrt Papst Johannes Pauls II. niemanden im Volk unberührt gelassen, von Antofagasta im äußersten Norden, einer bedeutenden Hafenstadt als letzter Etappe der Reise, bis nach Punta Arenas im tiefen Süden Patagoniens 3000 Kilometer entfernt). Dort, an der Magellanstraße, findet eine bemerkenswerte Friedenskundgebung statt, zu der auch 5000 Gläubige von jenseits der Grenze, aus Argentinien, eingeladen sind. Ebenso wenig wie die Fischer von Puerto Montt und die Menschen aus Santiago, Concepción, Valparaíso und La Serena ist Karol Wojtyla bei den Mapuches-Indianer aus Temuco und den Bewohnern der Osterinseln vergessen, die der Papst in einer Fernsehbotschaft grüßt.

Oben: Der Pontifex neben General Augusto Pinochet, Präsident Chiles seit dem Militärputsch von 1973.

Unten: Karol Wojtyla zurückgezogen zum Gebet in Santiago und vertraulich mit einem Kind aus Temuco.

Dass Johannes Paul II. sich früher oder später auch nach Kuba begeben würde, war in Anbetracht der geopolitischen Verhältnisse zu Beginn seines Pontifikats eher unwahrscheinlich. Bedenkt man hingegen, dass nicht zuletzt durch das unermüdliche Wirken des polnischen Papstes im Laufe dieser Jahre etliche Mauern niedergerissen werden konnten, so erschien dieses Reiseziel immer weniger abwegig.

Im November 1996 wird Fidel Castro, Idol der jugendlichen Protestgenerationen und Symbol der antikapitalistischen Rebellion, der unerschrockene David gegen die Goliaths der Politik, vom Heiligen Vater im Vatikan empfangen. Trotz ihrer grundlegend verschiedenen Standpunkte entsteht zwischen den beiden Männern ein von gegenseitigem Respekt und Sympathie getragenes Verhältnis. Auf dieses Treffen folgt schließlich die Ankündigung des päpstlichen Gegenbesuchs. Man mag natürlich einwenden, dass der mittlerweile gealterte Diktator Kubas, der nach dem weltweiten Zusammenbruch der kommunistischen Systeme ohne die wichtige sowjetische Unterstützung auskommen muss, darum bemüht ist, sich und seinem Land den Weg zu ebnen, der ihn schrittweise auf die internationale Bühne zurückführt. Selbstverständlich ist Johannes Paul II. hieran ebenso interessiert und noch mehr daran, den Wiedereinzug bürgerlicher und religiöser Freiheit zu ermöglichen. So nimmt er denn die mit Kompromissen verbundene Einladung gerne an. Bereits auf dem Flug nach Havanna äußert sich der Papst in einer Pressekonferenz, bei der sich die Journalisten mit ihren Mikrophonen und Kameras in dem engen Gang drängen, ohne Umschweife: „Ich will immer und überall die Wahrheit hören. Ich will, dass er mir die Wahrheit sagt, jene Wahrheit, die ihm als Mensch, als Präsident und als – wie man sagt – Kommandant der Revolution eigen ist. (...) Der kubanische Präsident weiß genau, wer der Papst ist, und wenn er ihn einlädt – und dies hat er nach seinem Besuch des Vatikan getan – so bedeutet das, dass er sich vorher überlegt hat, wer der Eingeladene

Möge sich Kuba der Welt öffnen

21.-25. Januar 1998

Links: Präsident Castro empfängt den Papst.
Rechts: Das Bildnis Unserer Lieben Frau von El Cobre, das Johannes Paul II. am 24. Januar in Santiago de Cuba krönte.

Zwei Ereignisse vom 23. Januar 1998.
Links: Die Begegnung mit der Welt der Wissenschaft und Kultur in der Universität von Havanna.
Oben: Messe mit den Jugendlichen auf dem Platz Ignacio Agramonte in Camagüey.

ist und was er wohl sagen wird. Ich denke, dass wir beide uns der Vorsehung unterordnen müssen. Die Welt wird ja nicht nur von uns bestimmt und geleitet; sie wird von der göttlichen Vorsehung geleitet, und die Weltgeschichte ist nicht nur eine Geschichte der Völker und Staaten, sondern auch eine Heilsgeschichte."

Die folgenden Ereignisse lassen sich am besten mit dem Wort „beeindruckend" beschreiben. Beeindruckend ist das Menschengedränge auf den Plätzen, Wegen und Zufahrtsstraßen, die zu den Begegnungsorten führen. Beeindruckend ist die rege Anteilnahme der Kubaner an der Liturgie und am Gebet. Beeindruckend ist das riesige Christusbild, das neben Che Guevara auf dem Platz der Revolution anlässlich eines im Freien stattfindenden Gottesdienstes aufgestellt wird. Und beeindruckend ist schließlich nicht nur, dass dieser Messe eine Million Menschen beiwohnt, sondern auch, dass Fidel Castro in der ersten Reihe sitzt, obwohl seine Anwesenheit bei liturgischen Zeremonien gar nicht vorgesehen war.

Zwischen dem Papst und dem kubanischen Revolutionsführer entwickelt sich ein herzlicher und offener Dialog, der die Probleme weder umgeht noch versteckt. Castro verteidigt stolz die Erfolge des „Experiments Kuba" und klagt diejenigen an, die das Embargo über sein Land verhängt haben, und die nun „durch Hunger, Krankheit und den totalen wirtschaftlichen Ruin ein Land einnehmen wollen, das nicht bereit ist, sich dem Diktat und dem Kommando der größten wirtschaftlichen Macht zu unterwerfen". Er eröffnet dem Papst, dass der Schwerpunkt seines internationalen Interesses sich nun auf beständige Werte verlagert hat: „Eure Heiligkeit, in vielen wichtigen Fragen der heutigen Zeit denken wir wie Sie, und das erfüllt uns mit großer Befriedigung. Wenn unsere Meinungen in anderen Fragen

Geliebte Söhne und Töchter Kubas
Ich weiß wohl, wie lange Sie auf den Augenblick meines Besuches gewartet haben, und Sie wissen, wie lange ich ihn herbeigesehnt habe. Daher begleite ich meine besten Wünsche für dieses Land mit dem Gebet, dass Kuba allen eine Atmosphäre der Freiheit, des gegenseitigen Vertrauens, sozialer Gerechtigkeit und dauerhaften Friedens bieten kann. Möge Kuba mit all seinen großartigen Möglichkeiten sich für die Welt öffnen, und möge die Welt sich für Kuba öffnen, damit dieses Volk, das wie jeder Mensch und jede Nation auf der Suche nach Wahrheit ist, für den Fortschritt arbeitet und sich nach Eintracht und Frieden sehnt, mit Hoffnung in die Zukunft blicken kann.
Havanna, 21. Januar 1998

Die sozialen Themen

Die Kirche zeigt der Welt bei der Durchführung ihrer Mission eine neue Gerechtigkeit, nämlich die Gerechtigkeit des Gottesreiches (vgl. Mt 6,33). Bei den verschiedensten Anlässen bezog ich mich auf soziale Themen, und es ist nur recht und billig, weiterhin davon zu sprechen, solange es auf der Welt eine Gerechtigkeit gibt, auch wenn sie noch so gering ist. Würde die Kirche das nicht tun, dann wäre sie ihrer von Christus übertragenen Mission nicht treu. Es steht also der Mensch auf dem Spiel, und zwar die konkrete Person. Wenn auch die Zeiten und Umstände sich ändern, so gibt es immer Menschen, die der Stimme der Kirche bedürfen, um auf ihre Not, auf ihre Pein und ihr Elend aufmerksam zu machen. Wer sich in dieser Situation befindet, kann sich darauf verlassen, nicht betrogen zu werden; denn die Kirche ist auf seiner Seite, und auch der Papst schließt alle, die unter Ungerechtigkeit zu leiden haben, in sein Herz ein und versucht, sie durch seine Worte zu ermutigen.

Havanna, 25. Januar 1998

auch auseinander gehen, so respektieren wir dennoch zutiefst die feste Überzeugung, mit der Sie für Ihre Vorstellungen einstehen.“ Zu den gemeinsamen Zielen gehört die Bekämpfung des Analphabetismus, der Kinderprostitution, der Arbeitslosigkeit, des Hungers, der Krankheit und der Not sowie der Gewalt. Hinsichtlich der Meinungsunterschiede äußert Castro seine Überzeugung, „dass es nicht die Schuld der Revolution gewesen sei“, wenn in Kuba einige freiheitliche Prinzipien, und insbesondere der Respekt für die Gläubigen, nicht geachtet wurden.

Johannes Paul II. hört zu und antwortet. Was das Embargo betrifft, gibt er Castro Recht – allerdings in der ihm eigenen Art und Weise: Er bittet, dass „sich Kuba der Welt und die Welt sich Kuba öffnen möge“, und dies nicht in erster Linie des Geldes, sondern der Herzen wegen. Dass man jedoch ohne Nahrung kein menschenwürdiges Dasein führen kann, geschweige denn seinen Geist weiterentwickeln, spricht der Papst ohne Zögern aus: „Die vom Ausland auferlegten restriktiven wirtschaftlichen Maßnahmen sind ungerecht und vom ethischen Standpunkt aus inakzeptabel.“ Möge also die Isolierung Kubas bald aufgehoben werden, damit sich auch die Menschen dieses Landes wieder frei zu ihren eigenen Überzeugungen bekennen können. Die Geschichte Kubas war über Jahrhunderte hinweg die Geschichte einer teils unterdrückten, dann wieder geforderten und erkämpften Menschenwürde. So wurde denn auch Unsere Liebe Frau von El Cobre, deren Statue von zwei Indios und einem schwarzen Sklaven aus dem Was-

Am Sonntag, dem 25. Januar, um 9.30 Uhr versammelt sich ganz Kuba auf dem Platz der Revolution, um einer Messe beizuwohnen, die seit vielen Jahrzehnten die erste religiöse Zeremonie im Freien ist. Unweit des riesigen Portraits von Che Guevara überragt nun ein großes Christusbild den Platz. Oben: In der ersten Reihe ist der kubanische Revolutionsführer zu erkennen, dessen Anwesenheit bei der Messe nicht vorgesehen war. Zu seiner Linken ein berühmter Freund: Gabriel García Márquez, der kolumbianische Schriftsteller und Nobelpreisträger.

Links: Typisch für diese Reise ist die häufige Begegnung mit den Menschen entlang der Straßen.

Unten: Zwei Bilder von der Messe für Familien, die am 22. Januar in der Stadt Santa Clara zelebriert wurde.

KUBA	
Sozialistische Republik	
Fläche:	110 861 km²
Bevölkerung:	11 190 000 Einwohner (1997)
Hauptstadt:	Havanna
Amtssprache:	Spanisch
Religion:	39 % Katholiken

ser gefischt und später von den Arbeitern in den Kupferminen („cobre" ist das spanische Wort für Kupfer) zu ihrer Schutzpatronin gemacht wurde, zum Symbol für die Sehnsucht nach Freiheit und Erlösung von der Not.

Während seines viertägigen Besuchs kommt Johannes Paul II. mit den verschiedensten Personengruppen zusammen: angefangen bei den ärmsten und bedürftigsten Menschen, wobei dem Papst insbesondere die Kinder am Herzen liegen, die statt in einer Escuela del campo, die sie aus ihrer gewohnten Umgebung reißt, in einer Familie aufwachsen sollen, bis hin zur Welt der Kultur, die der Pontifex während seiner Ansprache in der Universität daran erinnert, dass „in diesem Land die meisten Kulturschaffenden – seien sie Katholiken oder nicht, Gläubige oder nicht – Menschen des Dialogs sind und fähig zu sprechen und zuzuhören. (...) Suchen Sie weiterhin nach der besten Art, die kubanische Identität in innerer und äußerer Ausgewogenheit zu festigen – eine Identität, die vielfältige nationale Traditionen in sich vereint".

Beim Abschied äußert sich Castro sehr zufrieden, und den großen Rummel um diese Reise quittiert er mit einer Prise Ironie: „Eure Heiligkeit, ich glaube, wir haben der Welt ein gutes Beispiel gegeben: Sie, indem Sie ein Land besucht haben, das als letzte Bastion des Kommunismus gilt, und wir, indem wir das religiöse Oberhaupt, von dem gesagt wird, es sei für die Zerstörung des Sozialismus in Europa verantwortlich, empfangen haben." In seiner Erwiderung bezieht Johannes Paul II. den Regen mit ein, der nach der tagelangen Hitze nun in Strömen fällt: „Ich möchte wünschen, dass dieser Regen ein gutes Zeichen neuer Ermutigung in eurer Geschichte sei."

NICARAGUA

Die Pläne der göttlichen Vorsehung

4. März 1983

7. Februar 1996

Nicaragua ist ein kleiner Staat in Mittelamerika. Dass er dennoch in diesem Buch eigens Erwähnung findet, liegt an dem außergewöhnlichen Dialog, der sich zwischen diesem Land und Johannes Paul II. entwickelt hat – ein Dialog in zwei Etappen, mit einer Pause von dreizehn Jahren.

Während des ersten Etappe besucht der Papst in acht Tagen ebenso viele mittelamerikanische Nationen. Dem Aufenthalt in Managua sah die internationale Presse mit einer gewissen Sorge entgegen, und – wie sich später herausstellte – zu Recht. Das von Daniel Ortega geführte, marxistisch orientierte Regime bekundet vom ersten Augenblick an seine Absicht, den berühmten Gast zu eigenen propagandistischen Zwecken zu benutzen, und sorgt für ein Klima der Gewaltbereitschaft. So wird die auf der Plaza de la Revolución 19 de Julio gefeierte Messe ständig von Zwischenrufen einer kleinen militanten Gruppe unterbrochen, die sich zwischen den Altar und die Menschenmenge platziert hat und an den Lautsprechern herumdreht. Mehr als einmal muss der Papst laut um Ruhe bitten, und vor den 500 000 Gläubigen, die alle möglichen Schwierigkeiten und Übergriffe in Kauf nehmen mussten, um hierher zu kommen, betont er in Anwesenheit der Ruhestörer, dass „die Kirche die Erste ist, die den Frieden will". Er schwingt sein Pastoralkreuz hoch über dem Kopf, damit das Kruzifix über die Barriere der Agitatoren hinaus für die Menschen sichtbar ist, und antwortet mit betrübtem Schweigen auf den Hass, die Gewalt und den Bürgerkrieg, von denen Nicaragua zerrissen wird.

Auf der zweiten Etappe, im Februar 1996, hat sich das Bild völlig gewan-

NICARAGUA	
Präsidiale Republik	
Fläche:	130 682 km²
Bevölkerung:	3 870 700 Einwohner (1997)
Hauptstadt:	Managua
Amtssprache:	Spanisch
Religion:	mehrheitlich katholisch; 10,7 % Protestanten

4. März 1983: Der Empfang der sandinistischen Junta am Flughafen von Managua; in der Mitte der „Coordenador" Daniel Ortega.

Einladung zum Frieden

Im Namen dessen, der aus Liebe sein Leben für die Befreiung und Erlösung aller Menschen gegeben hat, will ich meinen Beitrag zur Beendigung des Leidens der unschuldigen Völker in diesem Raum der Welt leisten; zur Beendigung der blutigen Auseinandersetzungen, des Hasses und der sterilen Anschuldigungen, sodass der ehrliche Dialog aufgenommen werden kann. Ein Dialog als konkretes und hochherziges Angebot zur Übereinkunft des guten Willens und nicht als mögliche Rechtfertigung für ein Fortdauern der Meinungsverschiedenheiten und der Gewalttaten. Ich komme auch, um einen Appell des Friedens an jene innerhalb oder außerhalb dieses geographischen Raumes – wo auch immer sie sich befinden – zu richten, die in irgendeiner Weise ideologische, ökonomische oder militärische Spannungen fördern, die eine freie Entwicklung dieser Völker behindern, die den Frieden, die Brüderlichkeit und den echten menschlichen, geistigen, sozialen, zivilen und demokratischen Fortschritt lieben.

Managua, 4. März 1983

Nach der dunklen Nacht

Vor dreizehn Jahren warst du, Nicaragua, du, Mittelamerika, nur ein Feld zur Kräftemessung für die Supermächte. Heute ist deine menschliche, christliche, nicaraguanische Souveränität allen sichtbar. Ich erinnere mich an die Eucharistiefeier vor dreizehn Jahren. Sie fand im Dunkeln statt, in einer großen, dunklen Nacht. Heute wurde die gleiche Eucharistie im Sonnenlicht gefeiert. Die göttliche Vorsehung ist sichtbar am Werk, ihre Pläne in der Geschichte der Nationen der ganzen Menschheit auszuführen.

Managua, 7. Februar 1996

Links: Der Papst hält sein Pastoralkreuz hoch, damit das Kruzifix von der Menschenmenge (fast 500 000 Gläubige) jenseits der Barriere, die die Agitatoren errichtet haben, gesehen wird (großes Bild). Die Mütter von siebzehn Sandinisten, die in den Kämpfen ihr Leben ließen, mit Fotos ihrer Söhne (kleines Bild).

Unten: Der herzliche Empfang des Jahres 1996: neben Karol Wojtyla die Präsidentin Nicaraguas, Violeta Barrios de Chamorro.

delt: Nicaragua ist gerade im Begriff, sich ordnungsgemäß auf die Präsidentschaftswahlen vorzubereiten, die für Oktober vorgesehen sind. Die amtierende Präsidentin des Landes, Violeta Barrios de Chamorro, empfängt Johannes Paul II. am Flughafen von Managua mit einer Herzlichkeit, die mit der des sandinistischen Regimes im Jahre 1983 nicht zu vergleichen ist. Dabei werden die Ereignisse des ersten Besuches nicht verschwiegen. Im Gegenteil, auf eine fast kindlich herzliche Art bemüht sich das Volk Nicaraguas, das Unrecht wiedergutzumachen, das damals ganz ohne seine Schuld angerichtet wurde. Dieser zwar sehr kurze, doch von so viel Freude und Liebe getragene Aufenthalt beweist, dass die vor dreizehn Jahren ausgestreute Saat – jenes erhobene Kruzifix als Antwort auf die Beschimpfungen – tatsächlich aufgegangen ist.

Wallfahrt zwischen Widerspruch und Hoffnung

1.-7. Juli 1986

Die apostolische Reise nach Kolumbien, die dreißigste des Pontifikats Johannes Pauls II., steht symbolisch für die vielen Widersprüche Lateinamerikas sowie für die Haltung des Papstes ihnen gegenüber. In der 1983 von einem Erdbeben zerstörten Stadt Popayán ist eine Begegnung mit den Indios geplant. Nach der Besichtigung der zerstörten Kathedrale, die noch immer hinter einer Absperrung verborgen ist, trifft Johannes Paul II. auf dem großen Platz ein, wo in einigen Jahre die olympische Stadt Popayán entstehen soll. Zerstörung und Wiederaufbau leben hier nebeneinander, ohne dass jemand daran Anstoß nimmt. Unter den Begrüßungsrednern ist auch ein Vertreter der Eingeborenengemeinde, der seinen vorbereiteten Text nur mit Mühe lesen kann. Da die Zeit drängt, wird der Vortragende unterbrochen und das Wort gleich an den Papst weitergegeben. Bevor dieser allerdings zu predigen beginnt, beklagt er das Vorgehen gegenüber dem unerfahrenen Redner, sodass nach Beendigung seiner Homilie (in der er das Verhältnis zwischen der Frömmigkeit des Volkes und der Förderung des Individuums analysiert), erneut dem Indio das Wort erteilt wird. Unter allgemeiner Begeisterung erinnert er an das, was seinem Volke in den letzten 500 Jahren widerfahren ist, „im stummen Schmerz, in der Verachtung, in der Ausgrenzung und im unbekannten Martyrium". Ein Martyrium, das dem des Paters Alvaro Chouce nicht unähnlich ist: Dieser eingeborene Priester, der sich sehr für den Besuch des Papstes bei seinem Volk eingesetzt hatte, wurde am 10. November 1984 wegen seines sozialen Engagements ermordet.

Wer nicht nach Erklärungen sucht, aber doch zumindest die Probleme erkennen will, dem ist Kolumbien ein anschauliches Beispiel. So hätte dieser von Johannes Paul II. geschätzte Indio vieles zu sagen, doch er kann sich nicht gut ausdrücken, und man lässt ihm vielleicht auch gar nicht die Zeit dazu. Die spontane Geste des Papstes ist indes beispielhaft für seinen unermüdlichen Einsatz dafür, denjenigen eine Stimme zu geben, die keine haben. Hier, wo die europäischen Conquistadores einst das Eldorado gefunden zu haben glaubten, blüht die Wirtschaft heute in erster Linie wegen des Drogenhandels. Große Reichtümer gehen Hand in Hand mit Gewalt, und den Ärmsten der Armen bleibt oft nichts anderes übrig, als kriminell zu werden. Sieben Tage lang widmet sich Johannes Paul II. ganz dem Land Kolumbien, wie er dies bereits in vielen anderen Ländern auf dem Kontinent und in aller Welt getan hat. Er besucht ein Dutzend Städte, hört den Menschen aller Bevölke-

Der Papst im Umgang mit den Menschen, ihren Sitten und Gebräuchen.

Nein zu Diskriminierungen

Die Soziallehre der Kirche inspiriert die christliche Praxis in ihrem edlen Kampf für die Gerechtigkeit, schließt aber den programmierten Klassenkampf aus, weil er nicht dem Evangelium entspricht und zu neuen Formen der Knechtschaft führt. Die kirchliche Soziallehre besagt, dass es im Hinblick auf die Arbeit, die Männer und Frauen erfüllen können, und im Hinblick auf ein gerechtes Entgelt keine gehässigen Diskriminierungen geben darf.

Bogotá, 3. Juli 1986

KOLUMBIEN	
Präsidiale Republik	
Fläche:	1 141 748 km^2
Bevölkerung:	20 948 432 Einwohner
Hauptstadt:	Bogotá
Amtssprache:	Spanisch; die Indianer des Hochlands sprechen Chibcha, die aus dem Tiefland amazonische Sprachen.
Religion:	mehrheitlich katholisch

An Politiker, Unternehmer und Intellektuelle

Die Aufgabe, die euch anvertraut ist, ist ungeheuer groß, und ein Ergebnis wird sich erst nach langem und beständigem Einsatz zeigen. Wenn es auch nicht sofort eine Lösung der materiellen Probleme geben kann, so ist es doch möglich, schon jetzt eine gerechtere Gesellschaft zu schaffen. Es ist möglich, eine gerechtere Verteilung der Risiken und der notwendigen Opfer zu schaffen. Man kann eine Reihenfolge von Prioritäten aufstellen, die in Rechnung stellen, dass der Mensch Subjekt und nicht Objekt der Wirtschaft und der Politik ist. Ihr verfügt über das wichtigste Mittel zur Erreichung dieser Ziele. Der größte Reichtum und das beste Kapital eines Landes sind seine Menschen, und Kolumbien ist ein Land reich an Menschlichkeit und Christentum.

Bogotá, 1. Juli 1986

rungsschichten zu und spricht mit ihnen – mit Arbeitgebern und Arbeitnehmern, Politikern und Hausfrauen, Kindern und Studenten, Familien und Katecheten, Künstlern und Lehrern. Wiederholtes Ziel seiner Katechese ist, allen zu zeigen, dass es neben dem Zorn der Elemente und der Gewalttätigkeit der Menschen auch Hoffnung gibt, und dass man hier tatsächlich etwas tun kann, um die Situation zu verbessern. „Kontinent der Hoffnung“, mit diesen Worten vertraut der Papst das Amerika des dritten christlichen Jahrtausends den junge Kolumbianern an. Letzte Etappe ist schließlich die kleine Karibikinsel Saint Lucia, die erst seit sieben Jahren unabhängig ist. In diesem verborgenen Winkel der Erde spricht er aus, was für die ganze Welt gilt: „Die Zukunft wird uns nicht nur gegeben, noch wird sie uns aufgezwungen. Wir müssen mit Gott mitarbeiten, um sie zu schaffen.“

Links: Der Papst besucht die am Gründonnerstag des 31. März 1983 von einem Erdbeben zerstörte Kathedrale von Popayán, die gerade renoviert wird.

„Amerika, öffne die Tore für Christus!"

Die Dominikanische Republik, dieser kleine Staat im Herzen Mittelamerikas, birgt einen großen symbolischen Schatz. Auf der Insel Hispaniola, die das Land mit Haiti teilt, gründete Kolumbus die erste amerikanische Ansiedlung, und so ruht denn seine sterbliche Hülle hier in der Kathedrale von Santo Domingo. Hierher führte also die erste Reise von Europa nach Amerika, und von hier nahm die Evangelisierung der neuen Welt ihren Anfang. Abgesehen davon, dass dieser Verbindungsweg nicht immer nur Positives mit sich brachte, stehen seine historische und kulturelle Bedeutung und auch die Auswirkungen auf das derzeitige Gleichgewicht in der Welt außer Zweifel – von welchem Standpunkt auch immer man die Sache betrachten mag. Dessen ist sich Johannes Paul II. sehr wohl bewusst, als er 1979, im Zuge seiner ersten apostolischen Reise nach Mexiko, Santo Domingo zur ersten Etappe in Amerika wählt. Er wird dem Land in den Jahren 1984 und 1992 noch zwei weitere Besuche abstatten, um die Beziehungen zwischen den Reisen des Kolumbus und der christlichen Geschichte Amerikas weiter zu vertiefen. So bezeichnet denn der Pontifex seine zweite Reise explizit als „kurze, aber intensive Reise auf den Spuren des Kolumbus und der ersten Missionare auf dem lateinamerikanischen Kontinent". Sie bildet den Auftakt zu den neun Jahre dauernden Feierlichkeiten, mit denen die lateinamerikanische Kirche bis 1992 der Entdeckung Amerikas vor fünfhundert Jahren, am 12. Oktober 1492, gedenkt. Ausgangspunkt der Reise ist das spanische Saragossa der heiligen Muttergottes von Pilar, die auf-

25.-26. Januar 1979

11.-12. Oktober 1984

9.-14. Oktober 1992

Christliche Kultur

Obwohl das Evangelium mit keiner Kultur im Einzelnen identisch ist, muss es sie doch inspirieren, um sie so von innen her umzuwandeln und sie zu bereichern mit den christlichen Werten, die aus dem Glauben stammen. Tatsächlich bildet die Evangelisierung der Kulturen die tiefste und umfassendste Form der Evangelisierung einer Gesellschaft, denn durch sie dringt die Botschaft Christi in das Bewusstsein der Menschen ein und wirkt sich im *Ethos* eines Volkes aus, in seinen Lebensäußerungen, in seinen Institutionen und in all seinen Strukturen.

Santo Domingo, 12. Oktober 1992

Zwei Bilder von 1984. Unten: Die Gläubigen begrüßen den Papst auf der großen Pferderennbahn von Santo Domingo. Rechts: Die Feier des Wortes im Olympia-Stadion.

DONINIKANISCHE REPUBLIK

Präsidiale Republik

Fläche:	48 442 km²
Bevölkerung:	7 012 500 Einwohner
Hauptstadt:	Santo Domingo
Amtssprache:	Spanisch
Religion:	94 % Katholiken

grund ihres ebenfalls auf den 12. Oktober fallenden Gedenktags zur Schutzpatronin der spanischen Eroberung erkoren wurde. Genau neun Jahre später betritt Wojtyla auf seiner achtundfünfzigsten internationalen apostolischen Reise erneut den Boden der Dominikanischen Republik. Hier wird er nicht nur von der Bevölkerung erwartet, sondern auch von den 360 lateinamerikanischen Bischöfen anlässlich ihrer Vierten. Vollversammlung. Das diesjährige Thema „Neuevangelisierung, Förderung des Menschen und christliche Kultur. Jesus Christus gestern, heute und in Ewigkeit" bietet Gelegenheit zur Rückbesinnung auf die Anfänge des Christentums auf dem neuen Kontinent. Johannes Paul II. scheut sich nicht davor, auch offen über den Missbrauch des Glaubens zu sprechen, und er erinnert daran, dass die Kirche weder die Entdeckung noch die Eroberung Amerikas feiert, sondern den Beginn der Evangelisierung. „Amerika, öffne die Tore für Christus!" – dies ist die treffendste Zusammenfassung der Botschaft des Papstes in der Dominikanischen Republik.

Das Unrecht eingestehen

Wie kann die Kirche, die mit ihren Priestern und Bischöfen den Eingeborenen stets beigestanden hat, bei dieser Fünfhundertjahresfeier die unsäglichen Leiden vergessen, die den Bewohnern dieses Kontinents in der Zeit der Conquista und der Kolonialisierung zugefügt wurden? Man muss in aller Aufrichtigkeit das begangene Unrecht eingestehen, das auf die fehlende Liebe jener Menschen zurückzuführen ist, die nicht fähig waren, in den Eingeborenen Brüder und Kinder desselben Gottes zu sehen.

Santo Domingo, 13. Oktober 1992

Oben rechts: An der Eucharistiefeier in Faron a Colón, wo die sterblichen Überreste von Kolumbus ruhen, nahmen 200 000 Gläubige teil.
Oben links: Johannes Paul II. trifft mit einer Gruppe Eingeborener zusammen.

Mitte links: Die Ankunft in Santo Domingo mit dem Präsidenten der Dominikanischen Republik, Joaquín Balaguer.
Links: Die Gläubigen haben sich in den Farben ihrer Nationalflagge vor der Wallfahrtskirche von Higüey postiert.

Zwanzig Jahre Aufmerksamkeit

Die Katechese Johannes Pauls II. in dem als „Lateinamerika“ bezeichneten Teil des amerikanischen Kontinents, der sich geographisch von Mexiko bis in den äußersten Süden erstreckt, war sehr umfassend. Neben den Ländern, die in eigenen Beiträgen vorgestellt werden, sollten die übigen Länder der Vollständigkeit halber zumindest erwähnt werden .

Die allererste internationale Reise Johannes Pauls II. ist Lateinamerika vorbehalten, und so begibt sich der Papst im Januar 1979 zunächst in die Dominikanische Republik, dann nach Mexiko und zum Abschluss auf die Bahamas. 1980 besucht er Brasilien, den zweiten Besuch 1982 verbindet er mit einer Reise nach Argentinien. Vom 2. bis 10. März 1983 führt ihn seine siebzehnte internationale Pilgerreise nach Mittelamerika: Costa Rica, Nicaragua, Panama, El Salvador, Guatemala, Honduras, Belize und Haiti stehen auf dem Programm. Über die Zwischenfälle in Nicaragua hinaus ist die gesamte Reise von den Leiden und Nöten dieses Kontinents geprägt, für den das Christentum mehr denn je zum „Zeichen der Widersprüchlichkeit“ geworden ist und wo die Völker den „Garten Gethsemane und den Kalvarienberg“

BOLIVIEN

Präsidiale Republik

Fläche:	1 098 581 km²
Bevölkerung:	6 429 000 Einwohner
Hauptstadt:	Sucre; Verwaltungshauptstadt La Paz
Amtssprache:	Spanisch, Ketschua, Aymará
Religion:	94 % Katholiken

BELIZE

Parlamentarische Monarchie, Mitglied des British Commonwealth of Nations

Fläche:	22 965 km²
Bevölkerung:	162 000 Einwohner
Hauptstadt:	Belmopan
Amtssprache:	Englisch, Spanisch
Religion:	53,7 % Katholiken, protestantische Minderheiten (Anglikaner und Methodisten)

Recht auf Kritik?

Manche Christen betrachten die Kirche so, als stünden sie außerhalb oder an ihrem Rand. Sie kritisieren sie so, als ob sie mit ihr nichts zu tun hätten, sie nehmen Abstand von ihr, als ob ihre Beziehung zu Christus, ihrem Gründer, nebensächlich wäre und sich bloß als zufällige Folge seines Lebens und Sterbens ergäbe. Als ob er nicht lebendig wäre in der Kirche , in ihrer Lehre und in ihren sakramentalen Handlungen. Als ob sie nicht das den Menschen anvertraute Geheimnis wäre. (...) Aber niemand kann sagen, die Kirche, ihre Heiligkeit, ihr Auftrag in der Welt, ihr Gottesdienst gehen mich nichts an. (...) Wir bauen die Kirche auf, wenn wir versuchen, heilig zu werden, den Willen Gottes immer und in allem zu erfüllen, sodass die Kirche, obwohl sie aus sündigen Menschen besteht, immer mehr ihrer Berufung zur Heiligkeit treu bleibt. Das ist der beste Beweis unserer Liebe zur Kirche.

San José, 3. März 1983

COSTA RICA	
Präsidiale Republik	
Fläche:	50 700 km²
Bevölkerung:	2 240 000 Einwohner
Hauptstadt:	San José
Amtssprache:	Spanisch
Religion:	93,53 % Katholiken

Gegenüberliegende Seite unten: Zwei Bilder, die den herzlichen Kontakt zwischen dem Papst und den „Campesinos" aus Cuilapan in Mexiko (1979) bezeugen. Oben: Eine junge Bolivianerin in farbenfroher Tracht.

Unten: Begegnung mit den Jugendlichen im Nationalstadion von San José in Costa Rica.
Links unten: Der Pontifex in der Kinderklinik von San José (1983).

Großes Bild: Der im Parque Mattos Neto di Salto, Uruguay, errichtete Altar unter einem großen „Bahio", wie die Eingeborenen ihre Hütten nennen (1988).

Versöhnung

Es ist dringend an der Zeit, die Gewalt zu verbannen, die (...) schon so viele Opfer gefordert hat. Wie das geschehen soll? Durch eine wahre Umkehr zu Jesus Christus. Durch eine Versöhnung, die es schafft, all diejenigen, die heute noch durch politische, soziale, ökonomische und ideologische Barrieren voneinander getrennt sind, zu Brüdern zu machen. Als Mechanismen und Instrumente dazu nenne ich die echte Teilhabe im ökonomischen und sozialen Bereich, weiterhin den Zugang aller zu den Gütern der Erde sowie die Möglichkeit der Entfaltung durch die Arbeit; mit einem Wort, die Anwendung der Soziallehre der Kirche. In diesem Zusammenhang bedarf es auch einer mutigen und hochherzigen Anstrengung zugunsten der Gerechtigkeit.

San Salvador, 6. März 1983

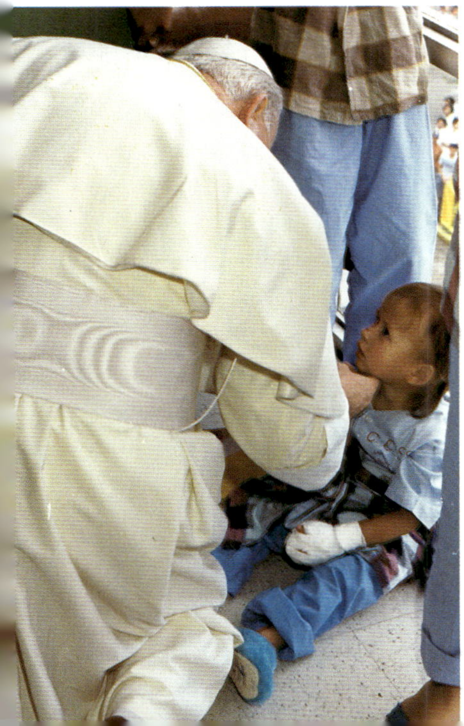

erleben. „Schluss mit der Gewalt!", ruft Johannes Paul II. den Menschen in San Salvador zu, dem Heimatland von Erzbischof Oscar Romero, der drei Jahre zuvor auf tragische Weise den Tod fand. Und mit der gleichen Vehemenz wiederholt er seine Worte in Quezaltenango (Guatemala), wo die Nachfahren der Mayas vom Völkermord bedroht sind, und auf Haiti, der einstigen Königin der Sklaverei und jetzigen Königin der Armut und des Elends.

Im Jahre 1984 begibt sich der Pontifex auf den Spuren von Kolumbus nach Santo Domingo und San Juan de Puerto Rico, ein Ort auf der gleichnamigen, von den Spaniern 1493 entdeckten Insel. Zu den vielen Erinnerungen an diesen herzlichen Besuch zählt auch der in einer Predigt angedeutete Wunsch, Kuba zu besuchen, der natürlich bei den

BAHAMAS	
Parlamentarische Monarchie, Mitglied des British Commonwealth of Nations	
Fläche:	13 864 km²
Bevölkerung:	175 192 Einwohner
Hauptstadt:	Nassau
Amtssprache:	Englisch
Religion:	mehrheitlich lutherisch, 31 110 Katholiken

Das Treffen mit den Eingeborenen in Latacunga, dem Hauptort der Provinz Cotopaxi (Ecuador, 1985), wo sich der höchste noch aktive Vulkan der Welt (5987 Meter) befindet.

zahlreichen Exilkubanern Puertoricos große Freude auslöst. Was damals noch ein Traum zu sein schien, sollte im Laufe dieses Pontifikats Wirklichkeit werden. Wenige Monate später, vom 26. Januar bis 6. Februar 1985, ist Karol Wojtyla erneut in Südamerika zu Gast, diesmal in Venezuela, Ecuador, Peru, Trinidad und Tobago. Im dicht besiedelten Caracas ist auf den Spruchbändern und an den Hauswänden „Papa amigo" zu lesen, und einen Freund nennen ihn auch die allerärmsten Indios, die dem sichtlich gerührten Papst im peruanischen Iquitos voller Vertrauen ihre Leidensgeschichte von Elend und Ausbeutung erzählen. Gerade bei diesen vielen „Freunden", mit denen er zusammenkommt, sieht der Papst jedoch die Möglichkeit eines Neuanfangs; er führt die blühende kleine, ruhige Republik Trinidad und Tobago als Beispiel für eine Zukunft an, die viele andere lateinamerikanische Nationen erwarten könnte.

CURAÇAO

Teil der Niederländischen Antillen, die 5 Inseln umfassen (Aruba ist seit 1986 selbstständig): zwei liegen vor der venezolanischen Küste (Curaçao und Bonaire), die anderen (Saba, Sint Eustatius, Sint Marten – letztere nur zur Hälfte holländisch, der nördliche Teil gehört zu Guadaloupe) gehören zu den Kleinen Antillen.

Fläche:	444 km²
Bevölkerung:	143 816 Einwohner
Hauptstadt:	Willemstad
Amtssprache:	Niederländisch; gewöhnlich wird das „Papiamento" gesprochen, eine aus spanischen und portugiesischen Elementen entstandene Kreolensprache.
Religion:	mehrheitlich katholisch

ECUADOR

Präsidiale Republik

Fläche:	283 561 km²
Bevölkerung:	8 950 000 Einwohner
Hauptstadt:	Quito
Amtssprache:	Spanisch
Religion:	92 % Katholiken

Menschliche Förderung

Männer aller Positionen und Ideologien, die ihr mir zuhört: Vernehmt das Flehen, das ich an euch richte! Vernehmt es, denn ich richte es an euch aus der Tiefe meines Glaubens, meines Vertrauens und meiner Liebe zum leidenden Menschen! Vernehmt es, weil ich es im Namen Christi an euch richte! Denkt daran, dass jeder Mensch euer Bruder ist und werdet zu achtungsvollen Verteidigern seiner Würde! Über alle sozialen, politischen, ideologischen, rassischen und religiösen Unterschiede hinweg soll immer in erster Linie das Leben eures Bruders gesichert sein, das Leben jedes Menschen.

Wir müssen bedenken, dass man den Bruder auch langsam, Tag für Tag, töten kann, wenn man ihm den Zutritt zu den Gütern verwehrt, die Gott zum Wohl aller und nicht nur für wenige geschaffen hat. Diese menschliche Förderung ist ein wesentlicher Bestandteil der Evangelisierung und des Glaubens.

Guatemala, 7. März 1983

EL SALVADOR

Präsidiale Republik

Fläche:	21 041 km²
Bevölkerung:	4 810 000 Einwohner
Hauptstadt:	San Salvador
Amtssprache:	Spanisch
Religion:	90 % Katholiken

Nach dem Besuch Kolumbiens 1986 sind ein Jahr später Uruguay, Chile und Argentinien an der Reihe.

Uruguay wird 1988 im Zuge der vom 7. bis 18. Mai dauernden Reise, die den Papst auch nach Bolivien, Peru und Paraguay führt, nochmals besondere Aufmerksamkeit zuteil. Gemeinsames Element der Besuche ist der ausdrückliche Wunsch des Papstes, der Tendenz zur Verweltlichung Einhalt zu gebieten, wobei er die entscheidenden Faktoren betont: Familie, Jugend, Erzieher und Kulturschaffende. In Paraguay konzentriert sich die

GUATEMALA

Präsidiale Republik

Fläche:	108 889 km²
Bevölkerung:	7 260 000 Einwohner
Hauptstadt:	Guatemala-Stadt
Amtssprache:	Spanisch
Religion:	83 % Katholiken

Oben rechts: Gebet am Grab von Monsignore Oscar Arnulfo Romero, dem Bischof von San Salvador, der am 24. März 1980 ermordet wurde (1996). Oben links: Der Empfang durch den jetzigen Erzbischof der Stadt, Monsignore Fernando Sáenz Lacalle (1996).

Links: Blumenteppiche auf den Straßen Guatemalas (1983). Ganz links: Johannes Paul II. im Gebet während der zweiten Reise nach Guatemala vor dem Christus in Esquipúlas (1996); auf derselben Reise entstand das kleine Bild oben.

HAITI

Präsidiale Republik

Fläche:	27 750 km²
Bevölkerung:	5 010 000 Einwohner
Hauptstadt:	Port-au-Prince
Amtssprache:	Französisch
Religion:	86 % Katholiken

Katechese auf die „integrale Befreiung" des Menschen.

Im Jahre 1990 kommt Johannes Paul II. erneut nach Mexiko, und er stattet auch Curaçao einen Besuch ab. 1992 ist er noch einmal in Brasilien und in der Dominikanischen Republik. Bevor er 1993 eine weitere Reise nach Mexiko und in die Vereinigten Staaten antritt, macht er vom 9. bis 11. August in Jamaika Halt, um an einer ökumenischen Feier mit Vertretern des protestantischen, anglikanischen und jüdischen Glaubens teilzunehmen. Bei dieser Gelegenheit

HONDURAS

Präsidiale Republik

Fläche:	112 088 km²
Bevölkerung:	3 690 000 Einwohner
Hauptstadt:	Tegucigalpa
Amtssprache:	Spanisch
Religion:	95 % Katholiken

Macht euch zu Protagonisten

Seid somit ihr die Ersten, die tun, was in ihrer Macht steht, um eure Situation zu verbessern. Gott will, dass ihr menschlich und geistlich vorankommt. Dazu müsst ihr klare Verhaltensgrundsätze haben. Zögert nicht, Nein zu sagen zu einer Ausbeutung, woher immer sie kommt, die euch zu bloßen Objekten machen will; Nein zu einem Bonzentum, das euch zu bestimmten Zeitpunkten als Abhängige missbrauchen will. Sagt Nein zur Gewalt, die nichts aufzubauen vermag; Nein zum Verbrechertum, Nein zur Prostitution, Nein zur Pornographie, Nein zur Droge, Nein zu Alkoholismus. Vermeidet Sinnlichkeit und Zügellosigkeit; denkt daran, dass einzig und allein die Einehe und die den Vorschriften der Kirche entsprechende, verantwortete Elternschaft Fundamente einer geordneten Gesellschaft sind. Vergesst nicht die alten Traditionen der Enthaltsamkeit, der Frömmigkeit, der unermüdlichen Arbeit eurer Familien. Habt Gott in eurem Leben gegenwärtig. Erzieht eure Kinder in christlichem Sinn. Weist die religiöse Gleichgültigkeit, die extremen Ideologien zurück, die Hass, Rache und Atheismus predigen oder die sich, von der anderen Ecke her, in den Dienst von Despotismus, Macht- und Geldgier stellen.

Guayaquil, 1. Februar 1985

Gegenüberliegende Seite oben rechts: Die Nachfahren der Mayas beim Gebet während der Begegnung mit dem Papst 1983 in Quezaltenango; der Name ist abgeleitet vom Vogel Quetzal, dem Symbol Guatemalas.
Oben links: Nach der Messe auf dem Platz des Siglo XXI in San Salvador umarmt der Papst die Gläubigen (1996).
Unten: Die 1983 in Honduras vor der Wallfahrtskirche der hl. Muttergottes von Suyapa gefeierte Messe; auf dem kleinen Foto ist das Abbild der Madonna zu sehen.

PARAGUAY

Präsidiale Republik

Fläche:	406 752 km²
Bevölkerung:	3 029 830 Einwohner
Hauptstadt:	Asunción
Amtssprache:	Spanisch; auch Guaraní
Religion:	mehrheitlich katholisch

äußert er sich nachdrücklich zu Themen wie der Verbreitung des Evangeliums, der Familie und dem Respekt vor dem Körper.

Die Ziele seiner neunundsechzigsten Reise vom 5.-12. Februar 1996 sind Guatemala, Nicaragua, El Salvador und Venezuela – allesamt Nationen, die aus verschiedenen Gründen unruhige und schwierige Zeiten hinter sich haben. Gegenwärtig scheint sich die Lage gebessert zu haben, und so appelliert Johannes Paul II. an die Opferbereitschaft der Christen, um auch eine friedliche Zukunft zu garantieren. Zentraler Punkt der Wallfahrt in Salvador ist das Gebet am Grab von Monsignore Oscar Arnulfo Romero, dem Bischof der Hauptstadt, der am 24. März 1980 während der Messe ermordet wurde. Er ist einer der zahlreichen christlichen Märtyrer auf diesem und den anderen Kontinenten: Dies ist der Preis für die Mildtätigkeit,

Oben: Begrüßung durch Jean-Claude Duvalier, den Präsidenten Haitis (1983).
Mitte: Akademische Ehrung in der Universität von Piura in Peru.
Unten links: Wortgottesdienst im peruanischen Cuzco, dem Land der Inkas.

PANAMA

Präsidiale Republik

Fläche:	77 082 km²
Bevölkerung:	1 919 000 Einwohner
Hauptstadt:	Panama
Amtssprache:	Spanisch
Religion:	88 % Katholiken, 6 %. Protestanten

PERU

Präsidiale Republik

Fläche:	1 285 216 km²
Bevölkerung:	18 230 000 Einwohner
Hauptstadt:	Lima
Amtssprache:	Spanisch und Ketschua
Religion:	92 % Katholiken

PUERTO RICO

Die ehemals spanische Insel wurde 1898 an die Vereinigten Staaten abgetreten. Seit 1952 ist sie mit den USA assoziiert.

Fläche:	9 104 km²
Bevölkerung:	3 196 520 Einwohner (1980)
Hauptstadt:	San Juan
Amtssprache:	Englisch und Spanisch
Religion:	mehrheitlich katholisch, 4,7 % Protestanten

SAINT LUCIA

Unabhängiger Staat, Mitglied des British Commonwealth of Nations

Fläche:	618 km²
Bevölkerung:	122 000 Einwohner (1980)
Hauptstadt:	Castries
Amtssprache:	Englisch; verbreitet kreolisches Französisch
Religion:	mehrheitlich katholisch

Lasst euch nicht verführen

Passt auf, dass ihr euch nicht von Lehren verführen lasst, die die Gewalt und den Hass zu rechtfertigen suchen, die die Mitglieder der menschlichen Familie zu bloßen Faktoren einer historischen Entwicklung verkleinern und sie im Klassenkampf gegeneinander stellen. Stürzt euch auch nicht in diese egoistische und trügerische Flucht, die im Streben nach irrationaler Befriedigung der Begierden besteht; der Alkoholmissbrauch, das Rauschgift, das Weglassen jeglicher Moralvorschrift im Sexualverhalten und die Versuchung leichter Bereicherung durch den Rauschgifthandel sind weitere Verführungen, die die Menschen und die Gesellschaft mit Zerstörung bedrohen.

Cochabamba, 11. Mai 1988

Unten rechts: Auf einer Straße in Peru spricht der Papst 1988 mit den Bewohnern Trinidads. Oben: Ein kranker Puertorikaner während der Reise des Jahres 1984.

Standhaftigkeit und Opferbereitschaft, den die Kirche um einer unbeschwerteren Zukunft willen bezahlt. „Herr", betet der Papst in Salvador, „mach, dass die Gerechtigkeit in diesem Land El Salvador erblüht; mach, dass hier stets Frieden herrscht." Derartige Worte aus dem Munde Johannes Pauls II. sind nichts weniger als allgemeine, fast schon utopische Vorahnungen. Zeitzeugen wie Romero – neben Thomas Morus, Edith Stein, Maximilian Kolbe und vielen anderen – stehen der Ge-

VENEZUELA

Präsidiale Bundesrepublik

Fläche:	912 050 km²
Bevölkerung:	19 405 429 Einw. (1996)
Hauptstadt:	Caracas
Amtssprache:	Spanisch
Religion:	92 % Katholiken

TRINIDAD UND TOBAGO

Unabhängiger Staat im Commonwealth

Fläche:	5 130 km²
Bevölkerung:	1 200 000 Einwohner
Hauptstadt:	Port of Spain
Amtssprache:	Englisch
Religion:	33,58% Katholiken, 22% Protestanten, 17% Hindus

walt alles andere als wehr- und wirkungslos gegenüber, sie setzen ihr eine schöpferische Antwort entgegen. 1993 in Litauen erinnerte Johannes Paul II. selbst daran, dass „der Mensch als Opfer schwach, als Täter jedoch vielleicht noch schwächer ist". Ist dies wahr, so ist die Kraft der Märtyrer ebenso wahr und offenkundig.

URUGUAY

Präsidiale Republik

Fläche:	177 508 km²
Bevölkerung:	2 788 429 Einwohner
Hauptstadt:	Montevideo
Amtssprache:	Spanisch
Religion:	mehrheitlich katholisch

1997 wird der Papst erneut in Brasilien empfangen, 1998 besucht er Kuba. 1999 schließlich bereist Johannes Paul II. zum vierten Mal Mexiko.

Der Besuch Venezuelas im Jahre 1985.
Oben: Der Papst auf dem Gelände von Altavista in Ciudad Guayana (großes Bild).
Unten links: Ankunft in der Wallfahrtskirche Unserer Lieben Frau von Coromoto.
Unten rechts: Die Begegnung mit Führungskräften im Teatro Teresa Carreño von Caracas.

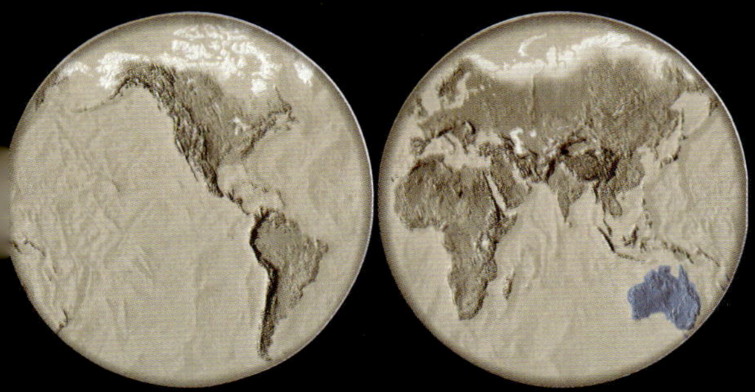

Ozeanien

Trotz aller Unterschiede sind die Ozeanien-Reisen von Johannes Paul II. in gewisser Weise mit seinen Afrika-Reisen vergleichbar. Hier wie auf dem schwarzen Kontinent ist die Glaubensvermittlung, die Möglichkeit, den Glauben den verschiedenen Kulturen als verständliche Botschaft darzustellen, von größter Bedeutung. Der Papst hat auf seinen Reisen in den Pazifik nicht so sehr durch seine Worte, sondern vielmehr durch seine Gesten überzeugt.

Ozeanien ist ein Kontinent, auf dem auf vielen Gebieten, vor allem in Australien und Neuseeland, bedeutende wirtschaftliche und technologische Fortschritte erzielt werden. Die Besonderheit des Dialogs zwischen Karol Wojtyla und dem fünften Kontinent wurde jedoch geprägt durch Momente, die auf den ersten Blick zweitrangig erscheinen, wie die Begegnung mit den Maoris und den Aborigines in Neuseeland und Australien sowie die Gottesdienste in Papua-Neuguinea und auf den Salomon- und Fidschi-Inseln.

Man braucht sich nur die Skylines der vielen Großstädte ansehen, die den westlichen Metropolen in nichts nachstehen, um sich von der Entwicklung des fünften Kontinentes zu überzeugen. Obgleich der Papst die Fortschritte der Zivilisation verfolgt, so passt er sich im Geiste der wahren Glaubensvermittlung den örtlichen Bräuchen und Traditionen an, ohne dabei jedoch die Einzigartigkeit der frohen Botschaft aus den Augen zu verlieren. Er übernimmt in Auckland beispielsweise das Begrüßungsritual der Maoris, bei denen sich beide Nasen berühren, oder setzt sich in Neuguinea einen Hut aus bunten Federn auf und spricht in Pidgin-English, wenn er vor eine Versammlung tritt, sodass sich die Menschen gleich wohler fühlen. In diesen Fällen handelt es sich um förmliche Ehrerbietungen. Doch es sind unerlässliche Zeichen und Gesten, um einige Aufforderungen, die die katholische Lehre beinhaltet, verständlich zu machen; so ruft Johannes Paul II. zum Beispiel die Papuas, Erben einer Kultur, die von Zauberei und Hexerei geprägt ist, auf, an die „guten Geister“ zu glauben und die „bösen“ zu fürchten.

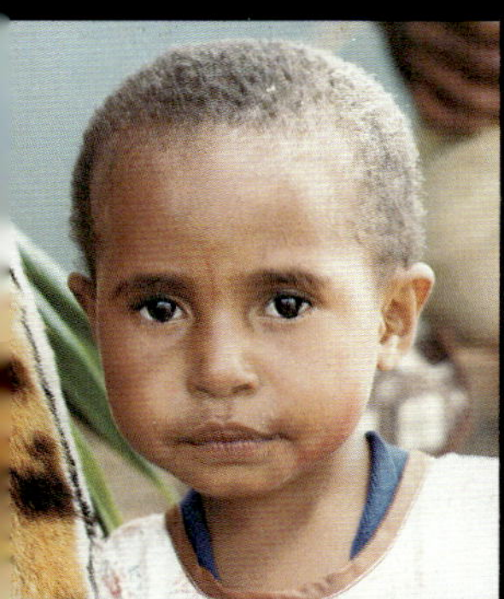

Ozeanien hat jedoch auch noch ein anderes Gesicht, eines, das das moderne Zeitalter widerspiegelt. Die Metropolen in Australien und Neuseeland sind Orte, an denen die Bevölkerung nicht minder der Evangelisierung oder der erneuten Evangelisierung bedarf. Auch in diesen Fällen setzt der Papst bei den Traditionen an, um sich bei der Übermittlung seiner Botschaft der bestehenden Situation anzupassen; vor allem möchte er die Menschen dazu bewegen, auch im modernen und

Der Glaube wird zur Botschaft

auf die Zukunft ausgerichteten Zeitalter darüber nachzudenken, wie wichtig jene segensreiche „Gegenwart Gottes" ist, die durch den Wohlstand etwas in den Hintergrund gedrängt wurde, die aber im geistigen und religiösen Leben der Naturvölker noch eine große Rolle spielt.

Es können in diesem Zusammenhang die klassischen Beispiele angeführt werden, die Johannes Paul II. im hoch entwickelten Westen stets betont: Schutz des Lebens und der Grundwerte wie Familie, Solidarität gegenüber Armen und Kranken, moralische Erneuerung in allen Situationen öffentlicher und privater Art. Von besonderer Bedeutung ist die Frage der Moral. In Ozeanien, insbesondere in Australien und Neuseeland, finden bedeutende Bevölkerungswanderungen statt. Dies ist einer der wesentlichen Faktoren für den wirtschaftlichen Wohlstand dieser Gebiete, und es ist bewundernswert, wie die Menschen dort in der Lage sind, verschiedene Rassen, Sitten und Religionen zu integrieren. Der Papst warnt jedoch davor, dass diese hohe Elastizität der sozialen Struktur zu einer Besorgnis erregenden Gleichgültigkeit führen könnte.

AUSTRALIEN
NEUSEELAND

Die beiden Gesichter des fünften Kontinents

22. November – 1. Dezember 1986

18.–20. Januar 1995

Die Maoris von Auckland am Beginn der Reise, die Aborigines von Alice Springs am Ende der Reise: Die erste Reise von Johannes Paul II. nach Ozeanien im Jahr 1986 wird von diesen beiden Begegnungen umrahmt. Direkt zu Beginn seines Aufenthaltes in Auckland, der wichtigsten Stadt Neuseelands, stellt der Papst seinen tiefen Respekt für die dort lebenden Völker und ihre Kulturen unter Beweis. Das Begrüßungsprotokoll sieht einen einmaligen Brauch vor, dem sich Johannes Paul II. gern unterwirft: dem Hongi, einem alten Begrüßungsritus, der darin besteht, dass sich die Nasen der einander Begrüßenden berühren und die Hände geschüttelt werden. Abgesehen von dieser Ehrerbietung hebt der Papst wiederholt die Werte der örtlichen Kultur lobend hervor, vor allem die Tatsache, dass dort der Mensch als heilig angesehen wird.

Neuseeland – das ist der erste Staat, den Johannes Paul II. auf dem fünften Kontinent besucht – hat natürlich auch ein anderes Gesicht, das moderne Gesicht von Wellington mit seinem Hafen und seinen gigantischen Wolkenkratzern. Eine hoch entwickelte Wohlstandsgesellschaft, in der ein erneutes missionarisches Engagement notwendig ist, um die Werte des Glaubens wieder in den Vordergrund zu rücken, die der Wohlstand verdrängt hat. Es bleibt viel zu tun, denn eine Umfrage ergab, dass 23,5 % der Bevölkerung erklärten, „nicht gläubig“ zu sein. Ein großer missionarischer Einsatz zeichnet die Kirche in Australien aus, wo der Papst am 24. November eintrifft. Im Laufe von fünf Jahren sind dort so viele Menschen zum Katholizismus übergetreten, dass sie nun fast über genauso viele Mitglieder verfügt wie die anglikanische Kirche. Ein Zeichen dieses Engagements ist die Aufnahme von 185 erwachsenen Katechumenen, der der Papst im Queen Elisabeth II.-Stadium in Brisbane vorsitzt.

Zuvor hatte der Papst auf seiner Route in der Hauptstadt Canberra Halt gemacht. Er besuchte dort den Sitz der Regierung und erinnerte daran, wie

NEUSEELAND	
Unabhängiger Staat, Mitglied des British Commonwealth of Nations	
Fläche:	269 062 km²
Bevölkerung:	3 190 1000 Einwohner
Hauptstadt:	Wellington
Amtssprache:	Englisch
Religion:	22 % Anglikaner, 16 % Presbyterianer, 15 % Katholiken

Massenmedien

Seid euch der Möglichkeiten bewusst, die ihr habt, und berichtet nicht nur über das Böse, sondern helft auch, es aus der Welt zu schaffen. Seid euch der Verantwortung bewusst, die ihr habt, und berichtet nicht nur über das Leiden, sondern helft auch, es zu lindern (…). Seid euch eurer Würde bewusst als Zeugen einer Welt, in der viele Dinge passieren, durch die ihr Schicksal bestimmt werden kann; als Lupe, durch die die anderen die Wirklichkeit sehen, als Lampe, die nicht nur die dunklen Seiten des menschlichen Lebens ins Licht setzt, sondern das Leben auch als Weg hin zu Gott darstellt, um allen, die versuchen, mit ihren Brüdern und Schwestern zu einer Einheit mit Gott zu gelangen, Führung, Orientierung und Sicherheit zu bieten.
Brisbane, 25. November 1986

Lob auf das Leiden

In Wahrheit waren es das Leiden und der Tod Christi, die das Werk Gottes am deutlichsten zum Ausdruck gebracht haben. Durch das Ostergeheimnis hat Jesus das Heil erlangt. Das Leiden und der Tod werden, wenn sie mit Liebe erduldet und im Glauben zu Gott dargebracht werden, zum Schlüssel für das Ewige Leben, den Triumph des Lebens über den Tod, den Triumph des Lebens durch den Tod.
Wellington, 23. November 1986

wichtig die Einwanderung für die Geschichte und die Wirtschaft des Landes sind, wobei er auch vor den Gefahren einer multiethnischen Gesellschaft warnte, in der ein „gerechtfertigter Pluralismus nicht mit einer gleichgültigen Haltung gegenüber den menschlichen Werten verwechselt werden darf". Auf seiner ersten Australienreise bleibt Raum für viele Themen, die Wojtyla am Herzen liegen, wie der Schutz des Lebens und der Familie, die Probleme der Arbeitswelt, der Dialog mit Jugendlichen und Kranken. In Adelaide, das auf der Erdkugel genau entgegengesetzt von Rom liegt, zündet Johannes Paul II. die Kerze zum ersten Advent an. Nach Sidney kehrt der Papst 1995 zur Seligsprechung von Mary MacKillop, zurück, einer Ordensschwester, die als erste Australierin selig gesprochen wird. Die Zeremonie findet im „Randwich Racehouse", der Pferderennbahn, statt, wo der Heilige Vater bereits 1986 eine Messe zelebriert hatte.

„Durch das Zeugnis, das sie ablegte", betont der Papst im Hinblick auf die Seliggesprochene, sind die „Wahrheit der Liebe Gottes und die Werte Seines Reiches auf diesem Kontinent deutlich geworden".

Auf der gegenüberliegenden Seite links: Fröhliches Treffen mit Jugendlichen auf dem Cricket Ground in Sidney; Rechts: Der Papst hält das anmutige Symbol Australiens in den Armen.

Links: Der Papst mit Gläubigen in Melbourne, auf der Pferderennbahn des Victoria Racing Club (1986).
Oben: Der Papst spricht als erste Australierin die Ordensschwester Mary MacKillop selig(Sidney, 1995).
Unten: In Alice Springs bei einer Begegnung mit Eingeborenen (1986).

AUSTRALIEN

Bundesstaat Australien, Mitglied des British Commonwealth of Nations

Fläche:	7 682 300 km^2
Bevölkerung:	17 626 000 Einwohner (1995)
Hauptstadt:	Canberra
Amtssprache:	Englisch
Religione:	27 % Katholiken, 22 % Anglikaner

PAPUA-NEU-GUINEA
SALOMONEN
FIDSCHI

Tradition und Mission

7.-9. Mai 1984

21.-22. November 1986

16.-18. Januar 1995

Papua-Neuguinea, Salomonen und Fidschi – Gebiete, die noch fast unberührt und von außerordentlicher Schönheit sind. Papst Johannes Paul II. besucht sie dreimal und nimmt jedes Mal aufmerksam am Leben und an den Bräuchen der dortigen Bevölkerung teil.

Nach Papua-Neuguinea, der größten Insel der Welt nach Grönland, kommt Johannes Paul II. zum ersten Mal am 7. Mai 1984 nach seinem Koreabesuch. Die katholische Kirche ist hier erst im letzten Jahrhundert unter schwierigen Umständen aufgebaut worden. Die Schwierigkeiten reichten dabei von den klimatischen Bedingungen über die große Anzahl unterschiedlicher Stämme und ihrer verschiedenen Sprachen bis hin zur unterentwickelten Zivilisation. Als erstes erweist Wojtyla in der Messe, die er bei seiner Ankunft in Port Moresby zelebriert, den Missionaren und ihren Errungenschaften seine Ehre, denen es zu verdanken ist, dass die Anzahl der Katholiken nun eine Million übersteigt und sie somit ein Drittel der Bevölkerung stellen. Dem Gottesdienst wohnen trotz des Platzregens die Papuas und die Moeco-Tänzer bei, die zum Rhythmus der Trommeln klatschen. Der Papst erwidert ihre freundliche Herzlichkeit und hält Teile seiner Rede in den Sprachen der meisten dort lebenden Gläubigen: auf Mocu und auf Pidgin-English. Am Morgen danach nehmen 2000 Aborigines an der Messe teil, die der Papst in Mount Hagen zelebriert, wo das Evangelium erst seit fünfzig Jahren bekannt ist. Und wieder ist es eine Messe, in der die Liturgie durch Motive, Tänze und Rituale bereichert wird, die charakteristisch für diese Region sind; schon allein die farbenfrohe Kleidung der vielen Aborigines, die an der Messe teilnehmen, sorgt für eine fröhliche Stimmung.

PAPUA-NEUGUINEA

Unabhängiger Staat, Mitglied des British Commonwealth of Nations

Fläche:	462 840 km²
Bevölkerung:	3 689 038 Einwohner
Hauptstadt:	Port Moresby
Amtssprache:	Englisch, melanesisches Pidgin als Umgangssprache, mehrere hundert Papua-Sprachen
Religion:	58 % Protestanten, 34 % Katholiken, 2,5 % Animisten

Dialog, der durch gegenseitige Achtung gekennzeichnet ist

Das Gebot der Liebe des Herrn wurde dem Volk der Fidschi-Inseln gleich nach der Ankunft der ersten christlichen Missionare verkündet. Ich fordere euch alle auf, den Ruf Christi immer mehr zu verinnerlichen und das Evangelium unter anderen zu verbreiten, für die Eiheit der Christen zu beten und zu arbeiten. Ich ermutige euch in eurer Achtung und Freundschaft gegenüber euren Brüdern und Schwestern, die dem Hinduismus oder dem Islam angehören, damit der durch gegenseitige Achtung gekennzeichnete Dialog zu einem besseren Verständnis für den jeweils anderen führen möge.

Fidschiinseln, 21. November 1986

So verschieden, so vereint

Die Kirche eurer Länder ist erfüllt vom Heiligen Geist und zeichnet sich sowohl durch Einheit als auch durch Vielfalt aus. Die Gläubigen gehören ganz unterschiedlichen Kulturen an und haben ganz unterschiedliche geschichtliche Wurzeln, was sich in ihren zahlreichen Sprachen und Traditionen widerspiegelt. Auch die Missionare kommen aus allen Teilen der Welt und aus verschiedenen religiösen Institutionen. Eure Diözesen unterscheiden sich voneinander sowohl in ihrer historischen Entwicklung als auch im Hinblick auf ihre heutige pastorale Situation. Und trotz all dieser Verschiedenartigkeit seid ihr im Glauben, in der Hoffnung und in der Liebe vereint, ihr seid eins in der Lehre der katholischen Kirche und in der Einheit mit dem Vater, dem Sohn und dem Heiligen Geist.

Port Moresby, 8. Mai 1984

SALOMONEN

Unabhängiger Staat, Mitglied des British Commonwealth of Nations

Fläche:	28 446 km²
Bevölkerung:	240 000 Einwohner
Hauptstadt:	Honiara
Amtssprache:	Englisch; es wird Pidgin-English gesprochen (Neusalomonisch) sowie melanesische und polynesische Sprachen
Religion:	76 % protestantische Konfessionen, 9 % Katholiken

FIDSCHI

Unabhängiger Staat, Mitglied des British Commonwealth of Nations

Fläche:	18 272 km²
Bevölkerung:	588 068 Einwohner
Hauptstadt:	Suva
Amtssprache:	Englisch und Fidschianisch
Religion:	44 % protestantische Konfessionen, 9 % Katholiken

Am 9. Mai erreicht der Papst Honiara auf den Salomoninseln. Der Zweite Weltkrieg, in dem Japan und die USA um diese Inseln kämpften, hat zu unsäglichem Leid und großen Verwüstungen geführt; hinter den bezaubernden Landschaften verbirgt sich eine erschreckende Armut. „Erinnert euch, um nicht zu vergessen", betont der Papst mehrmals, als er vom Krieg spricht, und er lobt den Einsatz der Missionare, die nach dem Krieg von Grund auf neu angefangen haben. Der Besuch auf den Fidschi-Inseln im November 1986 bildet den Auftakt zur zweiunddreißigsten Reise Johannes Pauls II., die sehr lang ist. Auch in diesem Land, das „schön ist aufgrund seiner Natur, aufgrund seines Volkes", wird der Begrüßungsgottesdienst von traditionellen Riten untermalt. Der Papst lobt die spontane Religiosität der Eingeborenen und fordert die Gläubigen der verschiedenen christlichen Konfessionen, die an der Messe teilnehmen, auf, mitzumachen. 1995 reist der Papst noch einmal nach Papua-Neuguinea. Hauptgrund seiner Reise ist die Seligsprechung von Pietro To Rot, einem Katechet und Märtyrer, der 1945 wegen seines Glaubens getötet wurde und der, wie Johannes Paul II. sagt, „sich um das melanesische Volk verdient gemacht hat". Es ist ein weiterer Meilenstein, der charakteristisch ist für den Katechismus, den der Papst auf der ganzen Welt verbreitet und in dem Heilige und Selige eine wesentliche Rolle spielen; sie werden zwar als Beispiele hervorgehoben, da sie sich als heroische Zeugen des Glaubens und des Lebens im Sinne des Glaubens bewiesen haben, doch sie sind nicht unerreichbar.

Auf der gegenüberliegenden Seite: Die Messe in Honiara auf den Salomonen am 9. Mai 1984.

Oben und unten: Johannes Paul II. in Port Moresby bei seinem zweiten Besuch auf Papua-Neuguinea (1995), bei dem er den Laien-Katecheten Pietro To Rot als ersten seines Landes selig gesprochen hat (und dessen Bild in der Prozession getragen wird).

Unten links: Eingeborene der Fidschi-Inseln bei der Begrüßung des Papstes auf einer Etappe seines Besuches im Jahr 1986.

Asien

Ein riesiger, komplexer Kontinent mit vielen Gesichtern, ein Schmelztiegel an Rassen und Religionen, wo sagenhafte Wirtschaftswunder neben großer Armut stehen. All das ist Asien, der Kontinent, den Johannes Paul II. in acht Reisen intensiv kennen gelernt hat.

Das Thema Religion spielt selbstverständlich die Hauptrolle; das Engagement des Papstes, die Evangelisierung voranzutreiben, sowie sein Bemühen, mit allen Gläubigen einen Dialog zu führen, ist sehr groß. Der Papst findet für alle die richtigen Worte, ob er es mit Hindus, Moslems oder Buddhisten zu tun hat. Dies sind die Religionen, denen die meisten Asiaten angehören. Der Papst ruft immer wieder zu einem friedlichen Zusammenleben aller Religionen auf.

Abgesehen von dem Dialog mit anderen Religionen liegt dem Papst natürlich auch besonders das Verhältnis zu den anderen christlichen Konfessionen am Herzen. Es ist vielleicht kein Zufall, dass die erste Asienreise von Papst Johannes Paul II., die ganz im Zeichen der Ökumene steht, in die Türkei führt, wo er mit dem Patriarchen der orthodoxen Kirche zusammenkommt. In den Ländern, in denen sich bereits viele zum katholischen Glauben bekennen, wie beispielsweise auf den Philippinen, wo über die Hälfte aller asiatischen Katholiken lebt, oder in Südkorea, wo die Evangelisierung auf fruchtbaren Boden fällt, ermutigt er alle, den Glauben zu verbreiten.

Ganz allgemein fordert der Papst jedoch ein friedliches Zusammenleben der verschiedenen Religionen. Ein wichtiger Ausgangspunkt ist die große Frömmigkeit und moralische Strenge, die der Papst bei der asiatischen Bevölkerung bemerkt und schätzt. Auf dieser Basis ist eine fruchtbare Verständigung in Bezug auf viele dringende und aktuelle Fragen, die diesen Kontinent betreffen, möglich, wie etwa die Armut und der schwer zu erreichende Fortschritt, Krankheiten und Krieg, das Drama der Kriegsflüchtlinge und die ethnischen Säuberungen (hier brauchen nur die Flüchtlinge Süd-Ost-Asiens erwähnt zu werden). Ein Land, das alle Widersprüche dieses Kontinents in sich vereint, ist Indi-

Schmelztiegel der Rassen und Religionen

en, die Heimat Gandhis und Mutter Theresas, das ein zentrales Ziel der Asienreisen Papst Johannes Pauls II. ist.

Die unruhige Situation an der Grenze zu Pakistan ebenso wie die tragischen Vorfälle Ende der Neunzigerjahre in Indonesien, das bis dahin als Oase des friedlichen Zusammenlebens galt, zeigen deutlich, dass die Menschen auch in diesen Teilen der Welt noch viel an sich arbeiten müssen. Dann darf natürlich nicht die Japanreise des Papstes vergessen werden, auf der er auch Hiroshima und Nagasaki besuchte, Orte, an denen die Menschlichkeit verletzt worden ist; der Papst fordert dort eine „moralische Wissenschaft" und mahnt, den Sinn des Lebens nicht zu vergessen.

Und schließlich der gepeinigte Libanon, der eine Art Sarajevo des Nahen Ostens ist, wo Johannes Paul II. seine Worte der Hoffnung erst nach vielen Jahren des Wartens aussprechen kann.

Eine neue Hoffnung

28.-30. November 1979

10.-11. Mai 1997

Anfang und Ende der Asienreisen von Johannes Paul II. sind - die Türkei und der Libanon. Sie fassen den Traum des Papstes von einer Gemeinschaft aller verschiedenen Konfessionen und Religionen zusammen, von der gerade der Nahe Osten bisher ausgenommen war. Ein Weg in Richtung Ökumene, auf dem man zwanzig Jahre lang vorangekommen ist und der vielleicht in der lang ersehnten Reise des Papstes nach Jerusalem endlich seine ideale Gestalt annehmen kann.
Die Türkeireise, die vierte apostolische Reise von Papst Johannes Paul II., leitet 1979 diesen Prozess ein. Es gibt nur wenige theologische Unterschiede zwischen der katholischen und der orthodoxen Kirche. Was die beiden Konfessionen seit Beginn dieses Jahrtausends am deutlichsten voneinander unterscheidet, ist die Tatsache, dass die Orthodoxen das Primat und die Unfehlbarkeit des Papstes nicht anerkennen. Papst Paul VI. hatte bereits 1967 in der Türkei diesen Weg der Versöhnung eingeschlagen. Johannes Paul II. stützt sich auch sofort auf dessen Errungenschaften. „Gleich in den ersten Tagen nach meiner Wahl zum Papst habe ich es als eine meiner Hauptaufgaben angesehen, die Einheit aller, die sich zu Christus bekennen, voranzutreiben", sagte Johannes Paul II. im Juni 1979 einer Delegation des koptisch-orthodoxen Patriarchen von Alexandria. „Die Spaltung ist skandalös und muss unbedingt überwunden werden." Am folgenden 30. November, dem Fest des heiligen Andreas, dem Gründer der Ostkirche, kommt Petrus also in das Haus des Andreas nach Istanbul, dem Sitz des ökumenischen Patriarchen. In der alten Kathedrale Sankt Georg al Fanar wohnt Johannes Paul II. der feierlichen Liturgie, die von Dimitrios I., Patriarch von Konstantinopel, zelebriert wird, bei. Es gibt nach wie vor zahlreiche Hindernisse, die

TÜRKEI	
	Republik
Fläche:	779 452 km²
Bevölkerung:	46 500 000 Einwohner (1979)
Hauptstadt:	Ankara
Amtssprache:	Türkisch
Religion:	99 % Moslems

Versöhnungspflicht

Die gewohnte Abschottung muss überwunden werden, damit wir auf allen Gebieten zusammenarbeiten können, wo eine Zusammenarbeit durch die beinahe gänzliche Gemeinschaft, die unter uns besteht, möglich ist. Wir müssen uns nicht so sehr die Frage stellen, ob wir wieder die völlige Gemeinschaft erlangen können, sondern vielmehr, ob wir überhaupt das Recht haben, voneinander getrennt zu bleiben. Diese Frage müssen wir uns auch im Hinblick darauf stellen, ob wir den Willen Christi bezüglich Seiner Kirche glaubhaft darstellen; durch das ständige Gebet zu Ihm sollten wir untereinander im Laufe des theologischen Dialogs immer mehr Offenheit aufbringen.
Istanbul, 30. November 1979

Gegenüberliegende Seite unten: Johannes Paul II. in der Türkei – in Ephesus nach dem Besuch des Hauses der Muttergottes (großes Foto). Der Ritus in der Kirche Sankt Georg al Fanar (kleines Foto). Oben: Der Gruß an die „brüderlichen Delegierten" in Beirut.

LIBANON	
Republik	
Fläche:	10 400 km²
Bevölkerung:	3 112 000 Einwohner (1997)
Hauptstadt:	Beirut (Bayrut)
Amtssprache:	Arabisch, um Teil Französich und Englisch
Religion:	60 % Moslems, 40 % Christen (u. a. 25 % Maroniten, 7 % Griechisch-Orthodoxe, 5 % Griechische Katholiken)

An die Jugendlichen

Für die Veränderungen, die ihr euch für euer Land wünscht, ist vor allem eine Veränderung in den Herzen notwendig. Es fällt euch zu, die Mauern, die sich während der leidvollen Kriegsjahre eures Landes aufgebaut haben, abzureißen. Errichtet keine neuen Mauern in eurem Land! Es ist vielmehr eure Aufgabe, Brücken zu schlagen zwischen einzelnen Menschen, Familien und verschiedenen Gemeinschaften. (…) Auf diese Weise entsteht eine neue Brüderlichkeit, aus der sich solide Bindungen ergeben, sodass die Hauptwaffe für den Aufbau des Libanon die Liebe ist.

Harissa, 10. Mai 1997

den Dialog erschweren, doch der Anfang ist gemacht. Auch hinsichtlich des Libanons ist der Papst um einen friedlichen Dialog zwischen den einzelnen Religionen bemüht. Sein Besuch im Land der Zedern im Mai 1997 ist in vieler Hinsicht bedeutsam: Im Libanon, obgleich ein Schmelztiegel von verschiedenen Konfessionen und Riten, lebten die Menschen friedlich zusammen, bis Einfluss und Druck von außen ausgeübt wurden. Der Libanon zahlte dafür einen hohen Tribut: sechzehn Jahre grausamer Bürgerkrieg (1975-1991). Während dieser Zeit war der Papst, wenn auch von der Ferne aus, stets bei den Menschen dort, für die er unermüdlich betete. Jetzt sieht Papst Johannes Paul II. eine „neue Hoffnung für den Libanon", die er auch persönlich dorthin trägt. So lautet die post-synodale apostolische Mahnschrift, die er gerade in diesen Tagen unterzeichnet hat. Der Ort des Geschehens ist die Wallfahrtskirche Unserer Lieben Frau des Libanon in Harissa; zusammen mit Karol Wojtyla sind dort Abertausende von Jugendlichen. Sie sind dem Papst zufolge die neue Hoffnung, auf der wieder ein friedliches Land aufgebaut werden kann.

Abgesehen davon bestimmen Hoffnung und übermäßige Gastfreundlichkeit den gesamten Aufenthalt des Papstes. Den Höhepunkt seines Besuchs bildet das Hochamt am Sonntag, das auf der überfüllten Marinebasis in Beirut stattfindet: 500 000 Menschen rufen zusammen mit dem Papst den versöhnenden Beistand des Heiligen Geistes an.

Oben links und rechts: Das bedeutende Zusammentreffen in der Wallfahrtskirche von Harissa. Eine große Menge von Jugendlichen musste draußen bleiben (kleines Foto), doch Johannes Paul II. improvisierte eine Rede, die extra für sie bestimmt war. Darunter: Empfang im Libanon mit der symbolischen Darbietung der Erde, die der Papst küsst.

Das Geheimnis der Liebe

31. Januar – 10. Februar 1986

Innerhalb von zehn Tagen legt der Papst eine Strecke von mehr als 20 000 Kilometern zurück; die Indienreise ist eine der längsten pastoralen Reisen, die Johannes Paul II. je unternommen hat. Und wahrscheinlich konnte es auch nicht anders sein, wenn man sich einerseits die Komplexität des Subkontinents mit seinen vielen verschiedenen Gesichtern und andererseits die Bedeutung vor Augen hält, die die Kirche Indien beimisst, was bereits die Reise Papst Pauls IV. nach Bombay 1964 gezeigt hat. Die Christen bilden in Indien eine Minderheit.

Der Papst ist aber wieder einmal für alle gekommen, nicht nur für die Katholiken. Er ist gekommen, um die armen, verlassenen Menschen zu sehen, um die sich Mutter Theresa kümmert, und er ist gekommen, um die Anhänger Gandhis zu besuchen, die jegliche Gewalt ablehnen (1986 ist übrigens auch das Jahr des Friedens), um die orthodoxen Christen von Kerala und die tibetischen Buddhisten zu treffen, mit deren Oberhaupt, dem im Exil lebenden Dalai Lama, er zusammenkommt.

Gandhi und Mutter Theresa sind zwei wesentliche Bezugspunkte. Die Reise beginnt an den Ufern des Yamuna in Delhi, wo der Leichnam Mahatma Gandhis ein-

INDIEN

Bundesrepublik, Mitglied des British Commonwealth of Nations

Fläche:	3 287 782 km²
Bevölkerung:	683 810 000 Einwohner (1986)
Hauptstadt:	Neu Delhi
Amtssprache:	Hindu, zeitweilig auch Englisch
Religion:	83 % Hindus, 11 % Moslems, 1,9 % Sikhs, 0,7 % Buddhisten, 1,5 % Katholiken

Unergründlicher Schmerz

In Nirmal Hriday trifft das Geheimnis des menschlichens Leidens auf das Geheimnis des Glaubens und der Liebe. In dieser Begegnung werden die tiefgründigsten Fragen der menschlichen Existenz deutlich. Der leidende Körper und der Geist schreien: ‚Warum? Warum muss ich sterben?' Und in der Antwort, die oft von der Stille des Wohlwollens und des Mitleids vorgegeben wird, steckt viel Aufrichtigkeit und Glauben: *Ich kann euch keine ausreichende Antwort auf all eure Frage geben, ich kann euren Schmerz nicht lindern, doch eines weiß ich bestimmt: Gott liebt euch grenzenlos.*

Kalkutta, 3. Februar 1986

Christliche Arbeit

Für die Christen unter euch ist Jesus das perfekte Vorbild für unsere Arbeit. Bei seinen Werken war Jesus stets tief mit dem himmlischen Vater verbunden. Wir sollten also jeden Tag daran denken, wie Jesus in den vielen Jahren seines Wirkens in Nazareth seine tägliche Arbeit ausführte. Er ist uns allen ein Beispiel.

Ranchi, 3. Februar 1986

geäschert worden ist. Hier erweist der Papst dem Begründer der „satya graha", der Kraft der Wahrheit, die über die Gewalt siegt, seine Ehre. Dann reist er weiter nach Kalkutta, wo er sich vom 3. bis zum 5. Februar aufhält. Dort erlebt der Papst vielleicht die intensivsten Momente seiner Reise, als er mit Mutter Theresa das von ihr gegründete Nirmal Hriday Ashram, das „Haus des reinen Herzens" besucht. In dieses Haus haben Mutter Theresa und ihre Schwestern der Caritas bis heute Tausende Menschen aufgenommen, die auf der Straße bereits im Sterben lagen. „An diesem Ort", betont Johannes Paul II., „trifft das Geheimnis des menschlichen Leidens auf das Geheimnis des Glaubens und der Liebe." Dies ist eine der wichtigsten Lektionen seiner Reise.

Es sind jedoch noch andere Augenblicke dieser Reise von Bedeutung, wie der Besuch am Grab des Apostels Thomas in der Kathedrale zu Madras, wo, so sagt es die Legende, der Missionar Indiens, einer der ersten Apostel, begraben sein soll. Außerdem die Begegnungen mit den verschiedenen christlichen Konfessionen in Kerala, die wiederum im Zeichen der Ökumene und der Versöhnung stehen. Die letzte Etappe seiner Reise führt den Papst nach Bombay, das ebenso wie Kalkutta von starken sozialen Gegensätzen geprägt ist. Dort trifft Johannes Paul II. mit Priestern, Alten und Kranken zusammen und bittet die Muttergottes, für die Einheit und den Frieden Indiens einzustehen.

Er verabschiedet sich dann nach einem letzten Treffen mit Jugendlichen und Seminaristen von Indien und fordert die Menschen auf, durch konkrete Gesten im Alltag eine Verbesserung der Welt herbeizuführen.

Gegenüberliegende Seite: Johannes Paul II. bei seiner ersten Messe in Indien, die im Indira Gandhi-Stadion von Delhi stattfand (großes Foto).
Oben: Der Papst zusammen mit Premierminister Rajiv Gandhi und dessen Frau.
Unten: Bei einer Begegnung mit Jugendlichen im Park Shivaji in Bombay.

Oben rechts: Der Papst bei seinem Besuch am Grab des heiligen Thomas, einem der zwölf Apostel Jesu (der die Wundmale berühren durfte) und Missionar Indiens, der bis Madras kam, wo er beerdigt ist.
Links: Der Papst in Kalkutta zusammen mit Mutter Theresa im „Haus des reinen Herzens", in das sie seit seiner Gründung über 50 000 Menschen aufgenommen und gepflegt hat.
Unten: Begegnung mit Jugendlichen im Park Shivaji in Bombay.

Jugend

Das menschliche Dasein ist ein körperliches Sein. Diese so einfache Behauptung hat schwer wiegende Folgen. So materiell der Körper auch sein mag, so ist er doch nicht ein Gegenstand unter anderen, ein Objekt unter anderen Objekten. Vor allem ist er jemand in dem Sinn, dass er Erscheinung der Person ist, ein Mittel der Anwesenheit vor den anderen, der Kommunikation, des äußerst mannigfaltigen Ausdrucks. Der Körper ist ein Wort, eine Sprache. Ein Wunder und ein Wagnis zugleich! Junge Leute, Jungen und Mädchen, habt größte Achtung vor eurem Körper und vor dem der anderen! Euer Körper soll eurem tiefsten Ich dienen! Eure Gebärden, eure Blicke seien stets der Widerschein eurer Seele! Anbetung des Körpers? Nein, niemals! Verachtung des Körpers? Das schon gar nicht. Beherrschung des Körpers? Ja! Läuterung des Körpers? Das noch mehr!

Eine offene Straße

Die Jugend ist eine große, göttliche Gnade, ein außerordentlicher Reichtum des Menschen. Für euch stellt sich das Leben als eine Straße dar, die offen ist auf das Unendliche hin. Im Herzen eines Jugendlichen werden die Zukunftsperspektiven der Menschheit vorgezeichnet, entworfen und geschmiedet. Leider ist es wahr, dass die volle Entwicklung seiner menschlichen Träume eingeschränkt und behindert wird, es trifft jedoch auch zu, dass diese Träume stets offen bleiben für große Ideale. Außer uns selbst kann nichts und niemand diese Ideale zunichte machen.

Lebensfreude

Wir brauchen die Begeisterung der Jugend. Wir brauchen die Lebensfreude der Jugend. In ihr spiegelt sich etwas von der ursprünglichen Freude wider, die Gott hatte, als er den Menschen erschuf. (...) Die Jugend sucht Gott, sie sucht den Sinn des Lebens, sie sucht endgültige Antworten: Was muss ich tun, um das ewige Leben zu gewinnen? Bei dieser Suche begegnen wir unweigerlich der Kirche. Und auch die Kirche begegnet unweigerlich der Jugend.

Ihr beginnt das Leben an einem Wendepunkt der Geschichte. Ihr seid die ersten Protagonisten des Dritten Jahrtausends, das bald einsetzen wird. Ihr Jugendlichen werdet die Wege dieser neuen Zeitepoche abstecken. Ihr werdet ihr Bedeutung verleihen.

Schon zurück?

Und ihr fragt euch: Wie ist es möglich, dass viele unserer jungen Kameraden und Freunde des Lebens müde und überdrüssig sind, noch bevor sie angefangen haben, es zu leben? Wie

soll man verstehen, dass sie gleichsam schon vor der Reise zurück sind, noch bevor sie irgendwo angekommen wären?

Er weiß, was die Liebe ist

Ihr fragt mich, ob allein die Kirche Gesetze über das Leben, den Tod und die Liebe gibt. Andere folgen ihrer eigenen Weisheit, ihrer Vernunft und zuweilen ihrem Instinkt, um ihr Verhalten in diesen sehr ernst zu nehmenden Bereichen festzulegen. Überall, wo sich Kulturen, Religionen, juristische und politische Instanzen nach dem rechten Gewissen entscheiden und die menschliche Würde achten, freuen wir uns darüber. Doch bin ich sicher, dass nichts mit dem Reich zu vergleichen ist, von dem Jesus spricht. Er weiß, was Gott ist. Er weiß, was im Menschen ist. Er, der Schöpfer des Lebens, weiß, was das Leben ist. Er, der von den Toten auferstanden ist, weiß, was der Tod ist. Er weiß, was die Liebe ist, und dass niemand mehr liebt als der, der sein Leben für seine Freunde hingibt.

Seid ihr fähig?

Es stellt sich also einem jeden von euch persönlich eine Frage: Seid ihr fähig, euch selber, eure Zeit, eure Kräfte und euer Talent zum Wohl der anderen hinzuschenken? Wenn ihr es seid, können sich Kirche und Gesellschaft große Dinge von euch erwarten.

Die Kraft der Jugend

Liebe, junge Menschen, um der Welt die Frohe Botschaft des Evangeliums zu bringen, braucht die Kirche eure Begeisterung und eure Hochherzigkeit. Ihr wisst, es kommt vor, dass eure älteren Mitbürger – nach dem schwierigen Weg und den Prüfungen, die sie erfahren haben – von Furcht und Müdigkeit erfasst werden und den Schwung erlahmen lassen, der zu jeder christlichen Berufung gehört. Es kommt auch vor, daß die Institutionen wegen der Routine oder Schwäche ihrer Mitglieder nicht mehr ausreichend dem Dienst an der evangelischen Botschaft zur Verfügung stehen.

Die Kirche braucht da das Zeugnis eurer Hoffnung und eurer Begeisterung, um ihre Sendung besser zu erfüllen. Gebt euch nicht mit passiver Kritik oder damit zufrieden, zu warten, dass sich die Personen und Institutionen bessern. Geht in die Pfarreien, in die Vikarien, zu den verschiedenen Bewegungen und Gemeinschaften und bringt ihnen geduldig die Kraft eurer Jugend.

- Paris, Frankreich
1. Juni 1980

- Cuiabá, Brasilien
16. Oktober 1991

- San Juan de los Lagos, Mexico
8. Mai 1990

- Straßburg, Frankreich
8. Oktober 1988

- Manila, Philippinen
14. Januar 1995

- Taizé, Frankreich
5. Oktober 1986

Lebensfreude
- Die Schwelle der Hoffnung überschreiten, Kap. 19

Aufruf zur Mission

17.-22. Februar 1981

12.-16. Januar 1995

Unter all euren Nachbarn in diesem Teil der Welt nehmt ihr Filipinos einen besonderen Platz ein." Das ist mehr als eine nur wohlwollende Bemerkung des Papstes, die er bei seinem ersten Besuch im Archipel der siebentausend Inseln macht. Mehr als die Hälfte der sechzig Millionen asiatischen Katholiken lebt hier auf den Philippinen, einem Land, in dem die Kirche zusammen mit der Nation gewachsen ist. Aus diesem Grund setzt der Papst natürlich darauf, dass von hier aus, wo der katholische Glaube fest in der Bevölkerung verankert ist, die Missionierung anderer Völker vorangetrieben werden kann.

Johannes Paul II. ist in die Philippinen gereist, um den Laien Lorenzo Ruiz, der in der ersten Hälfte des 15. Jahrhunderts als Märtyrer starb, als ersten Filipino selig zu sprechen. Die Begeisterung, mit der der Papst überall aufgenommen wird, ist schon gleich zu Beginn seiner Reise deutlich zu spüren, als er im Luneta Park von Manila eintrifft, wo ihn eine Million Menschen erwartet. Ganz zu schweigen von den 300 000 Studenten in der Universität Santo Tomás, der weltweit größten katholischen Universität. Die stimmungsvolle Atmosphäre hält den Papst jedoch nicht davon ab, die Tragödien und Widersprüche dieser Nation zu verurteilen: die Armut und ungleichmäßige soziale Verteilung, die Rechtsverletzungen, die Korruption, der schwierige Weg in Richtung Demokratie.

Als Johannes Paul II. im Januar 1995 zum zweiten Mal die Philippinen bereist, wird er wiederum begeistert gefeiert: in Manila, wo ihn die Bevölkerung singend und tanzend zum Mabuhay-Begrüßungsruf empfängt, in Cebu, Caceres, Neu Segovia, die der Papst zu Diözesen erhoben hat. Zur Festtagsstimmung der Filipinos kommt die Begeisterung von Millionen Jugendlichen aus der ganzen Welt hinzu, die in Manila den Zehnten Welttag der Jugend begehen. „Es ist das Fest einer Jugend, die von Christus gefesselt ist", schreibt der Observatore Romano angesichts der Hunderttausende von Lichtern, die die Wache am Abend des 14. Januar im Rizal Park erleuch-

PHILIPPINEN

Unabhängige Republik

Fläche:	300 000 km²
Bevölkerung:	48 098 460 Einwohner
Hauptstadt:	Manila
Amtssprache:	Pilipino wird von 77 % der Bevölkerung gesprochen, Handelssprachen sind Englisch, das von 64 % gesprochen wird, und Spanisch, das von knapp über 3 % gesprochen wird.
Religion:	84 % Katholiken, 6,2 % Anhänger der unabhängigen Philippinischen Kirche, 4,3 % Moslems, 3,9 % Protestanten

Mehr Liebe

Es braucht nicht schwierig zu sein, der Lehre des Glaubens, so wie sie von der Kirche vertreten wird, und einer einzigen Religion treu zu bleiben; selbst wenn wir in der Lage sind, Sprachen zu sprechen und sie zu verstehen und wenn wir die Gabe haben, Vorhersagen zu machen. Doch wenn wir den Geboten des Herrn nicht folgen, Gott und unseren Nächsten zu lieben, sind wir des Ewigen Lebens nicht würdig (...). Wenn mein Besuch dazu beitragen würde, dass jeder von euch den anderen nur ein wenig mehr liebte, dass ihr euch ein wenig mehr zur Kirche und der Gemeinschaft orientieren würdet, sodass ihr an andere stets mit Liebe denken würdet, so hätte sich meine Reise schon gelohnt.

Davao, 20.Februar 1981

Gegenüberliegende Seite: Bilder der Reise von 1981. Oben: Messe in Cebu City, der Wiege des Christentums im Osten; Magellan stellte dort im Jahre 1521 das Kreuz auf. Unten links: Feierliche Seligsprechung von sechzehn Märtyrern im Luneta Park in Manila. Rechts: Im Armenviertel von Tondo am Rande Manilas: Johannes Paul II. ließ die Prozession anhalten, um Mutter Theresa von Kalkutta zu grüßen.

Links: Über eine Million Jugendliche umgeben den Papst bei der feierlichen Nachtwache im Rizal Park von Manila am 14./15. Januar 1995 anlässlich des 10. Welttags der Jugend. Das Kreuz und das Schiff, Symbol des Welttags, beherrschen die Szene.
In der Mitte: Gruß an die Studenten und Mitarbeiter der philippinischen Universitäten auf dem Sportplatz der Universität am 13. Januar.
Unten: Messe am Morgen des 14. Januar im überfüllten Philippine International Convention Center mit über zwei Millionen Gläubigen.

Große Dinge

Falsche Lehrer, unter denen viele hochkarätige Intellektuelle aus den Bereichen Wissenschaft, Kultur oder Medien sind, stellen ein Anti-Evangelium vor. Sie erklären jedes Ideal für tot. Sie verteidigen bewusst oder unbewusst eine Art zu leben, die Millionen von Jugendliche in traurige Einsamkeit gestürzt hat, sie jeder Hoffnung beraubt hat und sie zur Liebe unfähig gemacht hat. Ihr fragt mich: „Was kann ich von den Jugendlichen eigentlich erwarten?" In *Die Schwelle der Hoffnung überschreiten* habe ich geschrieben, dass das wesentliche Problem in Bezug auf die Jugendlichen darin besteht, dass sie ihre eigene Person in den Vordergrund stellen (…), die Jugendlichen wissen, dass ihr Leben einen Sinn hat, wenn es zu einem kostenlosen Geschenk für den Nächsten wird. Es stellt sich also einem jedem von euch persönlich eine Frage: Seid ihr fähig, euch selber, eure Zeit, eure Kräfte und euer Talent zum Wohl der anderen hinzuschenken? Wenn ihr es seid, können sich Kirche und Gesellschaft große Dinge von euch erwarten.

Manila, 15. Januar 1995

ten, oder angesichts der fünf Millionen Menschen, die am Sonntagsgottesdienst teilnehmen. Karol Wojtyla richtet wieder seinen bereits sprichwörtlichen Aufruf an die Jugend, doch man hat ohnedies den Eindruck, als habe man es mit einer Generation zu tun, die sich klar und deutlich gegen das von der postmodernen Gesellschaft verursachte Ende der einstigen Ideale wendet. Es handelt sich um eine Generation, die den Papst wahrscheinlich als guten Hirten unserer Zeit ansieht. „Im Evangelium", so erinnert der Papst, „steht, dass derjenige, der die vielen Menschen sah, Mitleid mit ihnen hatte, weil sie müde und hungrig waren, wie eine Herde ohne ihren Hirten."

Mahnung zur Erinnerung

23.-26. Februar 1981

JAPAN	
Konstitutionelle Monarchie	
Fläche:	372 536 km^2
Bevölkerung:	111 939 643 Einwohner (1981)
Hauptstadt:	Tokyo
Amtssprache:	Japanisch
Religion:	108 Mio. Schintoisten, 91 Mio. Buddhisten, 0,6 Mio. Protestanten, 0,4 Mio. Katholiken

Hiroshima und Nagasaki – die letzten beiden Etappen der Japanreise des Papstes ließen die drei Tage als eine Art Wanderung zu den Orten erscheinen, in denen sich Abgründe der menschlichen Natur aufgetan haben. Diese Orte stehen für das Böse, zu dem der Mensch fähig ist. Hiroshima und Nagasaki, wo im August 1945 der atomare Alptraum Wirklichkeit wurde, stellen eine Warnung an die Großmächte dar, die Anfang der Achtzigerjahre erneut einen nuklearen Rüstungswettlauf beginnen. „Erinnerung an die Vergangenheit bedeutet Engagement für die Zukunft", mahnt der Papst. Auch die Wissenschaftler sind hier gefordert; sie können nicht länger behaupten, dass ihre Forschungsarbeit neutral sei. Bei seinem Besuch in Hiroshima verharrt der Papst vor dem Friedensmahnmal lange auf den Knien. Es ist ein kleiner Tunnel, durch den man, abgeschnitten von der übrigen Stadt, die Reste eines Gebäudes sehen kann, das die Explosion teilweise überstanden hat. „In diesen Augenblicken spürte ich in meinem Herzen ganz intensiv die Angst der Völker vor einer möglichen Wiederholung einer solchen Katastrophe", sagt der Papst später. In Nagasaki, wohin sich Johannes Paul II. am letzten Tag seiner Reise begibt, besucht er ein Sanatorium, in dem 300 Menschen leben, die immer noch von den damaligen Ereignissen gezeichnet sind.

Der Papst lernt auf seiner Reise selbstverständlich noch ein anderes Japan kennen. Johannes Paul II. kommt direkt nach seinem Besuch auf den Philippinen nach Japan, und der Unterschied zwischen den beiden Ländern könnte krasser gar nicht sein: von einem Land, in dem die Mehrheit der Bevölkerung katholisch ist, in ein Land, in dem die meisten Menschen gerade so eben wissen, was das Papsttum bedeutet, von einem armen Land in eine der größten Industrienationen der Welt. Die katholische Kirche hat jedoch großen Respekt vor den geistigen und moralischen

Für eine moralische Wissenschaft
Wissenschaft und Technologie sind ein wunderbares Produkt der menschlichen Kreativität, die eine Gabe Gottes ist und uns wunderbare Möglichkeiten bietet, von denen wir dankbar profitieren. Doch wir wissen, dass dieses Potenzial nicht neutral ist, es kann für den Fortschritt des Menschen verwendet werden, aber auch für seinen Rückschritt. Wie ihr, so habe auch ich in der Zeit gelebt, die ich als „Nach-Hiroshima-Zeit" bezeichne, und ich teile mit euch eure Ängste. Heute möchte ich euch Folgendes sagen: Es ist (...) vor allem für die Welt der Wissenschaft der Moment gekommen, in dem wir uns darüber im Klaren sein müssen, dass die Zukunft der Menschheit so stark wie niemals zuvor von unseren gemeinsam getroffenen moralischen Entscheidungen abhängt.
Hiroshima, 25. Februar 1981

Gegenüberliegende Seite unten links: Der Papst spricht in Hiroshima vor Wissenschaftlern und Vertretern der Universität der Vereinten Nationen; rechts daneben: Begegnung mit Kaiser Hirohito.

Oben Mitte: Zum ersten Mal in der Geschichte feiert ein Papst eine Messe auf japanischem Boden und in japanischer Sprache (im Korakuen-Stadion von Tokyo).

Links: Rede vor dem alten Postgebäude in Hiroshima, dessen Trümmer als Gedenkstätte für die Opfer der Atombome erhalten werden.

Unten: Besuch in Nagasaki, wo der Papst 77 Erwachsene tauft und firmt. In dieser Stadt leben etwa 70 000 Katholiken.

Nein zum Krieg

Angesichts der vom Menschen verursachten Grausamkeiten (...) müssen wir immer und immer wieder betonen, dass Krieg niemals unvermeidlich ist (...). Die Menschheit ist nicht zur Selbstzerstörung bestimmt. Die Meinungsverschiedenheiten, die zwischen einzelnen Ideologien, Zielen und Forderungen bestehen, können und müssen mit anderen Mitteln als dem Krieg beseitigt und gelöst werden. Die Menschheit ist sich selbst gegenüber verpflichtet, Meinungsverschiedenheiten und Konflikte mit friedlichen Mitteln zu lösen.

Hiroshima, 25. Februar 1981

Werten, die in der Kultur und in den wichtigsten Religionen Japans zum Ausdruck kommen. Die Katholiken spielen dabei, obwohl sie nur eine kleine Gemeinschaft darstellen, eine wichtige Rolle. Schließlich ist auch auf ihren Glaubenseifer hinzuweisen, der zu dem unglaublichen Verhältnis von Priestern und Laien führt: Auf 37 Gläubige kommt ein Priester oder Mitglied eines Ordens.

Japan gilt als Symbol für Fortschritt und Modernität. Doch auch dort erlebt man Widersprüche und Enttäuschungen, die inbesondere bei dem Treffen mit Jugendlichen im Sportpalast von Tokyo zu Tage treten. Angesichts dieser Erscheinungen ist es dem Papst zufolge mehr denn je notwendig, die Hoffnung nicht aufzugeben, die sich für die Christen in der Person Jesu darstellt.

KOREA

Anderthalb Millionen Menschen, Fahnen, Farben und traditionelle Kostüme, 103 weiße Tauben, die über dem Himmel von Seoul aufsteigen. Das ist der feierlichste Augenblick der ersten Reise von Johannes Paul II. nach Südkorea: die Heiligsprechung von 103 koreanischen Märtyrern, auf dem Yaouido-Platz am 6. Mai 1984. Seit 600 Jahren ist dies die erste Heiligsprechung, die außerhalb von Rom stattfindet. Es ist eine Art Anerkennung des Papstes an die katholische Kirche Koreas, die ihr 200-jähriges Bestehen feiert, und verstärkt einmal mehr die Gewohnheit des Papstes, auf der ganzen Welt Seligsprechungen vorzunehmen. Korea zeigt sich aufgeschlossen für die Evangelisierung. Obwohl nur 4 % der 40 Millionen Einwohner katholisch sind, wächst ihre Zahl jedes Jahr um 100 000, und viele fühlen sich zum Priesteramt oder zum klösterlichen Leben berufen.

SÜDKOREA	
Präsidiale Republik	
Fläche:	99 143 km²
Bevölkerung:	40 466 577 Einwohner (1989)
Hauptstadt:	Seoul
Amtssprache:	Koreanisch
Religion:	40 % Buddhisten, 28 % Christen (davon 3,6 % Katholiken), 17 % Konfuzianer

Alte Mauern, die Widerstand leisten

3.-7. Mai 1984

6.-9. Oktober 1989

Die frohen Nachrichten über das Wachstum der katholischen Kirche stoßen jedoch auf eine Politik, die alles andere als erfreulich ist. Korea ist bis heute ein geteiltes Land, in dem die Auswirkungen des Koreakriegs von 1950-53 und des Kalten Kriegs noch heute zu spüren sind. Auch südlich des 38. Breitengrads ist die innenpolitische Situation gespannt und die aufeinander folgenden autoritären Militärregime verhindern eine umfassende Demokratisierung. Der Papst zielt auf seiner Reise durch seine Worte und Gesten vor allem auf die Versöhnung mit dem Norden ab. Dieses Thema greift er fünf Jahre später bei seinem zweiten Besuch 1989 nochmals auf, als er in Seoul den 44. Internationalen Eucharistischen Kongress, der unter dem Motto

An das diplomatische Korps

Die Angst und das Leid eines geteilten Koreas stehen symbolisch für eine geteilte Welt, in der es kein Vertrauen gibt und in der keine Wiederversöhnung in brüderlicher Liebe erreicht werden kann. Sie stehen symbolisch für die Situation weltweit, die nach einer Antwort schreit, nach einer neuen Einstellung, nach einem neuen Herzen. Eure Mission hier ist daher von besonderer Bedeutung. Ich bete dafür, dass eure Erfahrung euch zu der Überzeugung gelangen lässt, dass nur eine gänzliche Befürwortung der Menschenrechte und Grundwerte, gemeinsam mit der Achtung der Würde eines jeden Menschen zu einer dauerhaften Lösung für die tief greifenden Bestrebungen, die sämtliche Völker der Erde verfolgen, nämlich friedlich und harmonisch zusammenzuleben, führen kann.

Seoul, 4. Mai 1984

„Christus unser Friede" steht, abschließt. Die Situation am 38. Breitengrad ist eine Herausforderung für die koreanischen Christen, dort trennt die letzte Mauer eine Nation.

Das Seoul, in das Johannes Paul II. im Oktober 1989 kommt, ist die Hauptstadt einer Nation, in der die Anzahl der Katholiken weiter stetig steigt (in zehn Jahren hat sich ihre Anzahl verdoppelt). Aber auch die Wirtschaft wächst in rasantem Tempo. Den Buddhisten-Tempeln machen nun Wolkenkratzer und Schornsteine Konkurrenz. Diesem Fortschritt muss ein Sinn gegeben werden und die Versuchung einer Abkehr vom Glauben (57% der Koreaner gehören keiner Religion an) ist zu bekämpfen. Dem Fortschritt eine Seele einhauchen – das ist das Motiv der zweiten Koreareise Johannes Pauls II.

Gegenüberliegende Seite oben: Johannes Paul II. betet in der Wallfahrtskirche, die den einhundertdrei Märtyrern gewidmet ist, die er während seines Besuchs 1984 in einer Messe auf dem Yaouido-Platz in Seoul heilig gesprochen hat (unten).

Links: Eine Aufnahme aus dem Taegu-Stadion: Jedes Mosaiksteinchen ist in Wirklichkeit ein Mensch. Während der Koreareise 1989: Gespräch mit dem koreanischen Präsidenten Roh Tae Woo (oben), Abschlussgottesdienst des 44. Internationalen Eucharistischen Kongresses (unten).

Einheit in Vielfalt

9.-14. Oktober 1989

Maumere, 11. Oktober 1989: Im Duncunha-Stadion auf Flores findet eine Messe vor über 60 000 Gläubigen statt.

Auf dem Staatswappen Indonesiens steht ein Motto, das in gewisser Weise den Geist der Nation zusammenfasst: „Einheit in Vielfalt". Das Motto beschreibt treffend die geografische Situation – ein einziger Staat, der aus über dreizehntausend Inseln besteht –, aber vor allem gilt es dem friedlichem Zusammenleben vieler verschiedener Völker und Religionen. Indonesien ist das Land der Welt, in dem die meisten Moslems leben, doch zu der Zeit, in der der Papst Indonesien besuchte, war auch den katholischen, hinduistischen und buddhistischen Minderheiten Religionsfreiheit gestattet. Bei dem Empfang für Johannes Paul II., den „Botschafter des Friedens", am 9. Oktober in Jakarta ist der multiethnische Geist der Nation zu spüren. An der Messe, die der Papst am 10. Oktober in der Erzdiözese Semarang auf Java feiert, nehmen etwa 400 000 Menschen teil, unter denen sich auch viele Moslems befinden. Der Chor besteht aus 400 Mädchen in bunten javanischen Trachten. Neben ihnen sitzen Gläubige barfuß in traditioneller Kleidung und spielen auf den typisch javanischen Instrumenten, dem Bonang, dem Saron, dem Demung, dem Siter und dem Gong. Der Papst lobt die javanische Kunst, die „die Weisheit einer Kultur beinhaltet, die die absolute Notwendigkeit Gottes anerkennt". Der Papst macht diese Erfahrung noch einmal in Maumere, der dritten indonesischen Stadt, die er besucht. Auch hier wird der Gottesdienst durch traditionelle Tänze und Rhythmen untermalt; den Mittelpunkt bildet der Altar, der ebenso wie die traditionellen Häuser aus Bambus und Stroh errichtet ist. Ein bedrücktes Klima ist auf den letzten Etappen

Ökumenische Wallfahrt

»Mein Besuch gilt nicht nur den Katholiken in Indonesien. Dieses große Land beherbergt eine Menge Völker, die es durch ihre vielen verschiedenen Sprachen und Bräuche bereichern. Es gibt hier vielerorts noch die traditionellen Religionen der Eingeborenen. Die alten religiösen Traditionen wie der Buddhismus und der Hinduismus nähren ihre Gläubigen mit der uralten Weisheit des Ostens. Auch der Konfuzianismus hat seine ganz eigene Note, während der Islam die Religion ist, der die meisten Indonesier folgen.«

Jakarta, 10. Oktober 1989

Oben links: Der Papst beim Verlassen des Duncunha-Stadions, wo er er eine 5m hohe Herz-Jesu-Statue gesegnet hat.

Oben rechts: Der Papst in Jakarta am 9. Oktober1989 mit dem indonesischen Staatspräsidenten Suharto; rechts der Kardinal Staatssekretär Agostino Casaroli.

Unten: Johannes Paul II. bei seinem Besuch auf Sumatra in der Nähe der Stadt Tuntungan, wo er am 13. Oktober 1989 eine Messe in einer überfüllten Ebene vor 100 000 Gläubigen feiert.

seiner Reise zu spüren, in Dili und Medan. Die Diözese Dili befindet sich in Ost-Timor, der ehemaligen portugiesischen Kolonie, die von Indonesien annektiert wurde; dort kämpft man seit Jahren um die Unabhängigkeit von Jakarta. Johannes Paul II., der in Tetum, der alten Sprache dieser Insel, begrüßt wird, erklärt mit Nachdruck, dass es notwendig sei, Rechte zu gewährleisten, die das Leben der Menschen erträglicher machen.

In Medan auf Sumatra leiden zahlreiche Menschen an Tuberkulose, tausende an Lepra. Es ist kein Zufall, dass die letzte Messe des Papstes auf indonesischem Boden vor der Missionsstation der Minoritenpatres stattfindet. Sie sind die Nachfolger des Heiligen, der die Leprakranken umarmte.

Salz der Erde

Was bedeuten ‚Salz der Erde' und ‚Licht der Welt' heute für Ost-Timor? Viele Jahre habt ihr Zerstörung und Tod als Ergebnis der Konflikte erlebt; ihr habt erfahren, was es bedeutet, Opfer des Hasses und der Gewalt zu sein. Viele Unschuldige mussten sterben, andere wurden Opfer von Racheakten und Unterdrückung. Zu lange habt ihr aufgrund fehlender Stabilität gelitten, die eure Zunkunft unsicher gemacht hat. Diese verworrene Situation ist eine der Hauptgründe der wirtschaftlichen Schwierigkeiten, die trotz einiger Verbesserungen die notwendige Entwicklung verhindern, um die Menschen von ihrer Bürde, die noch schwer auf ihnen lastet, zu befreien.

Dili, 12. Oktober 1989

INDONESIEN

Präsidiale Republik

Fläche:	1 919 443 km²
Bevölkerung:	164 046 988 Einwohner
Hauptstadt:	Jakarta
Amtssprache:	Bahasa Indonesia
Religion:	84 % Moslems, 6,5 % Protestanten, 3,1 % Katholiken

Arbeit

Die Arbeit, die immer das Siegel der menschlichen Würde trägt, ist nicht höher einzuschätzen oder schon deshalb würdiger, weil sie objektiv bedeutender oder weil sie besser bezahlt ist. Auch die einfachsten und mühevollsten Arbeiten haben die persönlich Würde als besonderes Merkmal. Vergesst infolgedessen nicht, dass die Würde der Arbeit nicht so sehr davon abhängt, was einer tut, sondern wer sie tut, und das ist im Falle des Menschen ein geistiges, mit Verstand und freiem Willen begabtes Wesen. Eben deswegen lehnt jene Arbeiten ab, die den Mann oder die Frau erniedrigen.

Abbild Gottes

Der Mensch soll sich die Erde untertan machen, soll sie beherrschen, da er als *Abbild Gottes* eine Person ist, das heißt ein subjekthaftes Wesen, das im Stande ist, auf geordnete und rationale Weise zu handeln, fähig, über sich zu entscheiden, und auf Selbstverwirklichung ausgerichtet. Als Person ist der Mensch daher Subjekt der Arbeit. Als Person arbeitet er und vollzieht die verschiedenen Handlungen, die zum Arbeitsprozess gehören; unabhängig von ihrem objektiven Inhalt müssen diese alle der Verwirklichung seines Menschseins dienen, der Erfüllung seiner Berufung zum Personsein, die ihm eben aufgrund seines Menschseins eigen ist.

Mitbeteiligung

Unter den gegensätzlichen Philosophien – der des alleinigen wirtschaftlichen Wettbewerbs und der Mitbeteiligung – verlangt das *Gemeinschafts*-Unternehmen, dass man (...) für die Anwendung der zweiten, also der Mitbeteiligung entscheidet, indem zwischen allen Mitgliedern des Unternehmens eine echte und wirksame Interdependenz geschaffen wird. Eine solche personale Wechselbeziehung zwischen den (...) Verantwortlichen des Unter-

Die Hände des Arbeitenden

„Gern würde ich in diesem Augenblick allen die schwieligen Hände drücken, um sie wie einen Beweis für eure Berufsarbeit zu spüren. Wenn ihr jemandem zum Zeichen der Freundschaft die Hand gebt, lasst ihr damit den Gesprächspartner die Last und den Wert eurer Arbeit spüren. Edel ist die Hand, die arbeitet! Die Hand, die die Welt verwandelt! Die Hand, die eine neue Wirklichkeit für eine menschlichere Gesellschaft errichtet. Die wohltuende Hand, die zum Vorteil und Wohl der Menschheit arbeitet.“

nehmens und der Arbeit, die von der Sozialpolitik des Staates unterstützt wird, ist notwendige Vorbedingung dafür, alle Komponenten der Welt der Arbeit im Unternehmen in Einklang zu bringen.

Eine einzige Sache

Der Schöpfer hat den Menschen mit der Macht ausgestattet, die Erde zu beherrschen; er verlangt also von ihm, durch seine Arbeit den Bereich, den er ihm anvertraut, zu meistern und alle seine Fähigkeiten einzusetzen, um zu glücklicher Entfaltung seiner eigenen Persönlichkeit und der ganzen Gemeinschaft zu kommen. Durch seine Arbeit gehorcht der Mensch Gott und erwidert sein Vertrauen. Das ist nicht ohne Bezug auf die Bitte des Vaterunsers: *Dein Reich komme*. Damit Gottes Plan verwirklicht wird, handelt der Mensch im Bewusstsein, dass er nach dem Ebenbild Gottes geschaffen wurde und dass er also seine Kraft, seinen Verstand und seine Fähigkeit, in selbstloser Liebe zu seinen Brüdern eine Lebensgemeinschaft zu bilden, von ihm empfangen hat.

Solidarische Kreativität

Ja, die Solidarität ist auch hier der Schlüssel zum Beschäftigungsproblem. Ich betone das mit Nachdruck: Sowohl auf nationaler wie auf internationaler Ebene setzt die positive Lösung des Beschäftigungsproblems, und insbesondere das der Arbeitsplätze für die Jugend, eine ganz starke Solidarität der Gesamtheit der Bevölkerung und aller Völker voraus: dass jeder bereit ist, die notwendigen Opfer auf sich zu nehmen; dass jeder an der Aufstellung von Programmen und Vereinbarungen mitarbeitet, deren Ziel es ist, die Wirtschafts- und Sozialpolitik zu einem greifbaren Ausdruck der Solidarität zu machen.

Lazarus steht vor der Tür

Die ganze Menschheit muss sich das Gleichnis vom reichen Mann und dem Bettler bewusst machen! Die Menschheit muss dieses Gleichnis in unsere heutige Sprache übersetzen, in die Begriffe der Wirtschaft und der Politik, der Menschenrechte, der Beziehungen zwischen der *Ersten*, *Zweiten* und *Dritten* Welt. Wir dürfen nicht untätig dastehen, wenn Tausende von Menschen an Hunger sterben. Wir dürfen nicht gleichgültig bleiben, wenn die Rechte des menschlichen Geistes mit Füßen getreten werden, wenn dem menschlichen Gewissen in Sachen der Wahrheit, der Religion und der schöpferischen Kultur Gewalt angetan wird.
Wir dürfen nicht untätig dastehen und unseren eigenen Reichtum und unsere Freiheit genießen, wenn irgendwo der Lazarus des 20. Jahrhunderts vor unserer Tür steht!

• Bogota, Kolumbien
3. Juli 1986

• Enzyklika "Laborem exercens", N. 6

• Mailand, Italien
22. Mai 1983

• Esch-sur-Alzette, Luxemburg
15. Mai 1985

• Genf, Schweiz
15. Juni 1982

• New York, USA
2. Oktober 1979

Die Hände des Arbeitenden
• Porto, Portugal
15. Mai 1982

Abgesehen von den Ländern, die bereits vorgestellt wurden, besuchte Johannes Paul II. noch fünf weitere asiatische Länder.

Sein Aufenthalt in Karachi in Pakistan am 16. Februar 1981 ist nur ein kurzer Zwischenstopp auf seinem Weg auf die Philippinen, doch für den Papst bietet sich immerhin die Möglichkeit, einen ökumenischen Dialog mit einem islamischen Land zu führen. Außerdem ist der Besuch in Pakistan in gewisser Weise ein Vorspann zu seiner Reise nach Indien, die er 1986 antritt, da es sich nahezu um einen Kontinent handelt, der reich an Menschen und Kultur, doch aufgrund religiösen Hasses geteilt ist.

Die Herausforderungen des 20. Jahrhunderts

In Thailand hält sich der Papst zwei Tage auf, vom 10. bis zum 12. Mai 1984, nach seinem Besuch in Korea und Papua-Neuguinea. Dort spricht er Themen an, die in diesen Gebieten auf eine dramatische Weise drängend sind; die Odyssee der Kriegsflüchtlinge. Thailand hat mehrere 10 000 Flüchtlinge aus Vietnam und Kambodscha aufgenommen, doch Tausende von Menschen warten noch immer vor der Grenze. Johannes Paul II. besucht am 11. Mai das Flüchtlingscamp von Phanat Nikhon. Außerdem macht der

SINGAPUR

Unabhängige Republik

Fläche:	618 km²
Bevölkerung:	2 471 800 Einwohner
Hauptstadt:	Singapur
Amtssprache:	Chinesisch, Malaiisch, Tamil, Englisch
Religion:	31% Buddhisten, 21 % Daoisten, 14 % Moslems, 100 846 Katholiken

Den Flüchtlingen

Habt Vertrauen in euch selbst. Vergesst niemals eure Identität als freies Volk, das einen rechtmäßigen Platz auf dieser Welt hat. Verliert nicht eure Persönlichkeit als Volk. Bleibt euren Kulturen treu, von denen die Welt viel lernen kann und aufgrund derer sie euch in eurer Einzigartigkeit schätzen wird. Habt Hoffnung für die Zukunft. Unsere Welt befindet sich in einem Stadium der Entwicklung. Sie braucht dazu euch und euren Beitrag.

Phant Nikhom, 11. Mai 1984

Der Betrug der Droge

Wenn wir über die Jugend (...) sprechen, so dürfen wir nicht das enorme Drogenproblem in der heutigen Welt vergessen, und ebensowenig die Folgen dieses Phänomens sowie die notwendigen Mittel, um dieser Krise der Menschheit Einhalt zu gebieten. Die gesamte Menschheit ist dazu aufgerufen, dieses Problem aus der Welt zu schaffen. Doch die Kirche hat auf diesem Gebiet eine besondere Aufgabe. Ihre Erziehungsarbeit muss darauf abzielen, den Sinn der menschlichen Würde, den Respekt vor sich selbst und vor den geistigen Werten zu vermitteln, sie muss den Menschen bei ihrer Suche nach der wahren Freude helfen, die ihren Platz im Herzen hat, und nicht durch vorübergehende Rauschzustände erreicht werden kann. Die Bischöfe müssen (...) wachsam auf ihre Herde aufpassen.

Bangkok, 11.Mai 1984

Harmonie der Gegensätze

Ich komme zu euch als einer, der durch die Seele des Volkes von Bangladesch wandert. Eure alte Kultur spiegelt die Berührungen mit vielen Religionen, Traditionen, Rassen und Sprachen wider. Ihr seid zu Recht stolz auf euer reiches künstlerisches Erbe, vor allem auf dem Gebiet der Literatur und der Musik habt ihr Großes geleistet. Euer Volk zeichnet sich durch seinen tiefen Glauben zu Gott aus. In der Vorsehung sucht es den Sinn seines Lebens und die Kraft, um mit den anderen den Willen Gottes zu achten und in Harmonie zu leben.

Dacca, 19. November 1986

Papst die Bischöfe Thailands auf das Problem der Drogen und der künstlich erzeugten Paradiese aufmerksam. Die Reise nach Thailand, Hochburg des Buddhismus, bietet auch die Möglichkeit zu einem historischen Treffen zwischen dem Bischof von Rom und dem buddhistischen Patriarchen Vasana Tara.

Bangladesch und Singapur, die der Papst vom 18. bis zum 20. November 1986 vor seinem Australienaufenthalt besucht, zeigen deutlich die Kluft zwischen Armut und Reichtum, zwischen wirtschaftlicher Rückständigkeit und Wirtschaftswunder – zwei entgegengesetze Phä-

BANGLADESH

Präsidiale Republik, Mitglied des British Commonwealth of Nations

Fläche:	143 998 km²
Bevölkerung:	87 052 024 Einwohner
Hauptstadt:	Dacca
Amtssprache:	Bengali
Religion:	85 % Moslems, 13,5 % Hindus, 165 000 Katholiken

Gegenüberliegende Seite: Die Messe im Nationalstadion von Singapur, die in strömendem Regen vor 70 000 Gläubigen stattfand (1986) (großes Foto). Oben: Spazierfahrt in einer Rikscha.

Auf dieser Seite: Jugendliche in Dacca (Bangladesch) hören die Worte des Papstes (oben) und schenken ihm Blumen (unten). Unten links: Während der Messe im Nationalstadion von Singapur.

SRI LANKA

Unabhängiger Staat seit dem 4.11.1948, Mitglied des British Commonwealth of Nations

Fläche:	65 610 km²
Bevölkerung:	17 247 000 Einwohner
Hauptstadt:	Colombo
Amtssprache:	Singalesisch und Tamil, Handelssprache auch Englisch
Religion:	69,8 % Buddhisten, 15,2 % Hindus, 7,6 % Christen (Katholiken: 1 185 000), 7,4 % Moslems

Unten links: Herzliche Umarmung in Papua-Neuguinea (1984).
Großes Foto oben und unten rechts: Messe zur Seligsprechung von Joseph Vaz in Sri Lanka (1995).

nomene, die in Asien so ausgeprägt sind. In Bangladesch bleibt der Papst einen Tag in Dacca, wo er achtzehn Priesterweihen vornimmt, die Gedenkstätte für die Gefallenen des Pakistankriegs besichtigt und schließlich mit den Vertretern des religiösen Lebens dieser jungen Nation zusammenkommt: mit Moslems, die den Hauptanteil der Bevölkerung ausmachen, mit Hindus, Buddhisten und Christen. In Singapur, wo sich der Papst nur wenige Stunden aufhält, ist die sozioökonomi-

Der Willkommensgruß von Pater Joseph

Möge das Beispiel von Pater Joseph zu euren Herzen sprechen. Pater Joseph liebte eure Nation und euer Volk. Er hat alle als Kinder Gottes willkommen geheißen. Aufgrund seiner Liebe wird sein Name nun hier in Sri Lanka wie überall auf der Welt wie ein Segensgruß angerufen werden.
„Gesegnet seien die Arbeiter für den Frieden". Wenn ein dauerhafter Frieden erlangt wird, so wird das Volk von Sri Lanka gesegnet sein und eurem Land wird seine volle Würde und Größe wiedergegeben werden. Möge der allmächtige Gott dies durch euch erreichen.

Colombo, 21. Januar 1995

Die Früchte der Liebe

Echter Friede beginnt in Geist und Herz, im Willen und in der Seele der Menschen, denn er entsteht aus der echten Liebe zu anderen. Tatsächlich kann man sagen, Frieden ist das Ergebnis der Liebe, wenn sich Menschen also bewusst entscheiden, ihre Beziehungen zu anderen zu verbessern und alles zu tun, um Spaltungen und Missverständnisse zu überwinden und, wenn möglich, sogar Freunde zu werden.

Singapur, 20. November 1986

PAKISTAN

Unabhängige Republik

Fläche:	796 095 km²
Bevölkerung:	89 729 000 Einwohner
Hauptstadt:	Islamabad
Amtssprache:	Urdu und Englisch
Religion:	Islam ist Staatsreligion (95 % der Bevölkerung), buddhistische, hinduistische und christliche Minderheiten (912 000 Katholiken)

sche Struktur völlig anders: Die Industrie floriert, das durchschnittliche Pro-Kopf-Einkommen ist hier höher als in Italien. Der Heilige Vater ermahnt die Nation, ihre glückliche wirtschaftliche Lage dazu zu nutzen, dem Gemeinwohl zu dienen.

Die letzte Etappe auf seiner Reise nach Asien ist Sri Lanka, das Johannes Paul II. am 21. Januar 1995 auf der Rückkehr von Manila und Sydney besucht. Es ist ein kurzer, doch bedeutungsvoller Aufenthalt. Auf dem überfüllten Strand von Colombo wird Pater Joseph Vaz selig gesprochen.

THAILAND

Konstitutionelle Monarchie

Fläche:	514 000 km²
Bevölkerung:	48 130 000 Einwohner
Hauptstadt:	Bangkok
Amtssprache:	Thai
Religion:	Buddhismus ist Staatsreligion (95,3% der Bevölkerung), 3,9% Moslems, 0,6% Christen (davon 0,41% Katholiken)

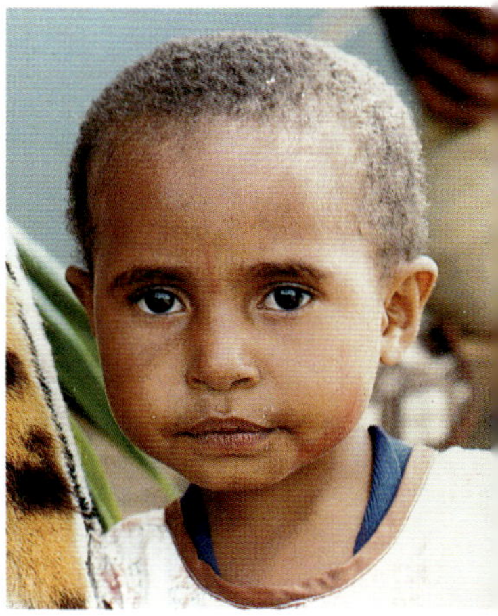

Oben: Unterredung mit dem buddhistischen Patriarchen Vasana Tara in Thailand.
Links: Aufnahme mit der Familie von König Bhumibal Adulyadej, Rama X. (1984).
Rechts: Ein kleiner Papua.

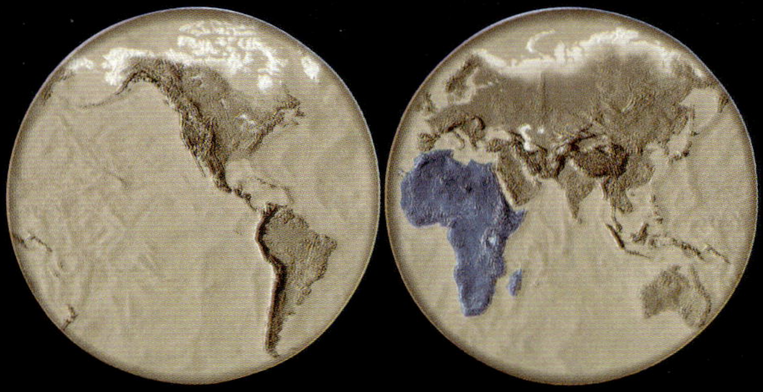

Afrika

Es heißt, dass die Afrikareisen von Papst Johannes Paul II. eine Art Enzyklika vor Ort sind, geschrieben mit den Gesten und Worten während der Reise. Dreizehn Reisen unternahm der Papst auf dem schwarzen Kontinent, einundvierzig Länder besuchte er und traf Jugendliche, Bischöfe, Kranke und ganz gewöhnliche Menschen; 1995 unterzeichnete er die bedeutende apostolische Mahnschrift *Ecclesia in Africa*.

Der Papst sprach während seiner Afrikareisen zahlreiche Themen an. Das Thema der Glaubensvermittlung war das wichtigste und bot die Möglichkeit, die Mission des 20. Jahrhunderts von der früheren eurozentristischen Arroganz zu befreien. Die jungen und lebendigen Völker Afrikas müssen zum Gauben und zur katholischen Lehre hingeführt werden, ohne dass sie auf ihre Traditionen verzichten.

Afrika ist ein Kontinent, auf dem die Evangelisierung auf fruchtbaren Boden fällt. Die Katholiken bilden zwar eine Minderheit, doch ihre Zahl wächst stetig. Gerade weil Afrika ein Schmelztiegel an Religionen und Völkern ist, eignet sich dieser Kontinent, um die Menschen zu Toleranz und gegenseitiger Achtung zu erziehen, ein Thema, das der Papst immer wieder anspricht. Abgesehen davon kann vom afrikanischen Herzen, wie der Papst mehrmals herausstellte, frischer Wind in die katholische Kirche kommen, die im Westen bereits etwas von ihrer ursprünglichen Begeisterung eingebüßt hat.

Zum großen Teil sind die afrikanischen Länder sehr arm; in der Vergangenheit wurde der Kontinent ausgebeutet, hatte schlechte Regierungen und wurde von blutigen Kämpfen, Hungersnöten und Krankheiten heimgesucht; die Folgen sind bis heute sichtbar. Aids ist in Afrika eine regelrechte Geißel. Papst Johannes Paul II. erhebt seine Stimme und fordert eine entschlossene internationale Solidarität, die über schöne Worte und Sonntagsreden hinausgeht und diesen Ländern konkret hilft, beispielsweise indem ihnen ein Teil der Auslandsschulden erlassen wird und ihnen eine schnellere Entwicklungshilfe zukommt. Dort, wo die Entwicklungshilfe bereits angelaufen ist oder schon Früchte getragen hat, wie z.B. in Nigeria, Botswana oder der Elfenbeinküste, warnt der Papst vor den Gefährdungen einer modernen Gesellschaft.

Das neue Afrika

Der Papst hat den Plan des menschlichen Lebens, das seiner Natur nach tief mit den Werten des Evangeliums verbunden ist, klar vor Augen: „Das Evangelium", so schreibt er in seinem Buch Die Schwelle der Hoffnung überschreiten, *„ist die volle Bestätigung sämtlicher Menschenrechte. Ohne das Evangelium entfernt man sich von der Wahrheit über den Menschen. Das Evangelium bestätigt die göttliche Vorschrift, die die moralische Ordnung des Universums regelt, auf eine ganz besondere Art und Weise durch die Menschwerdung. Was ist der Mensch, wenn das Wort Mensch wird? Wer ist dieser Mensch, wenn der Sohn Gottes den höchsten Preis seiner Würde zahlt?".*
Afrika war der Kontinent der Sklaverei und des Rassismus, der Gewalt der weißen Menschen über die schwarzen. Auf der Insel Gorée im Senegal, Sammelstelle für den Weitertransport Tausender von Sklaven, erlebte der Papst wohl die intensivsten Momente seiner Afrikareisen, als er in stillem Gebet seine Augen auf den Ozean richtete, um sich den schrecklichen Menschenhandel von einst vorstellen zu können. Doch da gibt es auch den modernen Rassismus, die Apartheid, von der sich Südafrika nur schwer befreien kann. Südafrika ist ein entscheidendes Ziel der Afrikareisen von Johannes Paul II. Es ist bedeutungsvoll, dass gerade Afrika mit vertrauensvoller Energie auf seine Zukunft blickt.

Die „Gemeinsamkeiten"

19. August 1985

14. April 1996

Als der Papst am 19. August 1985 in Begleitung des marokkanischen Königs Hassan II. das Stadion von Casablanca betritt, schließt er seine dritte apostolische Reise nach Afrika ab, die ihn zuvor nach Togo, Kamerun und in die Zentralafrikanische Republik geführt hat. Im überfüllten Stadion wird Johannes Paul II. von 50 000 Jugendlichen begrüßt. Dies wäre an sich nichts Außergewöhnliches, wenn es sich nicht um muslimische Jugendliche handeln würde, die aus dreiundzwanzig verschiedenen Ländern wegen der panarabischen Spiele nach Marokko gekommen sind, und wenn Hassan II. ben Mohammed nicht der fünfunddreißigste Nachfolger Mohammeds wäre. „Es ist das erste Mal, dass ich mich unter lauter muslimischen Jugendlichen befinde ...", sagt Papst Wojtyla. Und es ist fast überflüssig zu erwähnen, dass es das erste Mal ist, dass ein Papst dem Islam so viel Aufmerksamkeit entgegenbringt. Es ist der Anfang eines schwierigen Dialogs, in dem man sich bemüht, die jahrhundertelange gegenseitige Feindschaft unter Berufung auf grundlegende „Gemeinsamkeiten" zu begraben.

Die Jugendlichen begrüßen den Papst mit stehenden Ovationen, die nicht weniger stark sind als die der Jugendlichen in anderen Teilen der Welt. Der König ergreift als Erster das Wort und nimmt den sympathischen und geistreichen Wortwechsel auf, der einige Monate zuvor zwischen ihm und dem Papst in Rom stattgefunden hat und der der Anlass zum Besuch des Papstes in Marokko ist. „Was soll ich denn machen, wenn ich nach Marokko komme", hatte der Papst gefragt. „Ich kann mit den Menschen nicht beten, da Ihr Staat rein muslimisch ist." Darauf hatte der König geantwortet: „Heiligkeit, Sie haben nicht nur eine religiöse Verantwortung, sondern auch eine erzieherische und moralische; ich bin sicher, dass mehrere 10 000 Marokkaner, vor allem die Jugendlichen, äußerst glücklich wären, wenn Sie zu ihnen über die Moral und über das Verhältnis zwischen den Menschen untereinander, über die Gemeinschaften, die Völker, die Religionen sprechen würden."

Als sich der Papst an die Menschen richtet, spricht er sehr respektvoll und vorsichtig, zugleich aber deutlich. Er legt vor allem dar, unter welchen Zeichen eine Begegnung zwischen Christen und Moslems stehen kann. „Wir glauben an denselben Gott, den einzigen Gott, den lebendigen Gott, den Gott, der die Welt erschaffen hat und seine Geschöpfe zur Vollkommenheit führt." Das täuscht natürlich nicht über die Tatsache hinweg, dass bedeutende Unterschiede bestehen, vor allem, was die „unterschiedliche Betrachtungsweise des Jesus von Nazareth und seiner Werke" anbelangt. Es sind „bedeutende Unterschiede, die wir aber mit Demut und Respekt, in gegenseitiger Toleranz akzeptieren können; Gott wird eines Tages ganz sicher das Geheimnis lüften".

Dann kommt der bewegendste Augenblick, dem die jungen Moslems mit angehaltenem Atem beiwohnen: „Christen und Moslems haben sich im Allgemeinen

Oben: In Casablanca stehen 50 000 junge Marokkaner auf der Spielfläche und den Rängen des Stadions und lauschen den Worten des Papstes (14. April 1995).

Oben rechts: Der Präsident der Tunesischen Republik Zin el Abdin Ben Ali empfängt Johannes Paul II. in seinem Präsidentenpalast.

Den jungen Moslems

Der Dialog zwischen Christen und Moslems ist heute wichtiger denn je. Dieser entwickelt sich aus unserem Glauben an Gott und setzt voraus, dass wir Gott mit unserem Glauben anerkennen und mit unseren Worten und Taten Zeugnis für ihn ablegen (...). Die jungen Menschen können eine bessere Zukunft aufbauen, wenn sie an Gott glauben und sich dafür einsetzen, dass die neue Welt mit Weisheit und Zuversicht nach den Plänen Gottes aufgebaut wird. Gott ist Quelle jeder Freude. Daher müssen wir unsere Gottesdienste Gott widmen, wir müssen ihm Verehrung entgegenbringen und uns im Gebet an ihn wenden (...). Der Mensch kann nicht leben, ohne zu beten, wie er nicht leben kann, ohne zu atmen. Wir müssen unsere demütige Suche nach seinem Willen bezeugen; er ist es, der unser Engagement für eine gerechtere und geeinte Welt inspirieren muss. Die Wege Gottes sind nicht immer unsere Wege. Sie gehen über unsere immer unvollkommenen Handlungen und die unvollkommenen Absichten unseres Herzens hinaus.

Casablanca, 19. August 1985

MAROKKO

Konstitutionelle Monarchie

Fläche:	446 550 km²
Bevölkerung:	22 110 000 Einwohner
Hauptstadt:	Rabat
Amtssprache:	Arabisch, ziemlich verbreitet ist Berberisch, auch Französisch wird gesprochen
Religion:	Islam ist Staatsreligion, 0,29 % Katholiken

Eine kleine Herde

Es ist zwar eine kleine Herde, doch von der Sprache, der Kultur und den verschiedenen Ursprüngen her seid ihr ein aussagekräftiges Bild der Weltkirche. Für die Verbindungen zum Norden und Süden, zum Osten und Westen seid ihr wichtig für die Einheit und die Solidarität. Durch eure Verwurzelung mit diesem schönen Land, dank eurer brüderlichen Freundschaft zu euren Arbeitskollegen und Nachbarn in euren Wohnvierteln, durch euren Erfahrungsaustausch im Alltag und durch euer Nachdenken über den Sinn des Lebens und über die Situation der Welt, bringt ihr etwas von der Gnade Gottes zum Ausdruck, die ihr als Jünger Jesu erhalten habt.

Karthago, 14. April 1996

TUNESIEN	
	Republik
Fläche:	154 530 km²
Bevölkerung:	8 735 885 Einwohner
Hauptstadt:	Tunis
Amtssprache:	Arabisch
Religion:	Islam ist Staatsreligion, 12 000 Katholiken

missverstanden, und in der Vergangenheit haben wir auch gegeneinander gekämpft und uns in Polemiken und Kriegen verloren. Ich glaube, dass Gott uns heute dazu auffordert, unsere alten Gewohnheiten zu ändern. Wir müssen uns gegenseitig respektieren (...), sodass wir den Weg zu Gott finden."

Elf Jahre später fliegt der Papst nach Tunesien. Ein direktes Band verbindet Tunesien mit Europa und dem Abendland: die Kulturgeschichte des Mittelmeerraums. Die Völker rund um das Mittelmeer kamen schon früh in Kontakt zueinander. Rom und Karthago, Christentum und Islam, Herrschaftsgebiete und Kulturen, die vereint oder getrennt waren durch das Mittelmeer. Das Tunesien, das der Papst besucht, nennt sich selbst „Land der Toleranz". Es ist unvermeidlich, dass der Dialog zwischen verschiedenen Völkern und Religionen das Hauptthema dieses kurzen apostolischen Besuches wird. Der Präsident der tunesischen Republik, der Moslem Zin el Abdin, betont, als er den Papst in seiner Residenz in Karthago begrüßt, die Notwendigkeit eines Dialogs zwischen den drei großen monotheistischen Religionen, dem Christentum, dem Judentum und dem Islam. „Ein in gewisser Weise gemeinsamens Schicksal", sagt der Papst über die Mittelmeeranrainerstaaten, „fordert sie dazu auf, einen verantwortungsvollen, offenen Dialog zu führen mit der Überzeugung, dass ein dauerhaftes Verständnis unter den Nationen nicht auf wirtschaftlichen Aspekten basieren kann, sondern dass andere Aspekte, die das Leben der Völker betreffen, berücksichtigt werden müssen. Bei der Achtung der Einzigartigkeit eines jeden ist die Solidarität umso größer, je mehr die sozialen Traditionen, die intellektuellen und künstlerischen Beiträge sowie die geistigen Fähigkeiten anerkannt werden."

Während des Regina Coeli betet Johannes Paul II. für die sieben Trappisten-Brüder, die in Medea, in der Region um Algier, entführt worden sind. Bei seinem Besuch in Tunesien, einem Land mit einer „starken Friedenstradition, besonders im Hinblick auf den Nahen Osten" verleiht der Papst seiner Hoffnung auf eine Befriedung Nordafrikas und des Nahen Ostens Ausdruck, und er setzt dabei großes Vertrauen in seine kleine Herde von Katholiken, die er auffordert, Zeugnis für den Glauben abzulegen.

Oben: Johannes Paul II. in Karthago in Tunesien in der Arena, wo am 7. März 202 n. Chr. die heilige Perpetua und die heilige Felicitas wegen ihres Glaubens hingerichtet wurden.

Links unten: Begegnung im Präsidentenpalast mit Vertretern aus Kultur, Politik und Religion.

NIGERIA
BENIN
ÄQUATORIAL-GUINEA
GABUN

Der Mut zur Wiederversöhnung

12.-19 Februar 1982

3.-10. Februar 1993

21.-23. März 1998

Unten links: Auf den Straßen von Onitsha, der dritten Etappe des Papstes auf seiner Nigeriareise 1982. Daneben: Eine Aufnahme von der zehnten Afrikareise 1993, in deren Verlauf der Papst Benin, Uganda und den Sudan besuchte.

In der Woche, in der der Papst Nigeria, Benin, Äquatorialguinea und Gabun besucht – es ist seine zweite apostlische Reise auf dem schwarzen Kontinent –, spricht er vor allem von der Entkolonisierung. Wenn man Afrika von der unrechtmäßigen ausländischen Herrschaft befreit und ihm seine volle Souveränität zurückgibt, so bedeutet dies, einen afrikanischen Weg zur Entwicklung zu fördern und auch einen Weg des Glaubens, der von der lebhaften Originalität genährt wird – ohne das Überflüssige und die Irrwege des westlichen Katholizismus. Vor Diplomaten in Lagos sagt der Papst: „Afrika wird die Welt erstaunen durch seine Errungenschaften." Das gilt vor allem für Nigeria, den „Riesen Afrikas", das ein rasches und turbulentes Wachstum erlebt, der symbolisch für die Vitalität Afrikas und seiner Möglichkeiten steht.

Das zweite große Thema bleibt natürlich die Evangelisierung. Afrika stellt in gewisser Hinsicht die Zukunft des Katholizismus dar. Zu der Zeit, in der der Papst den Kontinent besucht, kommen 50 Millionen Katholiken auf insgesamt 450 Millionen Einwohner. Die Zahl der Katholiken wächst stetig. Dies beweisen die Herzlichkeit und Spontanität, mit der die Menge den Papst empfängt (auf jeder Etappe des Papstes sind hunderttausende Menschen anwesend), was den ohnmächtigen Sicherheitsbeamten Kopfschmerzen bereitet. Es ist übrigens die erste apostolische Reise des Papstes nach dem Attentat auf dem Petersplatz, Wojtyla zeigt sich indes erholt.

Afrika ist auch ein Kontinent, auf dem viele Menschen wegen ihres Glaubens verfolgt wurden oder ein Martyrium erlitten haben, wie zum Beispiel in Benin, einem kleinen Staat, der unter der strengen Kontrolle der Marxisten-Leninisten steht und Katholiken Opfer von Diskriminierung und Verfolgung sind. Für sie fordert der Papst die uneingeschränkte Freiheit und die Möglichkeit, am Leben des Landes teilzuhaben. Und dasselbe gilt auch insbesondere für Äquatorialguinea, das zehn Jahre blutige Diktatur unter Macias Nguema hinter sich hat; in dieser Zeit starben Zehntausende Menschen, Priester wurden ins Gefängnis gesperrt und getötet, 50 000 Menschen flohen. Nach Benin kommt Johannes Paul II. noch einmal elf Jahre später auf seiner zehnten Afrika-Reise.

NIGERIA

Bundesrepublik

Fläche:	923 768 km^2
Bevölkerung:	103 460 000 Einwohner
Hauptstadt:	Lagos
Amtssprache:	Englisch, gesprochen werden auch sudanesische Sprachen
Religion:	45 % Moslems, 26 % Protestanten, 12 % Katholiken

Von innen her erleuchten

Evangelisierung bedeutet Verbreitung des Geistes der Seligkeit, des einfachen Lebens, der Aufrichtigkeit, der Reinheit, der Gerechtigkeit, des Friedens, des Mutes und vor allem der Liebe in den alltäglichen Beziehungen der Menschen untereinander und zu Gott, den Beziehungen verschiedener Gruppen untereinander und den Beziehungen innerhalb der Familie und der Gesellschaft; und das so sehr, bis man in den vertraulichsten und verwurzelsten Wirklichkeiten, den Gewohnheiten, den Urteilsmaßstäben, den zugrunde liegenden Werten, den Interessen, den Gedankengängen, den Quellen der Inspiration und den Lebensmodellen (...) eine tiefe Spur hinterlassen hat, die von innen, durch das Licht und die Kraft des Evangeliums leuchtet.

Cotonou (Benin), 17. Februar 1982

Links: Der Papst während der Messe in Abuja am 23. März 1998.

ÄQUATORIAL-GUINEA

Präsidiale Republik

Fläche:	28 051 km²
Bevölkerung:	335 000 Einwohner
Hauptstadt:	Malabo
Amtssprache:	Spanisch
Religion:	238 700 Katholiken

„Will es die Vorsehung, dass ich wiederkomme, um euren Boden zu küssen, um eure Kinder zu umarmen, um eure Jugendlichen zu ermutigen?" Diese Worte sprach der Papst am Ende seiner ersten Reise nach Nigeria. Sechzehn Jahre später ist der Papst wieder dort und besucht den „Koloss auf tönernen Füßen". Anlass dieser zweiten Pastoralreise ist die Seligsprechung von Pater Cyprian Michael Iwene Tansi (1903-1963), der als erster Nigerianer selig gesprochen wird. Trotz der sengenden Hitze (Temperaturen um 45 °C) sind zwei Millionen Menschen nach Onitsha gekommen, wo am 22. März die Seligsprechung Tansis stattfindet. Die älteren Menschen erinnern sich noch an den ersten Seligen der nigerianischen Kirche, wie er im Beichtstuhl saß oder auf seinem Fahrrad fuhr, um die Dörfer seiner großen Pfarrei zu besuchen. Tansi leitete seine Pfarrei mit Mut und Demut und leistete einen großen erzieherischen Beitrag; danach folgte er 1950 der Einladung seines Bischofs und trat in ein englisches Zisterzienserkloster ein, wo er ein kontemplatives Leben führte. An Mut und Demut bedarf es auch der nigerianischen Kirche, die dazu aufgerufen ist, beim Übergang vom Militärregime unter Sani Abacha zu einer demokratischen Regierung, der für den Herbst des gleichen Jahres vorgesehen ist, einen wesentlichen Beitrag zu leisten. „Die Wiederversöhnung", sagt der Papst in seiner Predigt, „ist die Aufgabe der Kirche von Nigeria (...) Daher müssen die Katholiken wahre und wirksame Zeugen des Glaubens in allen Lebenssituationen, ob privater oder öffentlicher Art, sein."

Während der zweiten Nigeria-Reise Johannes Pauls II. ist noch ein anderes Ereignis bedeutsam. In der apostolischen Nuntiatur von Abuja trifft der Papst einen Tag vor der Seligsprechung mit Oberhäuptern des Islam zusammen. Der Islam ist die Religion, der fast die Hälfte der Nigerianer angehört und deren Kooperation unerlässlich ist für den Aufbau einer neuen, friedlichen Nation. Der Papst fordert die Moslems auf, gemeinsam eine gerechtere Welt zu schaffen. Mit Nachdruck geht er auf das Thema Menschenrechte ein. Er verurteilt die Fundamentalisten hart: „Immer wieder geschehen im Namen der Religion Gewaltakte", stellt Johannes Paul II. fest, „wir müssen allen begreiflich machen, dass wir es unter solchen Umständen nicht mit der wahren Religion zu tun haben."

BENIN

Volksrepublik

Fläche:	112 622 km²
Bevölkerung:	5 902 000 Einwohner
Hauptstadt:	Cotonou
Amtssprache:	Französisch, gebräuchlich auch Fon, Gu, Yoruba im Süden und Haussa im Norden, Dendi-Sprachen im Nord-Osten
Religion:	61 % Animisten, 21 % Katholiken, 12 % Moslems, 2,3 % Protestanten

Oben: Der Papst segnet die Nigerianer, die ihn empfangen haben.

Mitte links: Die Nigerianer danken dem Papst für die Seligsprechung von Pater Tansi in Onitsha auch mit ihren traditionellen Musikinstrumenten, die aus Elefantenzähnen gefertigt werden.

GABUN

Präsidiale Republik

Fläche:	267 667 km²
Bevölkerung:	1 300 000 Einwohner
Hauptstadt:	Malabo
Amtssprache:	Französisch
Religion:	52 % Katholiken, 40 % Anhänger von Naturreligionen, 8 % Protestanten

Familie

Die Familien unserer Zeit müssen stets dieser grundlegenden und unveräußerlichen Aufgabe eingedenk sein, die sie von Gott empfangen haben: Sie müssen ihre Kinder so erziehen, dass sie sich der Aufgabe bewusst werden, die Gott jedem in dieser Welt zugeteilt hat; sie müssen sich ihrer Berufung bewusst werden.

Zukunft

Die Zukunft der Kirche, ja selbst die Zukunft der Menschheit hängt zu einem guten Teil von der Qualität des Familienlebens und von der Festigkeit der familiären Bindungen ab. Die Größe dieser und auch aller anderen Nationen kann an der Größe ihrer Familien gemessen werden.

Unverzichtbare Werte

Wenn ein Kind als Last bezeichnet oder nur als Mittel zur Befriedigung eines emotionellen Bedürfnisses betrachtet wird, werden wir uns erheben und darauf bestehen, dass jedes Kind ein einmaliges, unwiederholbares Geschenk Gottes ist und das Recht auf eine liebende, geeinte Familie hat. Wenn die Einrichtung der Ehe menschlicher Selbstsucht überlassen oder zu einer profanen, unverbindlichen Einrichtung verkürzt wird, die sich leicht lösen lässt, werden wir aufstehen und die Unauflöslichkeit des Ehebandes bekräftigen. Wenn der Wert der Familie durch sozialen oder wirtschaftlichen Druck bedroht ist, werden wir aufstehen und bekräftigen, dass die Familie notwendig ist, nicht nur für das persönliche Wohl jedes Menschen, sondern auch für das Gemeinwohl jeder Gesellschaft, jeder Nation und jedes Staates.

Um seiner selbst willen geliebt

Die Familie ist die einzige Gemeinschaft, in der jeder Mensch um seiner selbst willen geliebt wird aufgrund dessen, was er ist, und nicht dessen, was er hat. Die Grundnorm der ehelichen Gemeinschaft ist nicht die des eigenen Nutzens und der eigenen Befriedigung. Der Andere wird nicht um des Nutzens und der Befriedigung willen geliebt, die er verschafft: Er wird geliebt als der, der er ist (...). Die Grundnorm ist also die personalistische Norm; jede Person (...) wird in ihrer Würde als solcher bestätigt und um ihrer selbst willen geliebt.

Nimm das Leben an

Die Kirche verurteilt als eine schwere Verletzung der menschlichen Würde und der Gerechtigkeit alles, was die Freiheit der Eheleute im Hinblick auf die Weitergabe des Lebens und die Erziehung der Kinder in irgendeiner

Weise beeinträchtigt. Ich fühle mich dazu verpflichtet, auch eine *lebensfeindliche Haltung* zu verurteilen, die das heutige Denken mehr und mehr durchdringt.

Gott sagt jedem von uns Menschen:

Nimm das Leben, das du selbst empfangen hast, an!

Der Mensch im Mittelpunkt

Eheleute und Familienväter, die Würde der Liebe verteidigen heißt, die Gesellschaft verteidigen. Die Familie wird von Ideologien und Institutionen gefährdet, die psychologisch oder in einer anderen Form der Pression das Paar unter Druck setzen und die Menschen verleiten, die Quellen des Lebens zu verschütten und sich zu weigern, zu einem neuen Leben mit Liebe Ja zu sagen. Die verantwortliche Elternschaft ist ein Beweis der Liebe und des Dienstes am Frieden und am Leben.

Liebe Kolumbianer, wenn wir uns nicht entschließen, die Stacheln aus unseren Herzen auszureißen, die die Dynamik des Lebens, der Kultur und der Zivilisation in seinem Keim ersticken, ist unsere Gesellschaft, ja die ganze Menschheit daran, in einen zunehmenden Gewissensschlaf all ihrer Mitglieder und Institutionen zu versinken, deren Augen von trügerischen Modernismen oder falschem Fortschritt geblendet werden, die die Wahrheit über den Menschen leugnen und dazu neigen, in Gott ein Hindernis und nicht die Quelle der Befreiung zu sehen.

Dem afrikanischen Kind

Nun möchte ich zum Schluss mein Wort an eine besondere Person richten, die sich überall, wohin ich schaue, in eurer Mitte befindet. Ich meine das nigerianische Kind (...). Dem Kind dieses großen Landes, dem Kind, das menschliche Würde und unveräußerliche Rechte in sich trägt, dem Kind, das in seinen Augen Gottes Liebe widerspiegelt und sie in seinem Lächeln ausdrückt, hinterlasse ich meine Botschaft der Brüderlichkeit, Freundschaft und Liebe.

Familie und Zukunft

Die Endgültigkeit der ehelichen Treue, die heute vielen nicht mehr verständlich erscheinen will, ist ebenfalls ein Ausdruck der unbedingten Würde des Menschen. Man kann nicht nur auf Probe leben, man kann nicht nur auf Probe sterben. Man kann nicht nur auf Probe lieben, nur auf Probe und Zeit einen Menschen annehmen.

So ist Ehe auf Dauer, auf Zukunft ausgerichtet. Sie schaut über sich hinaus. Die Ehe ist der einzig angemessene Ort für die Zeugung und Erziehung von Kindern. Darum ist eheliche Liebe ihrem Wesen nach auch auf Fruchtbarkeit ausgerichtet.

• Cuenca, Ecuador
31. Januar 1985

• Uppsala, Schweden
9. Juni 1989

• Washington, USA
7. Oktober 1979

• Braga, Portugal
15 Mai 1982

• Cali, Kolumbien
4. Juli 1986

• Lagos, Nigeria
17. Februar 1982

• Köln, Deutschland
15. November 1980

Um seiner selber willen geliebt
• Madrid, Spanien
2. November 1982

Ich danke Gott aus tiefstem Herzen, dass Er es mir noch einmal gestattet hat, nach Afrika zu reisen (…). Wohin wir auch blicken, Afrika verändert sich. Wir wissen noch nicht, wohin diese Veränderungen führen werden, doch wir wissen, dass die Hoffnungen und Erwartungen von Millionen Menschen nicht unberücksichtigt bleiben dürfen (…). Heute führt mich meine Reise nach Südafrika, in ein neues Südafrika, eine Nation, die fest entschlossen den Weg in Richtung Versöhnung und Harmonie ihrer Einwohner eingeschlagen hat."

Endlich aus dem dunklen Tunnel heraus

16.-18. September 1995

Nichts verdeutlicht die Bedeutung der Südafrika-Reise Johannes Pauls II. besser als diese Worte. Er besucht Südafrika nach seinem Aufenthalt in Yaoundé, Kamerun, wo er an der ersten der feierlichen Sitzungen der Sonderversammlung der afrikanischen Synode teilnimmt, und vor einer weiteren Reise nach Kenia.

Papst Wojtyla hatte sich bis dahin ausdrücklich geweigert, die Apartheidsrepublik zu besuchen, und hatte die Verletzung der Menschenrechte verurteilt. Doch nun, da sich das Land unter Präsident Mandela aus diesem dunklen Tunnel, in dem es sich befand, befreit, will der Papst seine Botschaft der Versöhnung dorthin bringen. Johannes Paul II. und Nelson Mandela, die Seite an Seite sitzen – das ist ein Augenblick von historischer Bedeutung.

Im Gosforth Park von Germiston bei Johannesburg versammelt sich eine ungeheure Menschenmenge um Johannes Paul II.: 200 000 Menschen kommen aus Soweto, dem Schwarzenghetto, das traurige Schlagzeilen gemacht hat aufgrund des alltäglichen Rassismus, weitere Tausende kommen aus den Ghettos Alexandra und Kwa Tena, gut 10 000 aus Kapstadt, das 1000 Kilometer entfernt liegt. Sie alle ruft der Papst auf, sich erneut der Herausforderung der Solidarität zu stellen, die dort zu

Regenbogen aus Menschen unterschiedlicher Hautfarbe

Südafrika bezeichnet sich als eine *Regenbogen-Nation* und verweist dabei auf die verschiedenen Rassen, ethnischen Gruppen, Sprachen, Kulturen und Religionen, die das Land prägen (…). Der historische Wandel, für den Südafrika kämpft, erfordert, dass jeder sein Bestes für die Gemeinschaft gibt.
Johannesburg, 16. September 1995

Rechts: Papst Johannes Paul II. unterzeichnet die apostolische Mahnschrift „Ecclesia in Africa"; es ist das erste Mal, dass ein Papst ein historisches Dokument außerhalb von Rom unterzeichnet.

Oben: Das mit Spannung erwartete Gespräch mit dem Präsidenten der Republik Südafrika, Nelson Mandela.

Die Herausforderung

Die wichtigste Herausforderung für die Völker Afrikas ist derzeit die Umkehr zu Solidarität, die von Großherzigkeit, gegenseitigem Verzeihen und Wiederversöhnung gekennzeichnet ist. Für einige mögen diese Worte unannehmbar klingen in Anbetracht ihrer persönlichen Erfahrungen und ihrer persönlichen Vorhaben. Doch dies ist der einzig mögliche Weg, um die rassischen Vorurteile und ethnischen Rivalitäten, die zum völligen moralischen Scheitern geführt haben, zu überwinden. Eine wahre Solidarität ist möglich, da wir alle einer einzigen menschlichen Familie angehören.

Johannesburg, 17. September 1995

REPUBLIK SÜDAFRIKA

Republik seit dem 31.5.1961

Fläche:	1 223 201 km²
Bevölkerung:	40 716 000 Einwohner
Hauptstadt:	Kapstadt, Sitz der Legislative; Pretoria, Verwaltungssitz; Bloemfontein, Sitz der Judikative
Amtssprache:	77,8 % sprechen Afrikaans, 13,1 % sprechen Englisch, weit verbreitet sind zudem Bantusprachen wie Zulu, Xhosa, Setswana, Nordsotho, Südsotho, Tsonga, Swati, Ndebele, Venda sowie einige indische Sprachen.
Religion:	72 % protestantische Christen (Mitglieder vieler verschiedener Kirchen), 6,45 % Katholiken, 10 % Anhänger von Naturreligionen, 1,2 % Moslems, 1,7 % Hindus

„Die Lieder und die Musik, die Mimik und das Theater, die Sprichwörter und die Erzählungen vermitteln die Volksweisheit und stellen eine wertvolle Inspirationsquelle dar.“ (Apostolische Mahnschrift Ecclesia in Africa*, Nr. 123).*

Stande gebracht werden kann, wo die rassischen Vorurteile moralisch und politisch vollkommen gescheitert sind.
Ihnen verkündet der Papst das „Evangelium des Friedens“. „Die gesamte Kiche“, so ruft er, „ist erleichtert und die Völker der ganzen Welt freuen sich über die Veränderungen, die in Südafrika in den letzten Jahren stattgefunden haben. Wenn die Menschen sehen, was hier geschieht, so hoffen alle, die guten Willens sind, dass Gewalt auch in anderen Teilen dieses Kontinents und auf der ganzen Welt verschwindet und Platz macht für Dialog und Eintracht, dass das Leben von unschuldigen Männern, Frauen und Kindern nicht mehr wegen Gründen in Gefahr ist, die diese oftmals gar nicht verstanden haben oder die sie nicht befürworteten.“

Reise zum Herzen der Menschen

Hier lebt man nicht, hier sühnt man." Das ist auf der Mauer eines Hauses in Praia auf den Kapverden zu lesen. Es ist eine treffende Umschreibung eines der Gesichter Afrikas, das Johannes Paul II. am häufigsten erlebt hat. Das leidende Afrika, das Afrika des Hungers, der Dürre, des Krieges, der Sklaverei, der Armut, der blinden und nicht endenden Gewalt. Ein Afrika, das den Papst bereits auf seiner ersten Reise 1980 erschüttert hat und das er danach immer wieder aufsucht. Er besucht eine Reihe von Ländern, vor allem in Schwarzafrika, wo die Würde des Menschen ständig bedroht ist.

Die Kapverden, Guinea-Bissau, Mali, Tschad, Burkina Faso – Länder, in denen die Sonne alles verbrannt hat, in denen fast keine Vegetation möglich ist. Das zwingt die Bevölkerung zu einem Leben in Armut. Der Papst sieht dies, als er Anfang 1990 die zehn „Seideninseln" besucht, die von der kapverdischen Bevölkerung so genannt werden. Dürre und Hungersnot und die Folgen der Waldrodung in der Kolonialzeit sind noch immer gegenwärtige Plagen dieses Landes. Johannes Paul II. landet auf der Salzinsel, wo sich der einzige internationale Flughafen befindet. Ihm fällt dazu ein Bildnis ein, das er zur Ermahnung aller afrikanischen Christen ausspricht: Das Salz der Erde sein, Zeugnis ablegen und die Hoffnung des Glaubens verbreiten.

Mali ist nach Einschätzung der Weltbank eines der acht ärmsten Länder der Erde. Jedes Jahr rückt die Wüste weiter vor; über zwei Millionen Menschen leiden Hunger und Durst. Ein weiteres Land, das ebenfalls von der

10. Mai 1980

1.-2. Mai 1989

25. Januar–1. Februar 1990

1.–10. September 1990

19.-26. Februar 1992

TSCHAD	
Republik	
Fläche:	1 284 000 km²
Bevölkerung:	4 944 000 Einwohner
Hauptstadt:	N'Djamena
Amtssprache:	Französisch und Arabisch
Religion:	50 % Moslems, 44 % Animisten, 293 000 Katholiken

Rechts: Messe auf der Place de la Gare von Bobo Dioulasso in Mali. Daneben: Der Papst mit dem Präsidenten von Guinea-Bissau João Bernardo Vieira.

Oben: Der Papst mit zwei Kranken im Stadion „24. September" von Bissau.

BURUNDI	
Republik	
Fläche:	25 944 km²
Bevölkerung:	4 523 600 Einwohner
Hauptstadt:	Bujumbura
Amtssprache:	Französisch und Kirundi, Handelssprache ist Swahili
Religion:	63 % Katholiken, 33 % Animisten, 3 % Protestanten, 1 % Moslems

BURKINA FASO	
Republik	
Fläche:	274 200 km²
Bevölkerung:	7 976 019 Einwohner
Hauptstadt:	Ouagadougou
Amtssprache:	Französisch, Dialekte der voltaischen Sprachgruppe, Mande und Poular
Religion:	mehrheitlich Animisten, ca. 400 000 Katholiken

Solidarität im Kampf gegen Lepra
Ziel des heutigen Welttags der Leprakranken ist, daran zu erinnern, dass man nicht nur für die Gesundheit eines einzigen Volkes arbeiten kann, sondern dass man sich gleichzeitig um die Gesundheit aller kümmern muss. Auch die Bilder der von Lepra verunstalteten Kranken sind in der heutigen Zeit, in der die Kommunikation keine Grenzen kennt und blitzschnell verläuft, allen bekannt. Angesichts der Probleme der Leprakranken ist die internationale Gemeinschaft aufgerufen, so schnell wie möglich zu helfen. Es ist außerdem skandalös, wenn man bedenkt, mit welch einfachen Mitteln diese Krankheit bekämpft werden kann und wie viele Menschen dennoch an dieser Krankheit leiden.
Cumura (Guinea-Bissau), 28. Januar 1990

Sahara einverleibt wird, ist Burkina Faso. Dort hat Johannes Paul II. bereits 1980 einen Apell an die internationale Gemeinschaft gerichtet und um Solidarität mit den Völkern der Sahelzone gebeten, die unter Dürre und Durst leiden. Als er zehn Jahre später wieder dorthin kommt, muss er feststellen, dass sein Aufruf auf taube Ohren gestoßen ist. Aber der Papst gibt nicht auf, um Hilfe zu schreien, auch wenn sein Ruf in der Wüste verhallt.

In der Phantasie der Europäer ist Afrika bisweilen ein abenteuerlicher und exotischer Flecken Erde, der sich hervorragend als Kulisse für Film und Literatur eignet, wie das am Fuße des Kilimandscharo gelegene Tansania oder Burundi und Ruanda, in dem Pygmänen und Watussi leben. Die Schönheiten dieser Erde sind nicht zu übersehen, doch die Lebensbedingungen und die soziopolitische Lage haben mit einem Vergnügungspark sicherlich nichts zu tun. Auf diese Widersprüche achtet der Papst vor allem während seiner siebten Afrika-

KAP VERDE

Republik

Fläche:	4 033 km²
Bevölkerung:	295 703 Einwohner
Hauptstadt:	Praia
Amtssprache:	Portugiesisch
Religion:	96 % Katholiken

Bedeutende Gesten des Papstes auf seiner Afrikareise 1990. Vor allem der Baum, den er pflanzt, ist reich an Symbolik: Wir befinden uns im Lazarett für Leprakranke in Cumura anlässlich des 26. Welttags der Leprakranken: Hoffnung kann auch an Orten des Leidens keimen.

Oben: Opferung während der Messe in Daressalam. Rechts daneben: Begrüßung mit Folklore am Flughafen der tansanischen Hauptstadt.
Unten: Der Papst und Präsident Ali Hassan Mwinyi (kleines Foto).

reise. Ausführlich befasst er sich mit dem Problem Aids, einer Krankheit, deren Ausmaß insbesondere in Tansania erschreckend ist. Schätzungen der Weltgesundheitsorganisation zufolge werden im nächsten Jahrzehnt mehr als sechs Millionen Afrikaner dieser Krankheit zum Opfer fallen. Den Kranken muss in höchstem Maße Hilfe und Solidarität geleistet werden. Der Papst geht mit gutem Beispiel voran, als er in Burundi das staatlich geführte Krankenhaus von Bujumbura besucht, in das Kranke aufgenommen werden, die sich in der Endphase ihres Leidens befinden. Doch um diese Epidemie auszurotten, ist nach Papst Johannes Paul II. eine Erneuerung der moralischen Prinzipien notwendig. „Jedes Vorsorgeprogramm, das nur auf Information basiert, ist unzureichend oder kann sogar das Gegenteil bewirken. Noch mehr Schaden richten die Kampagnen an, die implizit (...) genau die Verhaltensmodelle propagieren, die zum großen Teil zur Verbreitung von Aids beigetragen haben." Das erneute Eintreten für den Wert der Familie ist eines der großen Themen, das der Papst auf dieser Reise kontinuierlich zur Sprache bringt. Zu der unbeschreiblichen Armut, von der diese Länder heimgesucht werden, kommen die Flüchtlingsströme; Menschen verlieren aufgrund von ethni-

Ankündigung

Ihr vollbringt nicht allein eure Werke, ihr setzt den Plan des Vaters in die Tat um, der sich eures Herzens, eures Geistes, eures Mundes, eurer Hände bedient. Verkündet ohne Unterlass die frohe Botschaft! Seid euren Mitbürgern das Beispiel des lebendigen Evangeliums, in einer Katechese, die dem Grad des Glaubens eines jeden entspricht.

Bernako (Mali), 28. Januar 1990

TANSANIA

Republik

Fläche:	939 470 km²
Bevölkerung:	17 512 611 Einwohner
Hauptstadt:	Dodoma
Amtssprache:	Kiswahili
Religion:	34 % Christen (4 292 000 Katholiken), 33 % Moslems

Zwanzig Brautpaare erneuerten ihr eheliches Versprechen während der Messe in Kawekamo (Tansania).

Unten: Ein Chor in Daressalam.

Mitte: Durch die wunderschöne Hügellandschaft der Ebene von Mbare in Ruanda zogen auch Pilger aus dem benachbarten Uganda.

GUINEA

Republik

Fläche:	245 857 km²
Bevölkerung:	5 781 014 Einwohner
Hauptstadt:	Conakry
Amtssprache:	Französisch
Religion:	85 % Moslems, 5 % Animisten, 48 000 Katholiken

Die Auserwählten Jesu

Jesus ist immer noch den Kranken nahe! Er ist jedem von euch in seinem Leid nahe. Er ist neben euch, wenn ihr einsam und ängstlich seid und wenn ihr glaubt, dass niemand euer Leid versteht. Und er steht besonders den Sterbenden und den von einer unheilbaren Krankheit Befallenen bei.

Mwanza (Tansania), 3. September 1990

GUINEA-BISSAU

Republik

Fläche:	36 125 km²
Bevölkerung:	767 739 Einwohner
Hauptstadt:	Bissau
Amtssprache:	Portugiesisch
Religion:	60 % Animisten, 30 % Moslems, 50 000 Katholiken

schen Konflikten ihre Heimat, wie im Fall von Burundi, das noch immer unter dem Krieg zwischen Hutus und Tutsi leidet. Bald danach dehnt sich dieser Konflikt auch auf Ruanda aus. Zu den Antworten, die der Katholizismus zu bieten hat, gehört selbstverständlich die Evangelisierung. In Tansania, Burundi und der Elfenbeinküste widmet sich der Papst auch intensiv den Sakramenten. So nimmt er Priesterweihen und Firmungen vor und spendet die Heilige Erstkommunion. In der Elfenbeinküste, ein Land, das Wojtyla zum dritten

SENEGAL

Präsidiale Republik

Fläche:	196 722 km²
Bevölkerung:	7 187 200 Einwohner
Hauptstadt:	Dakar
Amtssprache:	Französisch
Religion:	85 % Moslems, 315 000 Katholiken

LA RÉUNION	
Überseedépartement der Französischen Republik	
Fläche:	2 510 km²
Bevölkerung:	515 798 Einwohner
Hauptstadt:	Saint Denis
Amtssprache:	Französisch, gesprochen wird auch ein kreolisch-französischer Dialekt
Religion:	90 % Katholiken

Mal besucht, bietet sich ihm ein völlig anderes Bild als auf dem übrigen Kontinent: Hier schreitet die Entwicklung in rasantem Tempo voran.
Außerdem findet dort auch die Versammlung zur Vorbereitung der nächsten wichtigen Synode Afrikas statt, die sich mit dem Thema „Die Kirche in Afrika und ihre evangelisierende Mission im Hinblick auf das Jahr 2000“ auseinandersetzt und eingehend befasst.
Senegal, Gambia und Guinea sind die letzten Stationen der Reisen in die Länder der Sahelzone, die der Papst zwei Jahre zuvor begonnen hatte. Es sind drei Nationen, in denen die Mehrheit der Bevölkerung dem muslimischen Glauben angehört. Auch hier wird gegen das Vordringen der Wüste gekämpft. Johannes Paul II. denkt ferner ständig an das vom Krieg heimgesuchte Liberia, das er nicht besucht hat. „Ich hätte Liberia gern besucht. Doch ein fürchterlicher Bruderkrieg hat das Land völlig verwüstet und unsagbares Leid über seine Bevölkerung gebracht.“
Das Ereignis, das während seiner achten Afrikareise eine besondere Bedeutung hat, ist der Besuch auf der zum Senegal gehörenden Insel Gorée, die als Sklaveninsel in

Der im Stadion der Freundschaft in Dakar errichtete Altar (Februar 1992). Gegenüberliegende Seite unten: Besuch des Sklavenhauses von Gorée im Senegal (1992).

Der innere Schatz

Die Liebe ist ein innerer Antrieb, oder besser gesagt, eine Tugend, die uns dazu veranlasst, uns selbst zu schenken und die uns zur Gemeinschaft der Menschen führt. Sie ist die größte der theologischen, göttlichen und menschlichen Tugenden, die größte Tugend überhaupt. Auf diese Weise liebt Gott in seiner Dreifaltigkeit: Jede göttliche Gestalt ist vollständig der anderen zugewandt und erhält von der anderen alles in vollendeter Einheit.

Kigali (Ruanda), 8. September 1990

MALI	
Republik	
Fläche:	1 240 142 km²
Bevölkerung:	7 433 000 Einwohner
Hauptstadt:	Bamako
Amtssprache:	Französisch
Religion:	80 % Moslems

Rechts: Zuschauer der Messe, in der drei Einheimische zu Priestern geweiht wurden.
Darüber: Der Präsident des Senegal, Abdou Diouf, hält seine Begrüßungsrede.

Die schwarze Diaspora

Der Besuch des *Sklavenhauses* erinnert uns an den Sklavenhandel mit Schwarzen, den Pius II. 1462 in einem Brief an einen missionarisch tätigen Bischof, der nach Guinea aufbrach, als ein enormes Verbrechen, *magnum scelsus*, bezeichnete. Während der gesamten Geschichte des afrikanischen Kontinents wurden farbige Männer, Frauen und Kinder an diesen kleinen Ort gebracht, nachdem sie aus ihrer Heimat verschleppt und von ihren Ehepartnern getrennt worden sind. Von dort aus wurden sie als Ware verkauft. Sie kamen aus allen Ländern des Kontinents und wurden, in Ketten gelegt, in alle Himmelsrichtungen transportiert. Als letztes Bild ihrer Heimat, in der sie geboren wurden, behielten sie die Basaltfelsen von Gorée im Gedächtnis. Man kann sagen, dass diese Insel im Gedächtnis und im Herzen der gesamten schwarzen Diaspora bleibt.

Gorée (Senegal), 22. Februar 1992

RUANDA	
Republik	
Fläche:	26 338 km²
Bevölkerung:	5 662 000 Einwohner
Hauptstadt:	Kigali
Amtssprache:	Französisch und Kinyarwanda
Religion:	50 % Animisten, 30 % Katholiken

die Geschichte eingegangen ist. Johannes Paul II. verharrt sieben Minuten in Stille, während er auf den Ozean hinausblickt, besichtigt dann das auf Initiative der Unesco errichtete Museum und bittet Gott im Namen der gesamten Menschheit um Vergebung. „Ich höre den Schrei der Jahrhunderte, den Schrei von Generationen von Schwarzen, die zu Sklaven gemacht worden sind. Der Papst ist gekommen, um allen namenlosen Opfern seine Ehre zu erweisen." Die Ehre seines Besuches hatte er bereits 1989 der mitten im Indischen Ozean gelegenen Insel La Réunion erwiesen, wo er Jean Bernard Rousseau (1797-1867) selig sprach. Er ist bekannt als „Frère Scubilion", der den Sklaven Lehrer, Katechet und Bruder war. In La Réunion, dem französischem Überseedepartement, stammen 60 % der Bevölkerung von den einstigen Sklaven ab, die von Madagaskar und dem restlichen Afrika dorthin gebracht worden sind. Sich erinnern bedeutet, nicht dasselbe Leid zu wiederholen, das ein Mensch dem anderen zufügt. So verurteilt der Papst klar und deutlich die neuen Formen der Sklaverei, vor allem das Verbrechen der Prostitution, das die Verzweiflung und Armut der Dritten Welt ausnutzt.

GAMBIA	
Republik	
Fläche:	10 689 km²
Bevölkerung:	687 817 Einwohner
Hauptstadt:	Banjul
Amtssprache:	Englisch
Religion:	95 % Moslems, 14 700 Katholiken

IN KÜRZE: JOHANNES PAUL II. UND AFRIKA

Die Erde der neuen Ideale

Afrika ist dazu aufgerufen, neue Ideale in eine Welt zu bringen, die Ermüdungserscheinungen und Zeichen von Egoismus aufweist." In diesen Worten, die Johannes Paul II. in Ghana, einem der politisch instabilsten Länder des schwarzen Kontinents ausspricht, liegen die Bedeutung und die Hoffnung, die den Papst auf seiner ersten Afrikareise 1980 begleiten: Die „Afrikanisierung" des Glaubens als Moment der Bereicherung für den Katholizismus, der von der afrikanischen Bevölkerung und ihrer Treue zu einigen wesentlichen Werten eine Erneuerung erfahren kann. In zehn Tagen besucht der Papst sechs Länder: Zaire (heute: Demokratische Republik Kongo), Kongo, Kenia, Ghana, Obervolta (heute Burkina Faso), Elfenbeinküste. Er begegnet sechs verschiedenen soziopolitischen und religiösen Bereichen, die untereinander widersprüchlich sind, doch ein immer wiederkehrendes Motiv der gesamten afrikanischen Katechese darstellen. Afrika, so der Papst, darf seine Identität nicht verlieren. „Groß ist die Gefahr, einfach nur das zu importieren oder zu kopieren, was man woanders macht, aus dem einfachen Grund, dass es von den so genannten fortschrittlichen Ländern kommt. Doch fortschrittlich in welchen Sinn? Zu welchen Recht? Hat nicht auch Afrika, vielleicht mehr als jeder andere Kontinent, seine Vorbilder?" Das bedeutet beispielsweise, sagt der Papst in Kinshasa, einige in Afrika verwurzelte Werte, wie die Familie, zu betonen, doch auch zu korrigieren, wie im Falle der Poly-

OBERVOLTA

Republik

Fläche:	274 200 km²
Bevölkerung:	6 200 000 Einwohner
Hauptstadt:	Ouagadougou
Amtssprache:	Französisch, Dialekte der voltaischen Sprachgruppe, Mande und Poular
Religion:	mehrheitlich Animisten, ca. 400 000 Katholiken

KONGO

Volksrepublik

Fläche:	342 000 km²
Bevölkerung:	1 550 000 Einwohner
Hauptstadt:	Brazzaville
Amtssprache:	Französisch, gesprochen werden auch Lingala und Kikongo
Religion:	50 % Animisten, 50 % Katholiken

Glaubensvermittlung

Das Evangelium identifiziert sich nicht mit den Kulturen, es übersteigt sie alle. Aber das Reich, das im Evangelium angekündigt wird, wird von Menschen gelebt, die tief mit einer Kultur verbunden sind. Beim Aufbau des Reiches muss man zwangsläufig aus den Elementen, die den menschlichen Kulturen eigen sind, schöpfen. Das Evangelium muss diesen Kulturen helfen (...) ursprüngliche Ausdrücke des christlichen Lebens (...) zu finden.

Kinshasa, 2. Mai 1980

GHANA

Unabhängige Republik, Mitglied des British Commonwealth of Nations

Fläche:	238 538 km²
Bevölkerung:	12 000 000 Einwohner
Hauptstadt:	Accra
Amtssprache:	Englisch, gesprochen werden auch sudanesische Dialekte und Kwa
Religion:	43 % Christen, 38 % Animisten, 12 % Moslems

Oben: Der Papst, der vom angolanischen Volk herzlich empfangen wird (1992). Mitte rechts: Eine choreographische Einlage während der Messe in Yaoundé, Kamerun (1995).

ANGOLA

Volksrepublik

Fläche:	1 246 700 km²
Bevölkerung:	9 385 725 Einwohner
Hauptstadt:	Luanda
Amtssprache:	Portugiesisch, gesprochen werden auch Bantusprachen und Khoisan
Religion:	65 % Katholiken, 20 % Protestanten, Animisten

BOTSWANA	
Unabhängiger Staat, Mitglied des British Commonwealth of Nations	
Fläche:	600 372 km²
Bevölkerung:	1 127 888 Einwohner
Hauptstadt:	Gaborone
Amtssprache:	Englisch, gesprochen wird auch SeTswana
Religion:	vorwiegend Animisten, 38 000 Katholiken

Links: Der König der Ashanti mit seinen Würdenträgern (Ghana, 1980). Unten: Eine der vielen Taufen, die Johannes Paul II. auf seinen Afrikareisen vornimmt.

gamie, der Ehe zwischen Blutsverwandten oder der Ehe auf Zeit.

Auch Afrika kennt die Probleme des Reichtums; als Beispiel hierfür kann die Elfenbeinküste angeführt werden. Die Elfenbeinküste ist ein Land, das seinen neuen Reichtum quasi zur Schau stellt, ein Land, in dem die Entwicklung in rasantem Tempo fortschreitet und ungelöste soziale Probleme hinterlässt.

KAMERUN	
Unabhängige Republik	
Fläche:	464 952 km²
Bevölkerung:	10 495 655 Einwohner
Hauptstadt:	Yaoundé
Amtssprache:	Französisch und Englisch, gesprochen werden auch Bantusprachen
Religion:	40 % Animisten, 22 % Moslems, 21 % Katholiken, 15 % Protestanten

In Togo, wo die Evangelisierung erst spät angefangen, aber großen Erfolg hat (in hundert Jahren ist der Anteil der katholischen Bevölkerung auf 20 % gestiegen), gesellen sich konkrete Gesten zu diesen Überlegungen; zum Beispiel als der Papst aus dem „calasbah" trinkt, dem Kürbis, der das Wasser der Gastfreundschaft enthält – ein Zeichen dafür, dass die Tradition hier bewahrt wird. In Kamerun, dem Grenzgebiet zwischen der

ELFENBEINKÜSTE	
Präsidiale Republik	
Fläche:	322 463 km²
Bevölkerung:	10 815 694 Einwohner
Hauptstadt:	Abidjan
Amtssprache:	Französisch, an der Küste werden auch Kwa-Sprachen gesprochen
Religion:	37 % Animisten, 34 % Moslems, 22 % Katholiken

islamischen und der animistischen Welt Afrikas, sind nur 5 % der Bevölkerung katholisch, und die Mission befindet sich noch in der Aufbauphase. Der Papst weiht hier neue Priester und spendet die christlichen Sakramente Taufe, Erstkommunion und Firmung.

Das Symbol par excellence sind jedoch die Menschen, die Zeugnisse ihres Glaubens ablegten: von Schwester Anuarite Nengapeta, die in Zaire selig gesprochen wurde, da sie ein Martyrium ertragen hat, bis hin zu Victoire Rosoamanarivo (1848–1894), Mutter einer Familie und erste Selige von Madagaskar, die die „Mutter des Christentums in Madagaskar" genannt wird, da sie nach der Vertreibung der

Oben links: Die Begegnung mit der Bevölkerung von Curepipe auf den Mauritiusinseln (1989). Oben rechts: Priesterweihe in Yaoundé am 20. Mai 1985.

Unten links: Während der Messe in Maseru, Lesotho 1988. Unten rechts: Eine Aufnahme vom kurzen Aufenthalt 1985 in Bangui, der Hauptstadt der Zentralafrikanischen Republik.

LESOTHO

Unabhängige Monarchie, Mitglied des British Commonwealth of Nations

Fläche:	30 355 km²
Bevölkerung:	1 577 536 Einwohner
Hauptstadt:	Maseru
Amtssprache:	Englisch und SeSotho
Religion:	90 % Christen, 6 % Animisten

Missionare aus dem Land großes missionarisches Engagement gezeigt hat. Und schließlich die 1992 selig gesprochene Schwester Giuseppina Bakhita, eine ehemalige sudanesische Sklavin, die aus ihrer Lage einen Heilsweg gemacht hat.

Solidarität heißt das andere große Thema der Pastoralreisen des Papstes nach Afrika. In der Zentralafrikanischen Republik, einem äußerst armen Land, das sich nur mühsam von der fünfzehnjährigen Diktatur unter Bokassa erholt, findet der Papst 1985 anspornende Worte für die Bevölkerung: „Ihr selbst müsst eure Reichtümer bewerten." Aus denselben Gründen lobt der Papst 1989 das erst seit fünfundzwanzig Jahren unabhängige Sambia, das mehr als 200 000 Flüchtlinge aus sieben benachbarten Staaten aufnimmt und ihnen Land zur Verfügung stellt, von dem sie sich ernähren können. Die Kirche ist in erster Linie im humanitären Bereich tätig.

Es war schon von den enormen Widersprüchen die Rede, die in Afrika herrschen, und die der Papst dort hautnah erlebt. Leider ist dieses Thema noch

KENIA

Republik, Mitglied des British Commonwealth of Nations

Fläche:	582 646 km²
Bevölkerung:	23 882 000 Einwohner
Hauptstadt:	Nairobi
Amtssprache:	Kiswahili, gesprochen wird auch Englisch. Die Eingeborenen sprechen Kikuyu und Kamba
Religion:	Animisten, 26 % Katholiken, 26 % Protestanten, 6 % Moslems, 2,5 % Orthodoxe

MADAGASKAR

Unabhängige Republik

Fläche:	587 041 km²
Bevölkerung:	9 600 000 Einwohner
Hauptstadt:	Antananarivo
Amtssprache:	Malagasy
Religion:	50 % Animisten, 25 % Katholiken, 20 % Protestanten, 5 % Moslems

MAURITIUS

Unabhängige Republik, Mitglied des British Commonwealth of Nations

Fläche:	1 865 km²
Bevölkerung:	968 609 Einwohner
Hauptstadt:	Port Louis
Amtssprache:	Englisch
Religion:	325 000 Hindus, 291 000 Christen, davon 248 000 Katholiken, 161 000 Moslems, 35 000 Buddhisten

MOSAMBIK	
Volksrepublik auf der Basis einer Verfassung, die die Macht dem Frelimo, einer marxistisch-leninistisch geprägten Partei, zuspricht. (seit 1980 geht das Land in Richtung Mehrparteiensystem.)	
Fläche:	799 380 km²
Bevölkerung:	13 284 200 Einwohner
Hauptstadt:	Maputo
Amtssprache:	Portugiesisch, gesprochen werden auch Bantusprachen
Religion:	48 % Animisten, 16,5 % Moslems, 14,3 % Katholiken, 5 % Protestanten

Von Afrika lernen

Afrika kann der Welt unter anderem Vorbild der herzlichen und nie müde werdenden Gastfreundlichkeit sein, Vorbild der Solidarität, die unter den Mitgliedern einer Familie oder eines Stammes so wichtig ist, dass niemals jemand ohne Hilfe dasteht, Vorbild eines spontanen religiösen Geistes, der eine vertraute Atmosphäre mit dem Unsichtbaren schafft. Dies alles sind Werte, die die moderne Welt von heute dringend braucht, um die Widersprüche und Gefahren einer Menschheit ohne grundlegende religiöse Dimension zu vermeiden und um eine fröhliche Gemeinschaft mit den Angehörigen aller sozialer Schichten zu errichten.

Yaoundé (Kamerun), 12. August 1985

SÃO TOMÉ UND PRINCIPE	
Unabhängige Republik	
Fläche:	964 km²
Bevölkerung:	118 000 Einwohner
Hauptstadt:	São Tomé
Amtssprache:	Portugiesisch, gesprochen wird auch Kreol-Portugiesisch
Religion:	93 % Katholiken

ZENTRALAFRIKANISCHE REPUBLIK	
Präsidiale Republik	
Fläche:	622 984 463 km²
Bevölkerung:	2 450 000 Einwohner
Hauptstadt:	Bangui
Amtssprache:	Französisch, Nationalsprache ist Sango
Religion:	57 % Animisten, 8 % Moslems, 16,86 % Katholiken, 15 % Protestanten

MALAWI	
Präsidiale Republik, Mitglied des British Commonwealth of Nations	
Fläche:	94 276 km²
Bevölkerung:	7 058 800 Einwohner
Hauptstadt:	Lilongwe
Amtssprache:	Englisch
Religion:	mehrheitlich Animisten, 1 345 561 Katholiken

lange nicht erschöpft. 1988 begibt sich der Papst nach Lesotho und Mosambik – zwei Länder, die vom Bürgerkrieg heimgesucht werden. In Lesotho überschattet ein Terrorakt, dem sechs Personen zum Opfer fallen, den Besuch des Papstes, der gekommen ist, um den Missionar Pater Joseph Gérard selig zu sprechen. Der Papst nutzt jedoch die Gelegenheit, um deutlich zu machen, dass die Liebe immer stärker als die Gewalt ist. In Mosambik begibt er sich auch in die Gebiete, in denen der Guerillakrieg am fürchterlichsten geführt wird.

Die zehnte Afrikareise des Papstes führt ihn 1993 nach Uganda, wo sich vor den unversehrten Schönheiten der Natur der dramatische Kampf gegen Aids abspielt. Zwei Millionen Menschen sind mit dem HIV-Virus infiziert. Johannes Paul II. tritt in die Fußstapfen seines Vorgängers Paul VI., der vierundzwanzig Jahre zuvor Uganda bereist hat. Er besucht die Umgebung von Kampala, die Wallfahrtsorte, die an die Verfolgungen erinnern, unter denen Ende des 19. Jahrhunderts die Mitglieder der katholischen und anglikanischen Kirche litten. Er kommt zu den Kranken in das größte katholische Krankenhaus der Hauptstadt und erklärt ihnen das Geheimnis des Leidens. Er fordert die Bischöfe auf, sich für Einheit und Befriedung des Landes einzusetzen. Bedeutsam ist die Begegnung mit 50 000 Jugendlichen im Stadion von Kampala am Abend des 6. Februar. Plötzlich geht das Licht aus, doch die Jugendli-

Oben: Begegnung mit den Kranken und dem Personal des Hospital Centers von Maputo, Hauptstadt von Mosambik (1988).
Unten: Ein Kind zeigt während der Messe im Lardo Tiro aos Pombos in Huambo ein Schild, auf dem Frieden für Angola gefordert wird (1992).

Unten: Bildnis von Schwester Bakhita, eine ehemalige sudanesische Sklavin, die 1992 vom Papst selig gesprochen und zum Vorbild für Barmherzigkeit erklärt wurde.

Darunter: Die Segnung der Grundsteine für neue Kirchen während der Messe im überfüllten Kasese, Uganda (1993).

SUDAN

Unabhängige Republik

Fläche:	2 505 813 km²
Bevölkerung:	20 564 364 Einwohner
Hauptstadt:	Khartoum
Amtssprache:	Arabisch
Religion:	73 % Moslems, 16,7 % Animisten, 5,6 % Katholiken

chen zünden Tausende Fackeln an. Der Papst ergreift das Wort und ruft: „Die Dunkelheit konnte euer Licht nicht löschen. Ich weiß, dass ihr tief in eurem Herzen leidet, wenn ihr den scheinbaren Triumph der Ungerechtigkeit, der Korruption, der Gewalt seht (...). Gott fordert jeden einzelnen von uns auf, als Gefährten Jesu im Licht zu wandeln."

Das eindrucksvollste Bild vom Besuch Johannes Pauls II. in Angola ist das einer Million Menschen, die in Luanda am 7. Juni 1992 dicht gedrängt auf der an das Meer grenzenden Ebene stehen. Im großen Praça do Bispo zelebriert der Papst zum Abschluss der Feierlichkeiten zum 500-jährigen Bestehen der Evangelisierung die angolanische Ostermesse. Die Menschen kommen aus allen Teilen dieses südafrikanischen Landes herbeigeströmt, das viermal so groß ist wie Italien. Das Land ist zerrissen von dreißig Jahren Krieg; zuerst wurde um die Unabhängigkeit von Portugal gekämpft, danach fanden Bürgerkriege zwischen verschiedenen nationalistischen Bewegungen statt. Die Bilanz: 300 000 Tote, 80 000 Verstümmelte, 70 000 Waisen, 400 000 Flüchtlinge, zwei Millionen Vertriebene und Zerstörungen im Wert von dreißig Milliarden Dollar. Am Tag zuvor hatte Johannes Paul II. die Inseln São Tomé und Principe besucht, die zur angolanischen Diözese gehören. Wenn man an die Errichtung der ersten Siedlungen im Jahr 1483 denkt, so kommen einem die vielen Akte der Gewalt und des Rassismus in den Sinn, die damit ihrem Anfang nahmen: 2000 jüdische Kinder, die ihren Eltern entrissen wurden, die farbigen Sklaven, die in den Kongo verschleppt wurden. Von der Sklaverei, von der dieser Archipel ebenso gezeichnet ist wie Gorée, hat sich São Tomé erst 1876 befreien können. Das Problem besteht nun darin, den lebendigen Glauben erneut in die Herzen der Menschen einzupflanzen, die zwar zwangsläufig katholisch geboren worden sind, doch in letzter Zeit immer weniger ihren Glauben praktizieren.

SWASILAND

Parlamentarische Monarchie, Mitglied des British Commonwealth of Nations

Fläche:	17 364 km²
Bevölkerung:	585 200 Einwohner
Hauptstadt:	Mbabane
Amtssprache:	Englisch und SiSwati
Religion:	200 000 Protestanten, 40 000 Katholiken, 235 000 Animisten

Jugendliche und Tradition

Die traditionellen, kulturellen Werte Afrikas sind eng mit dem Familienleben verbunden, das sich durch feste Bande, eine besondere Liebe für die Kinder und den Respekt gegenüber den Älteren auszeichnet. Ihr, die jungen Afrikaner, dürft nicht zulassen, dass dieses Erbe der menschlichen Werte verloren geht. Lasst euch nicht in Versuchung führen von einem neuen Lebensstil, der keinen wirklichen menschlichen Fortschritt darstellt, sondern nur den Anschein eines solchen erweckt. Er basiert auf materiellen Werten, die sich nur wenige leisten können, und die vielen anderen gehen leer aus.

Harare, Simbabwe, 11. September 1988

SEYCHELLEN

Unabhängige Republik, Mitglied des British Commonwealth of Nations

Fläche:	408 km²
Bevölkerung:	64 000 Einwohner
Hauptstadt:	Victoria
Amtssprache:	kreol-französischer Dialekt
Religion:	90 % Katholisch

TOGO

Unabhängige Republik

Fläche:	56 785 km²
Bevölkerung:	2 760 000 Einwohner
Hauptstadt:	Lomé
Amtssprache:	Französisch, es werden auch lokale Dialekte gesprochen
Religion:	50 % Animisten, 22 % Katholiken, 13 % Protestanten

UGANDA

Präsidiale Republik, Mitglied des British Commonwealth of Nations

Fläche:	197 760 km²
Bevölkerung:	12 630 076 Einwohner
Hauptstadt:	Kampala
Amtssprache:	Englisch und Swahili, Luganda
Religion:	40 % Katholiken, 20 % Protestanten, 20 % Moslems, 20 % Animisten

ZAIRE

Präsidiale Republik

Fläche:	2 344 885 km²
Bevölkerung:	32 000 000 Einwohner
Hauptstadt:	Kinshasa
Amtssprache:	Französisch, es werden auch Bantusprachen und sudanesische Sprachen gesprochen
Religion:	mehrheitlich Animisten, 43,6 % Katholiken, 8 % Protestanten

SIMBABWE

Unabhängige Republik, Mitglied des British Commonwealth of Nations

Fläche:	390 759 km²
Bevölkerung:	7 546 071 Einwohner
Hauptstadt:	Harare
Amtssprache:	Englisch und Bantusprachen (Cishoua, Isindebele)
Religion:	17% Protestanten, 12 % Katholiken, Animisten

Oben: Ein improvisiertes Konzert vor der apostolischen Nuntiatur in Harare, der Hauptstadt Simbabwes (1988).
Mitte: Festliche Choreographie in den Gärten der Residenz des Präsidenten in Pya, Togo (1985).
Links: Messe in Kisangani, im Herzen Zaires, am Kongo, den die Missionare vor hundert Jahren entlanggezogen sind.

Afrika gibt jedoch auch Anlass zur Hoffnung. Als Beispiel dafür kann Simbabwe angeführt werden, der afrikanische Staat, der 1980 als letzter seine Unabhängigkeit und auch seinen alten Namen wiedererlangt hat (jahrelang hieß er Rhodesien). Auch die Ereignisse in Botswana lassen Hoffnung aufkommen. Der Staat ist seit 1966 unabhängig und zeichnet sich durch seine glückliche Mischung aus Tradition und Moderne aus. Der Papst versäumt es nicht, das Land vor Kommunismus und Säkularisierung zu warnen.

SAMBIA

Republik, Mitglied des British Commonwealth of Nations

Fläche:	752 614 km²
Bevölkerung:	6 725 400 Einwohner
Hauptstadt:	Lusaka
Amtssprache:	Englisch, gesprochen werden auch Bemba, Nyanja, Tonga
Religion:	mehrheitlich Animisten, 894 320 Katholiken

In Nairobi/Kenia beendet Johannes Paul II. 1995 den 43. Internationalen Eucharistischen Kongress, der zum ersten Mal in einem schwarzafrikanischen Land stattfand. Dem gesamten Kontinent übergibt der Papst die apostolische Mahnschrift Ecclesia in Africa, die an den Orten unterzeichnet wurde, für die sie bestimmt ist. Auch das hat einen symbolischen Wert.

Das Pontifikat Johannes Pauls II.

Statistiken und Informationen

INTERNATIONALE APOSTOLISCHE REISEN

Chronologische Aufstellung:

Dominikanische Republik, Mexiko, Bahamas 25. Januar – 1. Februar 1979

Polen 2. – 10. Juni 1979

Irland, Vereinigte Staaten 29. September – 8. Oktober 1979

Türkei 28. – 30. November 1979

Zaire, Kongo, Kenia, Ghana, Obervolta, Elfenbeinküste 2. – 12. Mai 1980

Frankreich 30. Mai – 2. Juni 1980

Brasilien 30. Juni – 12. Juli 1980

Bundesrepublik Deutschland 15. – 19. November 1980

Pakistan, Philippinen, Vereinigte Staaten, Japan 16. – 27. Februar 1981

Nigeria, Benin, Gabun, Äquatorial-Guinea 12. – 19. Februar 1982

Portugal 12. – 15. Mai 1982

Großbritannien 28. Mai – 2. Juni 1982

Brasilien, Argentinien 10. – 13. Juni 1982

Schweiz 15. Juni 1982

San Marino 29. August 1982

Spanien 31. Oktober – 9. November 1982

Portugal, Costa Rica, Nicaragua, Panama, El Salvador, Guatemala, Honduras, Belize, Haiti 2. – 10. März 1983

Polen 16. – 23. Juni 1983

Frankreich 14. – 15. August 1983

Österreich 10. – 13. September 1983

Vereinigte Staaten, Südkorea, Papua-Neuguinea, Salomoninseln, Thailand 2. – 12. Mai 1984

Schweiz 12. – 17. Juni 1984

Kanada 9. – 21. September 1984

INTERNATIONALE APOSTOLISCHE REISEN

- Internationale apostolische Reisen: 87
- Besuchte Länder: 118 (von 191 unabhängigen Staaten der Welt)
- Anzahl der besuchten Orte: 585
- Auf internationalen Reisen veröffentlichte Ansprachen: 2 244
- Gesamtdauer der internationalen Reisen: 522 Tage 6 Stunden 25 Minuten
- Anzahl der auf internationalen Reisen zurückgelegten Kilometer: 1 070 678

Spanien, Dominikanische Republik, Puerto Rico 10. – 13. Oktober 1984

Venezuela, Ecuador, Peru, Trinidad und Tobago 26. Januar – 6. Februar 1985

Niederlande, Luxemburg, Belgien 11. – 21. Mai 1985

Togo, Elfenbeinküste, Kamerun, Zentralafrikanische Republik, Zaire, Kenia, Marokko 8. – 19. August 1985

Schweiz, Liechtenstein 8. September 1985

Indien 31. Januar – 11. Februar 1986

Kolumbien, Saint Lucia 1. – 8. Juli 1986

Frankreich 4. – 7. Oktober 1986

Bangladesch, Singapur, Fidschi, Neuseeland, Australien, Seychellen 18. November – 1. Dezember 1986

Uruguay, Chile, Argentinien 31. März – 13. April 1987

Bundesrepublik Deutschland 30. April – 4. Mai 1987

Polen 8. – 14. Juni 1987

Vereinigte Staaten, Kanada 10. – 21. September 1987

Uruguay, Bolivien, Peru, Paraguay 7. – 19. Mai 1988

Österreich 23. – 27. Juni 1988

Simbabwe, Botswana, Lesotho, Swasiland, Mosambik 10. – 19. September 1988

Frankreich 8. – 11. Oktober 1988

Madagaskar, La Réunion, Sambia, Malawi 28. April – 6. Mai 1989

Norwegen, Island, Finnland, Dänemark, Schweden 1. – 10. Juni 1989

Spanien 19. – 21. August 1989

Südkorea, Indonesien, Mauritius 6. – 16. Oktober 1989

Kap Verde, Guinea-Bissau, Mali, Burkina Faso, Tschad 25. Januar – 1. Februar 1990

Tschechische und Slowakische Föderative Republik 21. – 22. April 1990

Mexiko, Curaçao 6. – 14. Mai 1990

Malta 25. – 27. Mai 1990

Tansania, Burundi, Ruanda, Elfenbeinküste 1. – 10. September 1990

Portugal 10. – 13. Mai 1991

Polen 1. – 9. Juni 1991

Polen, Ungarn 13. – 20. August 1991

Brasilien 12. – 21. Oktober 1991

Senegal, Gambia, Guinea 19. – 26. Februar 1992

Angola, São Tomé und Príncipe 4. – 10. Juni 1992

Dominikanische Republik 9. – 14. Oktober 1992

Benin, Uganda, Sudan 3. – 10. Februar 1993

Albanien 25. April 1993

Spanien 12. – 17. Juni 1993

Jamaika, Mexiko, Vereinigte Staaten 9. – 16. August 1993

Litauen, Lettland, Estland 4. – 10. September 1993

Kroatien 10. – 11. September 1994

Philippinen, Papua-Neuguinea, Australien, Sri Lanka 11. – 21. Januar 1995

Tschechische Republik, Polen 20. – 22. Mai 1995

Belgien 3. – 4. Juni 1995

Slowakei 30. Juni – 3. Juli 1995

Kamerun, Südafrika, Kenia 14. – 20. September 1995

Newark, New York, Uno, Yonkers, Baltimore (USA) 4. – 9. Oktober 1995

Guatemala, Nicaragua, El Salvador, Venezuela 5. – 12. Februar 1996

Tunesien 14. April 1996

Slowenien 17. – 19. Mai 1996

Deutschland 21. – 23. Juni 1996

Ungarn 6. – 7. September 1996

Frankreich 19. – 22. September 1996

Bosnien-Herzegowina (Sarajevo) 12. – 13. April 1997

Tschechische Republik 25. – 27. April 1997

Libanon 10. – 11. Mai 1997

Polen 31. Mai – 10. Juni 1997

Frankreich 21. – 24. August 1997

Brasilien 2. – 6. Oktober 1997

Kuba 21. – 26. Januar 1998

Nigeria 21. – 23. März 1998

Österreich 19. – 21. Juni 1998

Kroatien 2. – 4. Oktober 1998

Mexiko, Vereinigte Staaten 22. – 28. Januar 1999

Rumänien 7. – 9. Mai 1999

Polen 5. – 17. Juni 1999

Nach Kontinenten geordnete Auflistung der besuchten Länder in alphabetischer Reihenfolge:

Mittelamerika und Karibik: Bahamas, Belize, Costa Rica, Curaçao, Dominikanische Republik, El Salvador, Guatemala, Haiti, Honduras, Jamaika, Kuba, Mexiko, Nicaragua, Panama, Puerto Rico, Saint Lucia, Trinidad und Tobago.

Nordamerika: Kanada, Vereinigte Staaten.

Südamerika: Argentinien, Bolivien, Brasilien, Chile, Ecuador, Kolumbien, Paraguay, Peru, Uruguay, Venezuela.

Afrika: Angola, Äquatorial-Guinea, Benin, Botswana, Burkina Faso, Burundi, Elfenbeinküste, Gabun, Gambia, Ghana, Guinea, Guinea-Bissau, Kamerun, Kap Verde, Kenia, Kongo, Lesotho, Madagaskar, Malawi, Mali, Marokko, Mauritius, Mosambik, Nigeria, La Réunion, Ruanda, Sambia, São Tomé und Príncipe, Seychellen, Senegal, Sudan, Südafrika, Swasiland, Tansania, Togo, Tschad, Tunesien, Uganda, Zaire, Zentralafrikanische Republik, Simbabwe.

Asien: Bangladesch, Indien, Indonesien, Japan, Korea, Libanon, Pakistan, Philippinen, Singapur, Sri Lanka, Thailand.

Australien und Ozeanien: Australien, Fidschi, Guam, Neuseeland, Papua-Neuguinea, Salomonen.

Europa: Albanien, Belgien, Bosnien-Herzegowina, Dänemark, Deutschland, Estland, Finnland, Frankreich, Großbritannien, Irland, Island, Kroatien, Lettland, Liechtenstein, Litauen, Luxemburg, Malta, Niederlande, Norwegen, Österreich, Polen, Portugal, Rumänien, San Marino, Schweden, Schweiz, Slowakei, Slowenien, Spanien, Tschechische Republik, Tschechoslowakei, Türkei, Ungarn.

KARDINALSERNENNUNGEN

Ende September 1999 ergibt sich im Kardinalskollegium folgende Situation:

- Gesamtzahl der lebenden Kardinäle: 154
- Wahlberechtigte Kardinäle: 107
- Nicht wahlberechtigte Kardinäle (die das 80. Lebensjahr überschritten haben): 47

Zusammensetzung:

- Ein von Johannes XXIII. ernannter Kardinal (Kardinal König, der frühere Erzbischof von Wien)
- 26 von Paul VI. ernannte Kardinäle
- 127 von Johannes Paul II. ernannte Kardinäle

Zurzeit gibt es 4 257 Bischöfe (2 423 Diözesanbischöfe, 1 037 Titularbischöfe und 797 Bischöfe im Ruhestand).

SELIG- UND HEILIGSPRECHUNGEN

Situation nach der Polenreise im Juni 1999, bei der der Papst eine neue Heiligsprechung und 111 neue Seligsprechungen vorgenommen hat:

- von Johannes Paul II. kanonisierte Heilige: 284 (davon 246 Märtyrer)
- von Johannes Paul II. ausgerufene Selige: 923 (davon 711 Märtyrer)

Mehr als die Hälfte der Heilig- und Seligsprechungen in der gesamten Kirchengeschichte der Neuzeit geht auf Johannes Paul II. zurück.

PASTORALREISEN INNERHALB ITALIENS

Statistische Angaben:

- Pastoralreisen in Italien: 135
- Anzahl der besuchten Orte in Italien: 256
- Veröffentlichte Ansprachen seiner Reisen in Italien: 886
- Gesamtdauer seiner Reisen in Italien: 338 Tage 10 Stunden 50 Minuten
- Auf den Reisen in Italien zurückgelegte Kilometer: 77 747

ANGABEN ZU DEN REISEN INSGESAMT (INNER- UND AUSSERHALB ITALIENS)

- Reisen: 222
- Anzahl der besuchten Orte: 841
- Veröffentlichte Ansprachen: 3130
- Gesamtdauer der Reisen: 860 Tage 17 Stunden 15 Minuten
- Insgesamt zurückgelegte Kilometer: 1 148 425
- Darüber hinaus Besuch von 280 römischen Pfarrgemeinden
- Mit sechs längeren Krankenhausaufenthalten sowie Kontrolluntersuchungen verbrachte der Papst 137 Tage des Pontifikats im Krankenhaus.

RÖMISCHE PÄPSTE

Angegeben ist jeweils das Jahr, in dem das Pontifikat begann.

1. - 33 HL. PETRUS, aus Bethsaida in Galiläa
2. - 67 HL. LINUS, aus Tuszien
3. - 76 HL. ANENKLETOS oder ANAKLET, Römer
4. - 88 HL. KLEMENS I., Römer
5. - 97 HL. EVARISTUS, Grieche
6. - 105 HL. ALEXANDER I., Römer
7. - 115 HL. SIXTUS I., Römer
8. - 125 HL. TELESPHORUS, Grieche
9. - 136 HL. HYGINUS, Grieche
10. - 140 HL. PIUS I., aus Aquileia
11. - 155 HL. ANICETUS, Syrer
12. - 166 HL. SOTER, aus Kampanien
13. - 175 HL. ELEUTHERIUS, aus Nikopolis in Epirus
14. - 189 HL. VIKTOR I., Afrikaner
15. - 199 HL. ZEPHYRINUS, Römer
16. - 217 HL. KALIXT I., Römer
17. - 222 HL. URBAN I., Römer
18. - 230 HL. PONTIANUS, Römer
19. - 235 HL. ANTEROS, Grieche
20. - 236 HL. FABIANUS, Römer
21. - 251 HL. CORNELIUS, Römer
22. - 253 HL. LUCIUS I., Römer
23. - 254 HL. STEPHAN I., Römer
24. - 257 HL. SIXTUS II., Grieche
25. - 259 HL. DIONYSIUS, Herkunft unbekannt
26. - 269 HL. FELIX I., Römer
27. - 275 HL. EUTYCHIANUS, aus Luni
28. - 283 HL. CAIUS, Dalmatiner
29. - 296 HL. MARCELLINUS, Römer
30. - 308 HL. MARCELLUS I., Römer
31. - 309 HL. EUSEBIUS, Grieche
32. - 311 HL. MILTIADES oder MELCHIADES, Afrikaner
33. - 314 HL. SILVESTER I., Römer
34. - 336 HL. MARKUS, Römer
35. - 337 HL. JULIUS I., Römer
36. - 352 LIBERIUS, Römer
37. - 366 HL. DAMASUS I., Spanier
38. - 384 HL. SIRICIUS, Römer
39. - 399 HL. ANASTASIUS I., Römer
40. - 401 HL. INNOZENZ I., aus Albano
41. - 417 HL. ZOSIMUS, Grieche
42. - 418 HL. BONIFATIUS I., Römer
43. - 422 HL. CÖLESTIN I., aus Kampanien
44. - 432 HL. SIXTUS III., Römer
45. - 440 HL. LEO I., aus Tuszien, der Große (Magnus)
46. - 461 HL. HILARUS, Sarde
47. - 468 HL. SIMPLICIUS, aus Tivoli
48. - 483 HL. FELIX II. (III.), Römer
49. - 492 HL. GELASIUS I., Afrikaner
50. - 496 ANASTASIUS II., Römer
51. - 498 HL. SYMMACHUS, Sarde
52. - 514 HL. HORMISDAS, aus Frosinone
53. - 523 HL. JOHANNES I., aus Tuszien
54. - 526 HL. FELIX III. (IV.), aus Samnium
55. - 530 BONIFATIUS II., Römer
56. - 533 JOHANNES II., Römer
57. - 535 HL. AGAPET I., Römer
58. - 536 HL. SILVERIUS, aus Kampanien
59. - 537 VIGILIUS, Römer
60. - 556 PELAGIUS I., Römer
61. - 561 JOHANNES III., Römer
62. - 575 BENEDIKT I., Römer
63. - 579 PELAGIUS II., Römer
64. - 590 HL. GREGOR I., Römer, der Große (Magnus)
65. - 604 SABINIAN, aus Blera in Tuszien
66. - 607 BONIFATIUS III., Römer
67. - 608 HL. BONIFATIUS IV., aus dem Marserland
68. - 615 HL. DEUSDEDIT oder ADEODATUS I., Römer
69. - 619 BONIFATIUS V., aus Napoli
70. - 625 HONORIUS I., aus Kampanien
71. - 640 SEVERINUS, Römer
72. - 640 JOHANNES IV., Dalmatiner
73. - 642 THEODOR I., Grieche
74. - 649 HL. MARTIN I., aus Todi
75. - 654 HL. EUGEN I., Römer
76. - 657 HL. VITALIAN, aus Segni
77. - 672 ADEODATUS II., Römer
78. - 676 DONUS, Römer
79. - 678 HL. AGATHO, Sizilianer
80. - 682 HL. LEO II., Sizilianer
81. - 684 HL. BENEDIKT II., Römer
82. - 685 JOHANNES V., Syrer
83. - 686 KONON, Herkunft unbekannt
84. - 687 HL. SERGIUS I., Syrer
85. - 701 JOHANNES VI., Grieche
86. - 705 JOHANNES VII., Grieche
87. - 708 SISINNIUS, Syrer
88. - 708 KONSTANTIN, Syrer
89. - 715 HL. GREGOR II., Römer
90. - 731 HL. GREGOR III., Syrer
91. - 741 HL. ZACHARIAS, Grieche
92. - 752 STEPHAN II. (III.), Römer
93. - 757 HL. PAUL I., Römer
94. - 768 STEPHAN III. (IV.), Sizilianer
95. - 772 HADRIAN I., Römer
96. - 795 HL. LEO III., Römer
97. - 816 STEPHAN IV. (V.), Römer
98. - 817 HL. PASCHALIS I., Römer
99. - 824 EUGEN II., Römer
100. - 827 VALENTIN, Römer
101. - 827 GREGOR IV., Römer
102. - 844 SERGIUS II., Römer
103. - 847 HL. LEO IV., Römer
104. - 855 BENEDIKT III., Römer
105. - 858 HL. NIKOLAUS I., Römer, der Große
106. - 867 HADRIAN II., Römer
107. - 872 JOHANNES VIII., Römer
108. - 882 MARINUS I., aus Gallese
109. - 884 HL. HADRIAN III., Römer
110. - 885 STEPHAN V. (VI.), Römer
111. - 891 FORMOSUS, Bischof aus Porto
112. - 896 BONIFATIUS VI., Römer
113. - 896 STEPHAN VI. (VII.), Römer
114. - 897 ROMANUS, aus Gallese
115. - 897 THEODOR II., Römer
116. - 898 JOHANNES IX., aus Tivoli
117. - 900 BENEDIKT IV., Römer
118. - 903 LEO V., aus Ardea
119. - 904 SERGIUS III., Römer
120. - 911 ANASTASIUS III., Römer
121. - 913 LANDO, aus den Sabiner Bergen
122. - 914 JOHANNES X., aus Tossignano (Imola)
123. - 928 LEO VI., Römer
124. - 928 STEPHAN VII. (VIII.), Römer
125. - 931 JOHANNES XI., Römer
126. - 936 LEO VII., Römer
127. - 939 STEPHAN VIII. (IX.), Römer
128. - 942 MARINUS II., Römer
129. - 946 AGAPET II., Römer
130. - 955 JOHANNES XII., Octavian, aus der Familie der Grafen v. Tusculum
131. - 963 LEO VIII., Römer
132. - 964 BENEDIKT V., Römer
133. - 965 JOHANNES XIII., Römer
134. - 973 BENEDIKT VI., Römer
135. - 974 BENEDIKT VII., Römer
136. - 983 JOHANNES XIV., aus Pavia (Pietro)
137. - 985 JOHANNES XV., Römer
138. - 996 GREGOR V., Sachse (Brun, Sohn des Herzogs von Kärnten)
139. - 999 SILVESTER II., aus der Auvergne (Gerbert)
140. - 1003 JOHANNES XVII., Römer (Sicco)

141. - 1004 JOHANNES XVIII., Römer (Fasanus)
142. - 1009 SERGIUS IV., Römer (Pietro)
143. - 1012 BENEDIKT VIII., (Theophylakt aus der Familie der Grafen von Tusculum)
144. - 1024 JOHANNES XIX., (Romanus aus der Familie der Grafen von Tusculum)
145. - 1032 BENEDIKT IX., (Theophylakt aus der Familie der Grafen von Tusculum)
146. - 1045 SILVESTER III., Römer (Johannes)
147. - 1045 BENEDIKT IX., (zum zweiten Mal)
148. - 1045 GREGOR VI., Römer (Johannes Gratian)
149. - 1046 KLEMENS II., aus Sachsen (Suidger aus dem Adelsgeschlecht der Morsleben und Hornburg)
150. - 1047 BENEDIKT IX., (zum dritten Mal)
151. - 1048 DAMASUS II., aus Bayern (Poppo)
152. - 1049 HL. LEO IX., aus dem Elsaß (Graf Bruno von Egisheim-Dagsburg)
153. - 1055 VIKTOR II., Deutscher (Gebhard aus der Familie der Grafen von Dollnstein-Hirschberg)
154. - 1057 STEPHAN IX. (X.), aus Lothringen (Friedrich von Lothringen)
155. - 1059 NIKOLAUS II., aus Burgund (Gerhard)
156. - 1061 ALEXANDER II., Mailand (Anselm da Baggio)
157. - 1073 HL. GREGOR VII., aus Tuszien (Hildebrand)
158. - 1086 SL. VIKTOR III., aus Benevento (Dauferio) (Desiderio)
159. - 1088 SL. URBAN II., Franzose (Odo von Lagery)
160. - 1099 PASCHALIS II., aus Bieda (Ravennate) (Rainer)
161. - 1118 GELASIUS II., aus Gaeta (Johannes von Gaeta)
162. - 1119 KALIXT II., (Guido von Burgund)
163. - 1124 HONORIUS II., aus Fiagnano (Imola) (Lambert)
164. - 1130 INNOZENZ II., Römer (Gregor Papareschi)
165. - 1143 CÖLESTIN II., aus Città di Castello (Guido)
166. - 1144 LUCIUS II., aus Bologna (Gerardo Caccianemici)
167. - 1145 SL. EUGEN III., aus Pisa (Bernhard, vermutlich aus der Familie der Paganelli in Montemagno)
168. - 1153 ANASTASIUS IV., Römer (Konrad)
169. - 1154 HADRIAN IV., Engländer (Nikolaus Breakspear)
170. - 1159 ALEXANDER III., aus Siena (Roland Bandinelli)
171. - 1181 LUCIUS III., aus Lucca (Ubaldo Allucingoli)
172. - 1185 URBAN III., aus Mailand (Hubert Crivelli)
173. - 1187 GREGOR VIII., aus Benevento (Alberto de Morra)
174. - 1187 KLEMENS III., Römer (Paolo Scolari)
175. - 1191 CÖLESTIN III, Römer (Hyazinth Bobo)
176. - 1198 INNOZENZ III., aus Gavignano (Rom) (Lothar aus der Familie der Grafen von Segni)
177. - 1216 HONORIUS III., Römer (Cencio Savelli)
178. - 1227 GREGOR IX., aus Anagni (Graf Hugo von Segni)
179. - 1241 CÖLESTIN IV., aus Mailand (Goffredo Castiglioni)
180. - 1243 INNOZENZ IV., aus Genua (Sinisbaldo Fieschi)
181. - 1254 ALEXANDER IV., aus Ienne (Rom) (Rainald aus dem Adelsgeschlecht der Ienne)
182. - 1261 URBAN IV., aus Troyes (Jacques Pantaléon)
183. - 1265 KLEMENS IV., Franzose (Guido Fulcodi)
184. - 1271 SL. GREGOR X., aus Piacenza (Tebaldo Visconti)
185. - 1276 SL. INNOZENZ V., aus Savoyen (Petrus von Tarantaise)
186. - 1276 HADRIAN V., aus Genua (Ottobono Fieschi)
187. - 1276 JOHANNES XXI., Portugiese (Petrus Juliani)
188. - 1277 NIKOLAUS III., Römer (Giovanni Gaetano Orsini)
189. - 1281 MARTIN IV., Franzose (Simon von Brion)
190. - 1285 HONORIUS IV., Römer (Giacomo Savelli)
191. - 1288 NIKOLAUS IV., aus Ascoli (Girolamo Masci)
192. - 1294 HL. CÖLESTIN V., aus Molise (Pietro del Murrone)
193. - 1294 BONIFATIUS VIII., aus Anagni (Benedikt Caetani)
194. - 1303 SL. BENEDIKT XI., aus Treviso (Niccolò Boccasini)
195. - 1305 KLEMENS V., Franzose (Bertrand de Got)
196. - 1316 JOHANNES XXII., aus Cahors (Jacques Duèse)
197. - 1334 BENEDIKT XII., Franzose (Jacques Fournier)
198. - 1342 KLEMENS VI., Franzose (Pierre Roger)
199. - 1352 INNOZENZ VI., Franzose (Etienne Aubert)
200. - 1362 SL. URBAN V., Franzose (Guillaume de Grimoard)
201. - 1370 GREGOR XI., Franzose (Pierre Roger de Beaufort)
202. - 1378 URBAN VI., aus Neapel (Bartolomeo Prignano)
203. - 1389 BONIFATIUS IX., aus Neapel (Pietro Tomacelli)
204. - 1404 INNOZENZ VII., aus Sulmona (Cosma Migliorati)
205. - 1406 GREGOR XII., aus Venedig (Angelo Correr)
206. - 1417 MARTIN V., Römer (Oddo Colonna)
207. - 1431 EUGEN IV., aus Venedig (Gabriel Condulmer)
208. - 1447 NIKOLAUS V., aus Sarzana (Tommaso Parentucelli)
209. - 1455 KALIXT III., aus Jàtiva (Valencia) (Alonso de Borja)
210. - 1458 PIUS II., aus Siena (Enea Silvio Piccolomini)
211. - 1464 PAUL II., aus Venedig (Pietro Barbo)
212. - 1471 SIXTUS IV., aus Savona (Francesco della Rovere)
213. - 1484 INNOZENZ VIII., aus Genua (Giovanni Battista Cibo)
214. - 1492 ALEXANDER VI., aus Játiva (Valencia) (Rodrigo de Borja)
215. - 1503 PIUS III., aus Siena (Francesco Todeschini-Piccolomini)
216. - 1503 JULIUS II., aus Savona (Giuliano della Rovere)
217. - 1513 LEO X., aus Florenz (Giovanni de' Medici)
218. - 1522 HADRIAN VI., aus Utrecht (Hadrian Florensz Boeyens)
219. - 1523 KLEMENS VII., aus Florenz (Giulio de' Medici)

220. - 1534 PAUL III., Römer (Alessandro Farnese)
221. - 1550 JULIUS III., Römer (Giovanni Maria Ciocchi del Monte)
222. - 1555 MARCELLUS II., aus Montepulciano (Marcello Cervini)
223. - 1555 PAUL IV., aus Neapel (Gian Pietro Carafa)
224. - 1559 PIUS IV., aus Mailand (Giovan Angelo de' Medici)
225. - 1566 HL. PIUS V., aus Bosco (Alessandria) (Antonio Michele Ghislieri)
226. - 1572 GREGOR XIII., aus Bologna (Ugo Boncompagni)
227. - 1585 SIXTUS V., aus Grottammare (Ripatransone) (Felice Peretti)
228. - 1590 URBAN VII., Römer (Giambattista Castagna)
229. - 1590 GREGOR XIV., aus Cremona (Niccolò Sfondrati)
230. - 1591 INNOZENZ IX., aus Bologna (Giovan Antonio Facchinetti)
231. - 1592 KLEMENS VIII., aus Florenz (Ippolito Aldobrandini)
232. - 1605 LEO XI., aus Florenz (Alessandro de' Medici)
233. - 1605 PAUL V., Römer (Camillo Borghese)
234. - 1621 GREGOR XV., aus Bologna (Alessandro Ludovisi)
235. - 1623 URBAN VIII., aus Florenz (Maffeo Barberini)
236. - 1644 INNOZENZ X., Römer (Giovanni Battista Pamphili)
237. - 1655 ALEXANDER VII., aus Siena (Fabio Chigi)
238. - 1667 KLEMENS IX., aus Pistoia (Giulio Rospigliosi)
239. - 1670 KLEMENS X., Römer (Emilio Altieri)

DAS PAPSTTUM IN ZAHLEN

- Anzahl der Päpste vor Johannes Paul II.: 263, darunter 210 Italiener, 17 Franzosen, 12 Griechen, 9 aus Afrika und dem Mittleren Osten, 4 Deutsche, 4 Spanier, 2 Dalmatiner, 1 Portugiese, 1 Engländer, 1 Holländer und 2 unbekannter Herkunft.
- Anzahl der nicht italienischen Päpste vor Johannes Paul II.: 53.
- Letzter nicht italienischer Papst vor Johannes Paul II.: der Holländer Hadrian VI. (Hadrian Florensz Boeyens) im 16. Jahrhundert.

240. - 1676 SL. INNOZENZ XI., aus Como (Benedetto Odescalchi)
241. - 1689 ALEXANDER VIII., aus Venedig (Pietro Ottoboni)
242. - 1691 INNOZENZ XII., aus Spinazzola (Venosa) (Antonio Pignatelli)
243. - 1700 KLEMENS XI., aus Urbino (Giovanni Francesco Albani)
244. - 1721 INNOZENZ XIII., Römer (Michelangelo dei Conti)
245. - 1724 BENEDIKT XIII., aus Gravina (Bari) (Pietro Francesco Orsini)
246. - 1730 KLEMENS XII., aus Florenz (Lorenzo Corsini)
247. - 1740 BENEDIKT XIV., aus Bologna (Prospero Lambertini)
248. - 1758 KLEMENS XIII., aus Venedig (Carlo Rezzonico)
249. - 1769 KLEMENS XIV., aus S. Arcangelo (Rimini) (Giovanni Vincenzo Ganganelli)
250. - 1775 PIUS VI., aus Cesena (Giannangelo Braschi)
251. - 1800 PIUS VII., aus Cesena (Barnaba Gregorio Chiaramonti)
252. - 1823 LEO XII., aus Genga (Fabriano) (Annibale della Genga)
253. - 1829 PIUS VIII., aus Cingoli (Francesco Saverio Castiglioni)
254. - 1831 GREGOR XVI., aus Belluno (Bartolomeo Alberto Cappellari)
255. - 1846 PIUS IX., aus Senigallia (Giovanni Maria Mastai Ferretti)
256. - 1878 LEO XIII., aus Carpineto (Anagni) (Gioacchino Pecci)
257. - 1903 HL. PIUS X., aus Riese (Treviso) (Giuseppe Sarto)
258. - 1914 BENEDIKT XV., aus Genua (Giacomo della Chiesa)
259. - 1922 PIUS XI., aus Desio (Mailand) (Achille Ratti)
260. - 1939 PIUS XII., Römer (Eugenio Pacelli)
261. - 1958 JOHANNES XXIII., aus Sotto il Monte (Bergamo) (Angelo Giuseppe Roncalli)
262. - 1963 PAUL VI., aus Concesio (Brescia) (Giovanni Battista Montini)
263. - 1978 JOHANNES PAUL I., aus Forno di Canale (Belluno) (Albino Luciani)
264. - 1978 JOHANNES PAUL II., aus Wadowice (Krakau) (Karol Wojtyla)

ENZYKLIKEN

Anzahl der päpstlichen Rundschreiben: 13

1. *Redemptor hominis.* Rundschreiben zum Beginn seines päpstlichen Amtes. 15. März 1979

2. *Dives in misericordia.* Rundschreiben über die Barmherzigkeit Gottes. 2. Dezember 1980

3. *Laborem exercens.* Rundschreiben über die menschliche Arbeit. 14. September 1981

4. *Slavorum apostoli.* Rundschreiben in Erinnerung an das Werk der Evangelisierung der Heiligen Kyrill und Methodius vor 1100 Jahren. 2. Juni 1985

5. *Dominum et vivificantem.* Rundschreiben über den Heiligen Geist im Leben der Kirche und der Welt. 30. Mai 1986

6. *Redemptoris Mater.* Rundschreiben über die selige Jungfrau Maria im Leben der pilgernden Kirche. 25. März 1987

7. *Sollicitudo rei socialis.* Rundschreiben zum 20. Jahrestag der „Populorum progressio". 19. Februar 1988

8. *Redemptoris missio.* Rundschreiben über die fortdauernde Gültigkeit des missionarischen Auftrags. 22. Januar 1991

9. *Centesimus annus.* Rundschreiben zum 100. Jahrestag der „Rerum novarum". 1. Mai 1991

10. *Veritatis splendor.* Rundschreiben über einige grundlegende Fragen der kirchlichen Morallehre. 5. Oktober 1993

11. *Evangelium vitae.* Rundschreiben über den Wert und die Unantastbarkeit des menschlichen Lebens. 31. März 1995

12. *Ut unum sint.* Rundschreiben über den Einsatz für die Ökumene. 31. Mai 1995

13. *Fides et ratio.* Rundschreiben über das Verhältnis von Glaube und Vernunft. 14. September 1998

JOHANNES PAUL II.: CHRONOLOGIE SEINES PONTIFIKATS

1978

16. Oktober. Karol Wojtyla, Kardinal von Krakau, wird ungefähr um 17.15 Uhr zum Papst gewählt. Um 18.44 Uhr gibt Kardinal Pericle Felici vom mittleren Balkon des Petersdoms die Wahl bekannt.
22. Oktober. In der Konzelebration zur Amtseinführung auf dem Petersplatz fallen während der Predigt die Worte, die sich als Leitmotiv seines Pontifikats herauskristallisiert haben: „Habt keine Angst! Öffnet, ja reißt die Tore weit auf für Christus!".
29. Oktober. Er pilgert zur Wallfahrtskirche Mentorella auf dem Monte Guadagnolo. Dieses von polnischen Mönchen betreute Marienheiligtum hatte er bereits in früheren Jahren häufig besucht, zuletzt an dem Tag, als er in das Konklave eintrat.

1979

24. Januar. Johannes Paul II. kommt der Bitte der argentinischen und der chilenischen Regierung nach, im Konflikt zwischen den beiden Staaten zu vermitteln. Der sowjetische Außenminister Andreij Gromyko in Audienz.
25. Januar. Erste Auslandsreise zunächst in die Dominikanische Republik, dann nach Mexiko.
15. März. Präsentation der Enzyklika „Redemptor hominis".
13. April. Sein erster Kreuzweg zum Kolosseum.
2. Juni. Beginn der ersten Reise nach Polen.
30. Juni. Erstes Konsistorium Johannes Pauls II. zur Ernennung von 14 neuen Kardinälen (und einem in petto berufenen Kardinal, den Chinesen Ignatius Kung Pin-mei, dessen Name erst 1991 mitgeteilt wird).
26. August. Er begibt sich nach Canale d'Agordo und Belluno (Italien), der Heimat von Papst Luciani.
2. Oktober. Ansprache vor der Generalversammlung der Vereinten Nationen in New York.
25. Oktober. Apostolisches Schreiben „Catechesi tradendae" zum Thema der Katechese.
29. November. Im türkischen Ankara trifft er mit dem orthodoxen Patriarchen Dimitrios I. zusammen.

1980

4. April. Karfreitag: Zum ersten Mal nimmt der Papst den Gläubigen in der Peterskirche die Beichte ab.
2. Mai. Er tritt seine erste Reise nach Afrika an: Zaire, Kongo, Kenia, Obervolta, Elfenbeinküste.
1. Juni. In Paris trifft er mit Tausenden von Jugendlichen aus ganz Frankreich zusammen.
21. Juni. Der Präsident der Vereinigten Staaten, Jimmy Carter, in Audienz.
7. Juli. Brasilien, Salvador de Bahía: bewegendes Treffen mit den Ärmsten der Armen in der Favela dos alagados.
10. Juli. Manaus: Ansprache vor den Indianern Amazoniens.
26. September. VI. Ordentliche Generalversammlung der Bischofssynode: „Die Aufgaben der christlichen Familie in der heutigen Welt".
17. Oktober. Offizieller Besuch der englischen Königin Elisabeth II.
15. November. Erste apostolische Reise in die Bundesrepublik Deutschland.
2. Dezember. Veröffentlichung der Enzyklika „Dives in misericordia".

1981

15. Januar. Eine Delegation der polnischen Gewerkschaft Solidarnosc in Audienz.
25. Februar. Hiroshima: Gebet vor dem Peace Memorial während einer Reise, die ihn auch nach Pakistan und auf die Philippinen führt.
13. Mai. Nach Beendigung der wöchentlichen Generalaudienz auf dem Petersplatz schießt der 23-jährige türkische Terrorist Mehmet Ali Agcà auf den Papst; das Geschoss verletzt ihn am rechten Arm, an der linken Hand und dringt in den Bauchraum ein. Er wird in die Gemelli-Klinik eingeliefert, die er erstmalig am 20. Juni und dann endgültig am 14. August verlassen wird.
14. September. Die Enzyklika „Laborem exercens" wird veröffentlicht.
15. Dezember. Veröffentlichung des apostolischen Schreibens „Familiaris consortio".

1982

12. Mai. Pilgerfahrt nach Portugal, um der Muttergottes von Fatima am Jahrestag des Attentats zu danken.
28. Mai. Pastoralreise nach Großbritannien.
10. Juni. Im Anschluss an die Reise nach England besucht er Argentinien; die beiden Länder befinden sich auf den Falkland-Inseln im Krieg.
15. Juni. Pastoralreise nach Genf.
29. August. Besuch der Republik San. Marino.
15. September. Er empfängt den PLO-Anführer Yassir Arafat.
10. Oktober. Heiligsprechung des polnischen Franziskanermönchs Maximilian Kolbe.
31. Oktober. Der Papst begibt sich nach Spanien. Aus Santiago de Compostela wird er seine feierliche Botschaft an die Völker Europas richten.

1983

25. Januar. Mit der apostolischen Verfassung „Sacrae Disciplinae Leges" erlässt er einen neuen Kodex des kanonischen Rechts.
2. Februar. Zweites Konsistorium: 18 neue Kardinäle werden ernannt.
2. März. Pastoralreise nach Zentralamerika.
25. März. Eröffnung des Heiligen Jahres der Erlösung.
16. Juni. Zweite Polenreise.
14. August. Pastoralreise nach Lourdes.
10. September. Pastoralreise nach Österreich.
11. Dezember. Historischer Besuch des Papstes in der Christuskirche, in der sich die evangelisch-lutherische Gemeinde Roms versammelt. Zum ersten Mal zelebriert ein Papst den Wortgottesdienst in einer protestantischen Kirche.
27. Dezember. Er besucht das Gefängnis von Rebibbia, wo er ein persönliches Gespräch mit seinem Attentäter Ali Agcà führt.

1984

10. Januar. Aufnahme der diplomatischen Beziehungen zwischen dem Heiligen Stuhl und den Vereinigten Staaten.
10. Februar. Apostolisches Schreiben „Salvifici doloris" über den christlichen Sinn des menschlichen Leids.
22. April. Feierliche Abschlusszeremonie des Heiligen Jahrs der Erlösung.
2. Mai. Pastoralreise in den Fernen Osten.
12. Juni. Reise in die Schweiz.
9. September. Reise nach Kanada.
10. Oktober. Viertägige Reise nach Spanien, in die Dominikanische Republik und nach San Juan de Puerto Rico.
11. Dezember. Veröffentlichung des nachsynodalen apostolischen Schreibens „Reconciliatio et poenitentia".

1985

26. Januar. Sechste Reise nach Lateinamerika.
14. Februar. Er eröffnet das Jubiläum der heiligen Kyrill und Methodius, die neben dem heiligen Benedikt als Schutzheilige des europäischen Kontinents gelten.
19. Februar. Empfang des israelischen Ministerpräsidenten Shimon Peres.
31. März. Apostolisches Schreiben an die Jugendlichen der Welt zum Internationalen Jahr der Jugend.
11. Mai. Pastoralreise nach Holland, Belgien und Luxemburg.
25. Mai. Drittes Konsistorium: 28 neue Kardinäle werden ernannt.
2. Juni. Enzyklika „Slavorum apostoli".
8. August. Dritte apostolische Reise nach Afrika.
8. September. Pastoralbesuch in der Schweiz und in Liechtenstein.
25. November. Zweite außerordentliche Generalversammlung der Bischofssynode zwanzig Jahre nach Abschluss des II. Vatikanischen Konzils.

1986

31. Januar. Erste apostolische Reise nach Indien.
13. April. Historischer Besuch der jüdischen Gemeinde Roms: Zum ersten Mal betritt ein Papst eine Synagoge.
30. Mai. Veröffentlichung der Enzyklika „Dominum et vivificantem".
1. Juli. Reise nach Kolumbien und Santa Lucia.
26. Oktober. Assisi: Weltgebetstag für den Frieden in der Welt. Es sind nicht nur sämtliche christliche Gemeinschaften, sondern auch die anderen Religionen der Welt vertreten.
18. November. Reise in den Fernen Osten und nach Ozeanien.

1987

13. Januar. Der Vorsitzende des Staatsrats der Volksrepublik Polen, General Wojciech Jaruzelski, in Audienz.
25. März. Veröffentlichung der Enzyklika „Redemptoris Mater" über die Jungfrau Maria.
31. März. Pastoralbesuch in Uruguay, Chile und Argentinien.
30. April. Pastoralbesuch in der Bundesrepublik Deutschland.
6. Juni. Offizieller Besuch des Präsidenten der Vereinigten Staaten von Amerika, Ronald Reagan. Pfingstwache und feierliche Eröffnung des Marianischen Jahres (7. Juni 1987 - 15. August 1988).
8. Juni. Pastoralbesuch in Polen.
25. Juni. Offizieller Besuch des österreichischen Bundespräsidenten, Kurt Waldheim.
8. Juli. Erster Sommeraufenthalt in den Dolomiten, in Lorenzago di Cadore.
10. September. Pastoralbesuch in den Vereinigten Staaten und Kanada.
1. Oktober. VII. ordentliche Versammlung der Bischofssynode: „Berufung und Sendung der Laien in Kirche und Welt 20 Jahre nach dem II. Vatikanischen Konzil".
3. Dezember. Der ökumenische Patriarch von Konstantinopel Dimitrios besucht Johannes Paul II.

1988

19. Februar. Veröffentlichung der Enzyklika „Sollicitudo rei socialis".
7. Mai. Pastoralbesuch in Uruguay, Bolivien, Paraguay und Peru.
23. Juni. Pastoralbesuch in Österreich.
28. Juni. Apostolische Verfassung „Pastor Bonus" zur Reform der römischen Kurie.
28. Juni. Viertes Konsistorium Johannes Pauls II. zur Ernennung von 24 neuen Kardinälen.
10. September. Pastoralbesuch in Afrika.
30. September. Apostolisches Schreiben „Mulieris dignitatem" über die Würde und Berufung der Frau.
8. Oktober. Pastoralbesuch bei den europäischen Institutionen in Straßburg sowie in den Diözesen Straßburg, Metz und Nancy (Frankreich).
30. Dezember. Nachsynodales apostolisches Schreiben „Christi fideles laici" (veröffentlicht am 30. Januar 1989).

1989

28. April. Pastoralbesuch in Madagaskar, La Réunion, Sambia und Malawi.
27. Mai. Der Präsident der Vereinigten Staaten von Amerika, George Bush, in Audienz.
1. Juni. Pastoralbesuch in Norwegen, Island, Finnland, Dänemark und Schweden.
17. Juli. Wiederaufnahme der diplomatischen Beziehungen zwischen dem Heiligen Stuhl und Polen.
19. August. Pastoralreise nach Santiago de Compostela zum IV. Weltjugendtag.
29. September. Offizieller Besuch des Erzbischofs von Canterbury und Primas der Anglikanischen Kirche, Robert Runcie.
2. Oktober. Unterzeichnung der gemeinsamen Erklärung des Heiligen Vaters Johannes Paul II. und des Erzbischofs von Canterbury und Primas der Anglikanischen Kirche Dr. Robert Runcie.
6. Oktober. Pastoralbesuch in Korea, Indonesien und Mauritius.
1. Dezember. Offizieller Besuch des Vorsitzenden des Präsidiums des Obersten Sowjet, Michail Gorbatschow.

1990

25. Januar. Sechste apostolische Pilgerfahrt nach Afrika.
9. Februar. Vereinbarung zwischen dem Heiligen Stuhl und der Republik Ungarn zur Wiederaufnahme diplomatischer Beziehungen.
15. März. Austausch offizieller Repräsentanten zwischen dem Heiligen Stuhl und der sowjetischen Regierung.
21. April. Apostolische Reise des Papstes in die Tschechoslowakei.
6. Mai. Zweite Pastoralreise nach Mexiko.
18. Mai. Audienz für die erste offizielle Wallfahrt aus der Deutschen Demokratischen Republik.
25. Mai. Pastoralreise nach Malta.
11. Juli. Sommeraufenthalt in Valle d'Aosta, in den italienischen Alpen, bis zum 20. Juli.
1. September. Siebter Pastoralbesuch in Afrika.
30. September. VIII. Generalversammlung der Bischofssynode: „Die Priesterausbildung im Kontext der Gegenwart".
25. Dezember. Appell für den Frieden am Persischen Golf.

1991

22. Januar. Enzyklika „Redemptoris missio".
1. Mai. Enzyklika „Centesimus annus".
10. Mai. Pastoralbesuch in Portugal.
1. Juni. Vierte Pastoralreise nach Polen.
28. Juni. Fünftes Konsistorium: 22 neue Kardinäle.
13. August. Reise nach Polen.
7. September. Das sich jahrzehntelang als „atheistischer Staat" bezeichnende Albanien nimmt diplomatische Beziehungen zum Heiligen Stuhl auf.
1. Oktober. Der Codex des östlichen kanonischen Rechts tritt in Kraft.
12. Oktober. Zweite Pastoralreise nach Brasilien.
28. November. Feierliche Eröffnung der Sonderversammlung der Bischofssynode für Europa.

1992

19. Februar. Achte Pastoralreise auf den afrikanischen Kontinent.
7. April. Nachsynodales apostolisches Schreiben „Pastores dabo vobis".
17. Mai. Seligsprechung von Schwester Josefine Bakhita und Monsignore Josemaría Escrivá, dem Gründer des Opus Dei.
4. Juni. Neunte Pastoralreise nach Afrika.
15. Juli. Wegen eines gutartigen Tumors muss er sich einem chirurgischen Eingriff unterziehen.
29. Juli. Im Vatikan tritt die erste Bilaterale Kommission für den Dialog zwischen dem Heiligen Stuhl und Israel zusammen.
21. September. Diplomatische Beziehungen zwischen dem Heiligen Stuhl und der Republik Mexiko.
7. Dezember. Der neue „Katechismus der Katholischen Kirche" wird in einer feierlichen Stunde im Vatikan vorgestellt.

1993

9. Januar. Das Gebet in Assisi mit den Vertretern der christlichen Kirchen, des Judentums und des Islam für die Versöhnung auf dem Balkan.
3. Februar. Zum zehnten Mal Pilger in Afrika.
25. April. Pastoralbesuch in Albanien.
8. Mai. Pastoralbesuch in Sizilien: ermahnende Worte an die Mafia.
12. Juni. Vierte apostolische Reise nach Spanien.
9. August. Apostolische Reise nach Jamaika, Mérida und Denver (USA), wo er die Feierlichkeiten zum VIII. Weltjugendtag beschließt.
4. September. Apostolische Reise in die baltischen Staaten.
5. Oktober. Veröffentlichung der Enzyklika „Veritatis splendor" über einige grundlegende Fragen der kirchlichen Morallehre.
11. November. Wegen einer verrenkten Schulter in der Gemelli-Klinik.

1994

23. Januar. Messe im Petersdom am Gebetstag für den Frieden auf dem Balkan.

29. April. Einlieferung in die Gemelli-Klinik wegen eines Bruchs am rechten Oberschenkel.

2. Juni. Der Präsident der Vereinigten Staaten, Bill Clinton, in Audienz.

15. Juni. Diplomatische Beziehungen zwischen dem Heiligen Stuhl und dem Staat Israel.

8. September. Die Messe, die er in Castelgandolfo feiert, wird nach Sarajevo übertragen. Der Papst liest in serbokroatischer Sprache die Predigt, die er eigentlich persönlich in Sarajevo halten wollte, was jedoch aus Sicherheitsgründen nicht möglich war.

10. September. Pastoralbesuch in Zagreb.

29. September. Er empfängt den ersten Botschafter Israels beim Heiligen Stuhl.

2. Oktober. Eröffnung der IX. ordentlichen Generalversammlung der Bischofssynode über das geweihte Leben und seine Sendung in der Kirche und der Welt, die bis zum 29. Oktober dauert.

20. Oktober. Veröffentlichung des Buches „Die Schwelle der Hoffnung überschreiten".

14. November. Apostolisches Schreiben „Tertio Millennio adveniente" zur Vorbereitung auf das Heilige Jahr 2000.

26. November. Sechstes Konsistorium: 30 neue Kardinäle werden ernannt.

10. Dezember. Gemeinsam mit allen Bischöfen Italiens beschließt er in Loreto „das große Gebet für Italien und mit Italien".

26. Dezember. Die amerikanische Wochenzeitung „Time" verleiht Johannes Paul II. den Titel „Mann des Jahres 1994".

1995

12. Januar. Apostolische Reise nach Asien und Australien.

31. März. Der Papst veröffentlicht die Enzyklika „Evangelium vitae" über den Wert und die Unantastbarkeit des menschlichen Lebens.

20. Mai. Besuch in der Tschechischen Republik.

31. Mai. Enzyklika „Ut unum sint" über den Einsatz für die Ökumene.

3. Juni. Zweitägige apostolische Reise nach Belgien zur Seligsprechung von Pater Damian.

30. Juni. Reise in die Slowakische Republik.

10. Juli. „Brief an die Frauen".

4. September. Der Heilige Stuhl nimmt mit einer offiziellen Delegation, die zum ersten Mal von einer Frau angeführt wird (Prof. Mary Ann Glendon), an der IV. in Peking stattfindenden Weltfrauenkonferenz der UNO teil.

9. September. 500 000 Jugendliche vor der Heiligen Kirche in Loreto (Italien) aus Europa beten mit dem Papst für den Frieden auf dem Balkan.

14. September. Apostolische Reise nach Afrika zum Abschluss der afrikanischen Synode und zur Übergabe des nachsynodalen apostolischen Schreibens „Ecclesia in Africa".

1. Oktober. Auf dem Petersplatz werden 64 Opfer der französischen Revolution, 45 Opfer des spanischen Bürgerkriegs und ein italienischer Piaristenpater selig gesprochen.

4. Oktober. Apostolische Reise in die Vereinigten Staaten, wo er eine Ansprache vor der Generalversammlung der UNO hält.

1996

5. Februar. 69. apostolische Reise: Guatemala, Nicaragua, El Salvador und Venezuela.

24. Februar. Apostolische Verfassung „Universi dominici gregis", die die Normen hinsichtlich der Vakanz des Heiligen Stuhls und der Wahl des römischen Papstes festlegt.

17. März. Seligsprechung der beiden Bischöfe Daniele Comboni und Guido Maria Conforti.

28. März. Nachsynodales apostolisches Schreiben „Vita Consacrata" über das geweihte Leben und seine Sendung in der Kirche und der Welt.

14. April. Apostolische Reise nach Tunesien.

21. Juni. Apostolische Reise nach Deutschland.

6. September. Pastoralreise nach Ungarn.

19. September. Pastoralreise nach Frankreich.

8. Oktober. Johannes Paul II. wird am Blinddarm operiert.

1. November. 50. Jahrestag der Priesterweihe Karol Wojtylas.

15. November. Buchpräsentation „Geschenk und Geheimnis. Zum 50. Jahr meiner Priesterweihe".

19. November. Fidel Castro Ruz, Präsident der Republik Kuba, in Audienz.

1997

3. Februar. Der Premierminister Israels, Benjamin Netanyahu, in Audienz.

10. März. Diplomatische Beziehungen zwischen dem Heiligen Stuhl und Libyen.

24. März. Die Internet-Adresse des Heiligen Stuhls wird bekannt gegeben.

12. April. Pastoralbesuch in Sarajevo.

10. Mai. Pastoralbesuch in Beirut (Libanon).

21. August. Pastoralbesuch in Paris anlässlich der Feierlichkeiten des XII. Weltjugendtags.

27. September. Pastoralbesuch in Bologna zum Abschluss des 23. Nationalen Eucharistischen Kongresses (27.-28. September 1997).

2. Oktober. Pastoralbesuch in Rio de Janeiro (Brasilien) zum II. Welttreffen mit den Familien.

19. Oktober. Die heilige Theresia vom Kinde Jesu und vom heiligsten Antlitz wird als dritte Frau nach Theresia von Avila und Katharina von Siena zum 33. Kirchenlehrer ausgerufen.

1998

3. Januar. Pastoralbesuch bei den Erdbebenopfern Umbriens und der Marken in Annifo, Cesi und Assisi.

21. Januar. Pastoralbesuch in Kuba.

21. Februar. Siebtes Konsistorium Johannes Pauls II. zur Ernennung von 20 neuen Kardinälen (und zwei Ernennungen in petto).

15. März. Seligsprechung des Bischofs Eugen Bossilkov: der erste Märtyrer der kommunistischen Verfolgung, dem die Ehre des Altars zuteil wird.

21. März. Pastoralbesuch in Nigeria zur Seligsprechung des Paters Cyprian Michael Iwene Tansi.

19. April. Sonderversammlung der Bischofssynode für Asien.

31. Mai. Apostolisches Schreiben „Dies Domini" über die Heiligung des Sonntags.

14. September. Enzyklika „Fides et ratio" über das Verhältnis von Glaube und Vernunft.

2. Oktober. Pastoralbesuch in Kroatien und Seligsprechung des Märtyrers Kardinal Alojzije Stepinač.

11. Oktober. Heiligsprechung der seligen Teresia Benedicta vom Kreuz, der als Märtyrerin gestorbenen Edith Stein.

18. Oktober. Feierlichkeiten zum 40. Jahrestag seiner Bischofsweihe und zum 20. Jahrestag seiner Wahl zum Pontifex Maximus.

22. November. Sonderversammlung der Bischofssynode für Ozeanien.

29. November. Messe zum Beginn des 3. Vorbereitungsjahrs für das Jubiläum und Lesung der Bulle „Incarnationis mysterium" zur Ankündigung des Heiligen Jahres 2000.

1999

22. Januar. Pastoralbesuch in Mexiko-City und St. Louis in den USA zum Abschluss der Sonderversammlung der Bischofssynode für Amerika. Nachsynodales apostolisches Schreiben „Ecclesia in America".

4. April. Veröffentlichung des „Briefes an die Künstler".

2. Mai. Vor einer unüberschaubaren Menschenmenge auf dem Petersplatz wird Padre Pio aus Pietrelcina selig gesprochen.

5. Mai. Apostolische Reise nach Rumänien.

18. Mai. Zum 79. Geburtstag empfängt der Papst eine Grußbotschaft vom gleichaltrigen Carlo Azeglio Ciampi, dem italienischen Staatspräsidenten.

5. Juni. Apostolische Reise nach Polen.

19. September. Apostolische Reise nach Slowenien.

5. November. Apostolische Reise nach Indien.

8. November. Apostolische Reise nach Georgien.

BILDQUELLEN-NACHWEIS

Sämtliche Abbildungen Johannes Pauls II., einschließlich des Titelbildes, entstammen dem Bildarchiv des *Osservatore Romano*.

Nachweis der Bilder auf den Doppelseiten „DIE GROSSEN THEMEN“:

Archivio Electa, Mailand
Archivio Mondadori, Segrate
Alfred/Olympia-Publifoto, Mailand
Bruno Barbier/Franca Speranza, Mailand
Carlo Alberto Zabert/Realy Easy Star, Turin
Cedric Galbe/G. Neri, Mailand
Double's, Mailand
Ed Hille, Philadelphia Inquirer/G. Neri, Mailand
Geoff Tompkinson, Science Photo Library/G. Neri, Mailand
G. Rancinan, Sygma/G. Neri, Mailand
Maggie Steber, Randy Bonnan/G. Neri, Mailand
Michael Yamashita/G. Neri, Mailand
Ph Option, L. Beils/Realy Easy Star, Turin
Shinichi Murata/G. Neri, Mailand
Tony Ray Jones/Contrasto, Mailand

Der Verlag entschuldigt sich für eventuelle Auslassungen oder unbeabsichtigte Fehler.

Joannes